大学生
心理健康教育

主编　李　可　顾红霞

郑州大学出版社

图书在版编目(CIP)数据

大学生心理健康教育 / 李可，顾红霞主编. — 郑州 ：郑州大学出版社，2022. 8

ISBN 978-7-5645-8629-4

Ⅰ. ①大… Ⅱ. ①李… ②顾… Ⅲ. ①大学生 - 心理健康 - 健康教育 Ⅳ. ①G444

中国版本图书馆 CIP 数据核字(2022)第 061430 号

大学生心理健康教育

DAXUESHENG XINLI JIANKANG JIAOYU

策划编辑	张　霞	封面设计	苏永生
责任编辑	成振珂	版式设计	凌　青
责任校对	胥丽光	责任监制	凌　青　李瑞卿
出版发行	郑州大学出版社	地　　址	郑州市大学路 40 号(450052)
出 版 人	孙保营	网　　址	http://www.zzup.cn
经　　销	全国新华书店	发行电话	0371-66966070
印　　刷	河南理想印刷有限公司		
开　　本	787 mm×1 092 mm　1 / 16		
印　　张	12	字　　数	280 千字
版　　次	2022 年 8 月第 1 版	印　　次	2022 年 8 月第 1 次印刷
书　　号	ISBN 978-7-5645-8629-4	定　　价	46.00 元

编委会

主　编　李　可　顾红霞

副主编　褚宛玉　张童童

编　委　（以姓氏笔画排序）

李　可　张童童　罗　莹

周春霞　顾红霞　郭家琳

褚宛玉

前言

大学生心理健康教育问题一直受到党和国家的高度重视。习近平总书记在全国高校思想政治工作会议上指出："要坚持不懈促进高校和谐稳定，培育理性平和的健康心态，加强人文关怀和心理疏导。"《高等学校学生心理健康教育指导纲要》（教党〔2018〕41号）指出：心理健康教育是提高大学生心理素质、促进其身心健康和谐发展的教育，是高校人才培养体系的重要组成部分，也是高校思想政治工作的重要内容。要坚持育心与育德相统一，规范发展心理健康教育与咨询服务，更好地适应和满足学生心理健康教育服务需求，引导学生正确认识义和利、群和己、成和败、得和失，培育学生自尊自信、理性平和、积极向上的健康心态，促进学生心理健康素质与思想道德素质、科学文化素质协调发展。

《大学生心理健康教育》旨在满足广大学生日益增长的心理健康服务需求，帮助每一个大学生更好地适应大学生活。本教材内容上涵盖了学习心理、情绪管理、人际交往、生涯规划、生命教育和危机应对等篇章；体系结构上包括"名言哲语""心灵启迪""心理测验""活动天地"等板块，同时融入思政元素，对大学生进行润物无声的职业信念培养和价值观塑造；最终，通过知识学习和心理训练，使大学生心理健康意识明显增强，心理健康素质普遍提升。

本教材的编著，借鉴、参考了国内外心理健康方面的文献资料，以及近几年出版的大学生心理健康方面的专著和期刊，在此，对本书所有参考文献涉及的作者表示诚挚的谢意！

由于编著者水平有限，书中难免有错漏欠妥之处，敬请读者批评指正。

编　者

2022 年 2 月

目录

第一章

幸福从心开始——大学生心理健康导论

名言哲语

世界上最浩瀚的是海洋,比海洋更浩瀚的是天空,比天空更浩瀚的是人的心灵。

——雨果

必须让每个人认识到,健康并不代表一切,但失去了健康,便丧失了一切。

——世界卫生组织前总干事　马勒博士

本章导读

大学生的年龄普遍在18～24岁,从心理学的观点来看,正处于青春中期,是人生中心理变化最激烈、最明显的时期。人们通常认为,智商高的人一定是心理健康的人。然而现实生活中却发现,高智商的群体同样存在很多心理问题。一个人要想成功,智商虽然很重要,情商同样不可或缺。然而,一个人即使智商、情商都很高,但由于心理问题失去机会和勇气去实践,也难以成功。因此,心理健康已成为社会关注的重大问题。那么,什么是心理健康?心理健康对人生发展有什么样的意义?如何让自己成为一个高素质的人才?带着这些疑问开始我们的健康"心"旅吧!

第一节　大学生心理健康标准

一、现代人的健康观

“健康”一词最早出现于我国古代的经典著作《周易》和《尚书 · 洪范》。《周易》曰：“天行健，君子以自强不息。”《尚书 · 洪范》曰：“身其康强，子孙其逢吉。”“健康”有“刚健”“无病”，喻示“安乐”之意。

健康是每个人所向往的。世界卫生组织（World Health Organization，WHO）前总干事马勒（Halfdan Mahler）博士曾指出：“必须让每个人认识到，健康并不代表一切，但失去了健康，便丧失了一切。”对于健康的概念，传统的观点认为，躯体没病就是健康。因此，人们重视锻炼身体，却忽视了心理卫生的保健。

1948 年，在伦敦国际心理健康代表大会上，第一次对健康的定义做了新的界定：“健康乃是一种生理、心理和社会适应都臻完满的状态，而不仅仅是没有疾病和虚弱的状态。”1989 年，WHO 深化了健康的概念，认为健康不只是身体无疾病，健康还应包括躯体健康、心理健康、道德健康以及良好的社会适应，如表 1-1 所示。

表 1-1　健康的含义

健康	躯体健康	人体的结构完整，生理功能正常
	心理健康	在身体、智能及情感上与他人的心理健康不矛盾的范围内，个人心境发展最佳的状态
	道德健康	在稳定的道德观念支配下表现出来的一贯的符合社会道德规范的行为
	良好的社会适应	能胜任个人在社会生活中的各种角色，能立足角色创造性地开展工作并取得成就，贡献社会，实现自我
健康四方面之间的关系		躯体健康是其他健康的基础；心理健康与躯体健康相互作用；道德健康高于单纯的心理健康；良好的社会适应是心理健康的充分体现，是健康的最高境界

我国学者提出健康应包含以下四个方面：①身体各部分发育正常，功能健康，没有疾病；②体质坚强，对疾病有较高的抵抗力，并且能吃苦耐劳，经受各种自然环境的考验，担负各种艰巨的任务；③能经常保持清醒的头脑，精力充沛，全神贯注，对工作、对学习能够保持较高效率；④意志坚强，情绪正常，精神愉悦。

二、心理健康的标准

1. 心理健康的含义

关于心理健康的含义，国内外学者的理解各不相同。一般认为：心理健康是指生活在一定社会环境中的个体，在高级神经功能正常的情况下，情绪稳定、行为适度、智力正常，具有协调关系和适应环境的能力。心理健康并不是一种固定的状态，而是一个不断发展的过程；同时，心理健康也不是指对任何事物都能够愉快地接受，而是在对待环境和问题冲突的反应上，能更多表现出积极的、适应的倾向。

2. 心理健康的标准

1946 年，第三届国际心理卫生大会提出了心理健康的四个标准：身体、智力、情绪十分协调；适应环境，人际交往中能彼此谦让；有主观幸福感；在工作和职业中，能充分发挥自己的能力，过着有效率的生活。

美国心理学家马斯洛和密特尔曼 1951 年提出的心理健康的 10 条标准，被认为是心理健康的"最经典的标准"：①充分的安全感；②充分了解自己，并对自己的能力做适当的评估；③生活目标切合实际；④与现实环境保持接触；⑤能保持人格的完整与和谐；⑥具有从经验中学习的能力；⑦能保持良好的人际关系；⑧适度的情绪表达与控制；⑨在不违背社会规范的条件下，对个人的基本需求做恰当的满足；⑩在不违背团体要求的情况下，能做有限度的人格发挥。

值得注意的是，心理健康的标准是相对的。在认识和运用心理健康的标准时，应把握以下四点。

(1)心理健康与否的心理活动和行为表现不能等同。心理不健康是指一种持续的不良状态。我们不能仅根据一人、一时、一事而简单地给自己或他人下心理不健康的定论。一个人偶尔出现一些不正常的心理活动或异常行为，并不意味着这个人就一定是心理不健康，应具体问题具体分析。

(2)心理健康与否不是泾渭分明的截然对立，而是一种连续或交叉的状态。人的心理健康水平可以分为不同等级，从严重的心理疾病到轻度的心理障碍、心理健康状况一般到心理健康状况良好，这是一个连续的过程。在许多情况下，异常心理与正常心理，变态心理与常态心理这两极之间只有相对标准，没有绝对的界限。

(3)心理健康状态具有动态性。心理健康的状态并非静止的、固定的，而是动态的变化过程。如果人们不注意心理保健，经常处于焦虑、抑郁的心理状态，其心理健康水平就会下降，甚至患上心理疾病；反过来，如果心理有了困扰或出现失衡时，能够及时自我调整和寻求心理咨询的帮助，就会很快恢复到心理健康良好的状态。随着自身的成长，经验的积累，环境的改变，心理健康状况也会有所改变。

(4)心理健康的标准是一种理想的尺度。它为我们指明了提高心理健康水平的方向。心理健康，说到底是一种人生态度。心理健康的人，一般都能以积极的眼光看待世界，看待周围事物，富有利他精神，能在付出、发展自己的过程中增强自我价值感。

3. 大学生心理健康标准

大学生是个特定的群体,大学生心理健康标准应从以下8个方面把握。

(1)智力正常。这是大学生学习、生活与社会适应的基本心理条件,也是适应周围环境变化所必需的心理保证。

(2)情绪健康。主要包括的内容有:积极、乐观、开朗等积极的情绪体验多于消极的情绪体验;善于控制与调节自己的情绪,既能自我克制又能合理宣泄;情绪的反应与环境相适应。

(3)意志健全。意志是指一个人在完成一项有目的的活动时,所进行的选择、决策与执行的心理过程。意志健全者在行动的果断性、自觉性、顽强性等方面都表现出较高的水平。意志健全的大学生在困难和挫折面前,能够采取合理的应对方法,而不是盲目行动、畏惧困难、顽固执拗。

(4)人格完整。人格是指个体比较稳定的心理特征的总和。人格完整是指有健全统一的人格,即个人的所说、所想、所做都是协调一致的。个人具有正确的自我意识,能以积极进取的人生观作为人格的核心,并把自己的需要、目标和行动统一起来。

(5)正确的自我评价。大学生要学会自我观察、自我认识、自我判断和自我评价。充分认识自己,摆正自己的位置,既不以自己在某些方面强于别人而骄傲,也不以在某些方面差于别人而自卑。

(6)人际关系和谐。良好而和谐的人际关系主要表现为:乐于与人交往,有知心朋友;在交往中保持独立而完整的人格,有自知之明,不卑不亢;能客观评价别人和自己,善于取长补短,宽以待人,乐于助人,交往动机端正。

(7)社会适应正常。个体能客观地认识现实环境,以有效的方法应对环境中的各种困难,不退缩;改善环境适应个体需要或改造自我适应环境。

(8)心理行为符合大学生年龄特征。大学生是处于特定年龄阶段的特殊群体,大学生应具有与年龄和角色相应的心理行为特征。

【心灵启迪】

1. 记住该记住的,忘记该忘记的。改变能改变的,接受不能改变的。

2. 如果敌人让你生气,那说明你还没有胜他的把握;如果朋友让你生气,那说明你仍然在意他的友情。

3. 有些事情本身,我们无法控制,只好控制自己。

4. 日出东海落西山,愁也一天,喜也一天;遇事不钻牛角尖,人也舒坦,心也舒坦!

5. 每个人都有潜在的能量,只是很容易被习惯所掩盖,被时间所迷离,被惰性所消磨。

6. 后悔是一种耗费精神的情绪。后悔是比损失更大的损失,比错误更大的错误。

第二节　大学生心理健康的意义

大学时期是人生发展的重要阶段，是人生的一个重大转折时期和走向社会的过渡时期。它对每一位大学生来说都是一段无法忘却的人生经历和体验，都是人生最重要的一笔经验财富的积累。在这里，大学生开始去独立面对和解决自己人生的困惑。当他们扬起风帆，豪情满怀，去实现自己的理想之梦时，发现人生之舟并不是那么容易驾驭。有的人不断调整自我，以积极的心态去迎接新的生活与挑战，去开启美好的人生；有的人却无力适从，茫然失落，以消极的心态对待大学生活，在挑战中败下阵来，出现一些心理问题。因此，在大学阶段，培养健康的心理至关重要，它直接关系到每一位学子的成长、发展与成才。

一、心理健康的人更容易感受到幸福和快乐

每个人都渴望幸福，而幸福却好像又那么遥不可及，所以人们终其一生都在追求幸福。在心理学中，我们把幸福称为主观幸福感。主观幸福感是指个体根据自定的标准对其生活质量的总体评估，它是衡量个体生活质量的重要综合性心理指标。其具有三个特点：①整体性。包括积极情感、消极情感、对生活的满意感这三个维度，它是一种综合评价。②主观性。它是依赖于评价者本人的标准而非他人的标准。③相对稳定性。虽然在每次评估时会受到当时情境和情绪状态的影响，但研究证实，它是一个相对稳定的值。在某种意义上讲，决定人们是否真正幸福的并不是发生了什么事情，而是对所发生的事情人们是如何根据自己的标准进行评估。例如：一个乞丐也许会因得到一枚硬币而感到幸福万分；而一名亿万富翁虽然腰缠万贯，但未必感到幸福。

心理学研究表明：一个人的主观幸福感是与他的心理健康程度密切相关的，心理越健康的人，越容易感受到幸福。

【心灵启迪】

付出是一种幸福

古往今来，人们一直在探索　幸福究竟是什么呢？心理学认为，幸福是人们的渴求在全部或部分得到满足时的感觉，是一种精神上的愉悦和心理上的快乐感受。海伦·杜卡斯在《爱因斯坦谈人生》中谈道：请学会通过使别人幸福快乐来获取自己的幸福。的确，真正的幸福是通过付出，让他人获得幸福快乐，这才是幸福的真谛。

有这样一个故事，一个馒头店的老板每天蒸120个馒头，100个用来出售，20个用来接济贫穷的老人和孩子。生意好的时候，馒头刚一出锅便被顾客一抢

而光，有人便劝他卖掉那些留下的20个馒头，但无论顾客怎样要求，馒头店老板就是不肯将那20个馒头卖掉，而当他用夹子把热腾腾的大馒头送给老人和孩子的时候，黝黑的脸上绽放出明亮的光彩，那种幸福的感觉是其他人所体会不到的。

人们常说：只要付出了，就会有所收获。付出劳动能够收获果实，付出真心能够收获真情，付出爱心就能够收获整个世界。所以，付出本身就是一种幸福。

雷锋同志在日记中写道："人的生命是有限的，可是，为人民服务是无限的，我要把有限的生命，投入到无限的为人民服务之中去。"雷锋同志把关爱他人当作最大幸福，把无私奉献当作毕生追求，毫不利己、专门利人，是全心全意为人民服务的楷模。

"时代楷模"张桂梅同志把工资、奖金和社会各界捐款100多万元全部投入到贫困山区教育中，倾力建成全国第一所全免费女子高中，让1600余名贫困山区女学生圆梦大学；长期义务兼任华坪福利院院长，20年来含辛茹苦养育136名孤儿，被孩子们亲切称呼为"妈妈"。她把全部身心献给了祖国西南贫困山区的教育和福利事业，托举起当地群众决战决胜脱贫攻坚的信心希望。她说："是党为她指引了一条光明的人生路，是党为她铺满了鲜花盛开的路，她所做的算不了什么，她就是要以共产党人坚定的理想信念，为党和人民奉献自己的全部。"

他们用全部的精力和心血单纯地付出，但却用最简单的方式诠释着幸福的定义！

二、心理健康的人更容易与他人保持友好交往

【心灵启迪】

有一个画家，他画了一幅自认为平生画得最好的画。他希望让别人评价一下这幅画，于是他临摹了一幅，并把它放在路边，请路过的人看了这幅画后，在认为画得最不好的地方做个记号。到了晚上，他把这幅画收回来一看，心里顿时凉了半截，他发现这幅画上所有的地方都被做上了记号。换言之，这幅画没有一个地方是画得好的。但他转念一想，当天夜里又临摹了一幅一模一样的画，第二天仍然把它放在路边，不同的是请路过的人看了这幅画后，在他认为画得最好的地方做个记号。到了晚上，他把这幅画收回来后，发现这幅画上所有的地方都被做上了记号。换言之，这幅画上的每一个地方都有人认为是画得最好的。也就是说，这幅画上的每一个地方，都是既有人认为是画得最好的，也有人认为是画得最坏的。同学们，这个故事给我们什么启发？

在人际交往中，如果要求别人时时处处以你的观点为行动标准，最终的结果也只能是失望；如果你时时处处以别人的观点为行动标准，就会感到无所适从。由于受不同的

家庭背景、生活经历、知识经验等的影响，对于同样的事情，不同的人往往会有不同的看法。因此，在跟同学交往时，大学生们只有保持健康心态，才更容易尊重他人的价值观，才更容易接纳他人的不同观点，才更容易尊重他人的生活习惯，在人际交往中做到既承认自己，又尊重别人，有礼有节，相互尊重，融洽相处，友好交往。

三、心理健康的人更能容易获得成功

在现实生活中普遍存在一种现象，即同样的学习环境，同样的工作、科研条件，不同的人所取得的成绩却不一样。在大学，同样的学校班级，每位同学发展的情况也不尽相同。造成人与人之间差异的因素，除智力水平不同外，最重要的在于人的心理素质中情感、意志和个性上的差异。研究证实，世界上多数有成就的科学家、企业家、社会活动家，在其成功的因素中，智力因素只占20%，而非智力因素却占80%。这充分说明良好的心理素质是事业成功的关键因素。

【心灵启迪】

弘扬“两弹一星”精神 主动肩负起历史重任

1964年10月16日，大漠深处一声巨响，我国第一颗原子弹爆炸成功；1966年10月27日，我国第一颗装有核弹头的地导弹飞行爆炸成功；1967年6月17日，我国第一颗氢弹空爆试验成功；1970年4月24日，我国第一颗人造卫星发射成功。在那火热的建设年代，钱学森、钱三强、邓稼先等一大批科研工作者把汗水和热血洒在茫茫戈壁，创造了“两弹一星”的奇迹，孕育成了热爱祖国、无私奉献、自力更生、艰苦奋斗、大力协同、勇于登攀的“两弹一星”精神。

参与“两弹一星”研制的科技工作者，把个人的理想与祖国的命运紧紧联系在一起，把个人的志向与民族的振兴紧紧联系在一起，苦干惊天动地事，甘做隐姓埋名人，有的甚至献出了宝贵的生命；他们从新中国百废待兴、一穷二白的基础上起步，以超常的毅力和投入向世界宣告：“别人已经做到的事，我们要做到；别人没有做到的事，我们也一定要做到。”直到今天，戈壁沙丘下的指控室里，墙面的标语依然醒目：“一定要在不远的将来，赶上和超过世界先进水平！”

几十年来，“两弹一星”精神凝结成一种自强不息的民族品格，激发亿万中华儿女战胜一个又一个艰难险阻，在实现中华民族伟大复兴的征程上阔步前进。我国广大科技工作者发扬“两弹一星”精神，迎难而上、敢打硬仗、接续奋斗，不仅创造了一个个非凡的业绩，而且铸就了特别能吃苦、特别能战斗、特别能攻关、特别能奉献的载人航天精神，培育了自主创新、开放融合、万众一心、追求卓越的新时代北斗精神，形成了追逐梦想、勇于探索、协同攻坚、合作共赢的探月精神……这一座座精神丰碑已经成为中华民族的宝贵精神财富，激励着无数科技工作者爱国奉献、砥砺前行，不断攀登新的科技高峰。

在新的伟大征程上，作为新时代的大学生，我们要面向世界科技前沿、面向经济主战场、面向国家重大需求、面向人民生命健康，不断向科学技术广度和深度进军，让“两弹一星”精神绽放出新的时代光芒，为实现中华民族伟大复兴不断做出新的更大贡献！

第三节　大学生心理特点及常见问题

一、大学生的身心特点

大学生的心理活动特征以其生理特征为基础，同时又受社会环境和教养方式的影响。要了解大学生的心理健康问题，必须熟悉大学生的生理特征、心理特征以及社会适应性特征。

1. 大学生的生理特征

18～23岁的大学生，其生理特征主要表现在体、力、脑、性四个方面的变化。

(1)体，突出体现在身高和体重的急剧变化。人一生有两次生长高峰：一是出生到周岁，这一时期身高可增加50%，体重可增加一倍；二是青年期，男女青年平均每年的身高和体重都增长较快。迅速的成长使青年人骨骼粗壮，肌肉发达，在体形上跻身成人的行列。

(2)力，青年期生命力处于最旺盛时期。身体的各个系统、器官全面发展；心脏的重量猛增至出生时的10倍，肺活量达4800毫升，食欲极佳，胃肠容量达到最大，脑垂体加快各种激素的分泌，新陈代谢处于最佳状态。

(3)脑，大脑和神经系统处于最发达状态。脑重量达到极值，脑神经细胞的分化机能达到成人水平，大脑的第一和第二信号系统的功能已经完善。

(4)性，青春期是性萌发和性成熟最神秘最敏感的时期。第二性征突出变化，男女性别差异明显。在青年中期，个体的生理发育已接近完成，已具备了成年人的体格以及各种生理功能。

2. 大学生的心理特征

(1)心理发展的过渡性。青年期是少年期向成年期转变的过渡期，也是少年心理向成人心理过渡的关键期。从心理发展水平，多数大学生心理正在迅速成熟：认知思维的核心要素已由经验型转化为理论型；社会道德感和社会责任感增强。在意志行动上，从容易冲动发展成有一定的自控能力，形成了相对稳定的行为习惯。从个性发展看，性格、能力等个性心理特征都达到相对稳定和逐渐成熟的水平；理想、信念、自我意识逐渐接近成人的发展水平。

(2)心理发展的矛盾性。大学生常见的心理矛盾有以下几种。

1)理想与现实的矛盾。大学生有对未来的愿景，希望将来能发挥自己的才能，成为对社会有用之人。然而,在现实生活中往往难以找到实现理想的方法,有的学生在遇到困难后就失去了信心和勇气;有的学生只有美好的愿望而没有实际的行动;有的学生眼高手低,只想做大事一鸣惊人,这就必然产生理想与现实的矛盾。

2)情绪与理智的矛盾。大学生情绪的稳定性较差,容易兴奋,容易激动,也容易消沉、失望,特别是在挫折面前,情绪容易走向极端。其原因是心理发育相对滞后,往往从某种感性认识或仅凭直觉出发评价自己以及周围的人和事物,以个人的情绪、喜好为标准看待、处理问题。

3)独立与依赖的矛盾。从中学进入大学,生理上逐渐成熟,心理上也产生了要独立的倾向。自我意识大大加强,渴望摆脱父母和老师的束缚。但是,大学生还处于学习阶段,经济上必须依赖于父母,而且缺乏独立生活的经验,不能真正依靠自己的力量来独立解决生活中所遇到的一些问题,不能恰当地处理各种关系,一时难以摆脱对父母的依赖,也就不可避免地导致独立与依赖之间的矛盾。

4)乐群与防范的矛盾。大学生一般渴望交友,乐于群体活动。但大学生彼此之间相处的时间较短,一时难以建立心贴心的真情与友谊,在与他人的交往中,总是带有试探性和防范性的心理,这就产生了乐群与防范的矛盾。

5)自卑与自尊的矛盾。大学里人才济济,许多高中时期的尖子生,失去了往日的荣耀,容易产生心理落差。有的同学因此就怀疑自己,否定自己,产生了自卑感和挫折感,表现为焦虑、悲观、丧失信心、不求进取,甚至退学。

6)竞争与求稳的矛盾。大学生有强烈的竞争意识,渴望在平等竞争的条件下,充分发挥自己的能力,实现自己的目标。他们对靠侵害别人的利益获取成功的行为深恶痛绝。但在实际竞争中他们又怕风险,抱怨竞争的残酷性,出现求稳心态。竞争与求稳的矛盾表现得尤为突出。

7)性生物性和性社会性的矛盾。大学生性生理已基本成熟,有了性的欲望和冲动。然而,由于受到家庭、道德、信仰、法律等方面的制约,性冲动受到压抑。一般大学生通过学习、运动、娱乐和社交活动等途径,可以使之得到某种程度的转移。但也有一部分大学生由于缺乏性知识,对性有偏见,性冲动得不到正常的转移,久而久之造成性冲动与性压抑之间的矛盾。

以上这些心理矛盾如果得不到合理解决和正确的引导,就容易导致心理问题。

(3)大学生心理发展的差异性。不同年级的大学生心理发展的特点不同,具体表现在以下三个方面。

1)适应期。大学新生以“胜利者”的喜悦进入大学后,突出的问题是如何适应大学生活,如何建立起新的人际关系。调查显示,在大学新生中,适应不良和人际交往问题占68.7%。他们的心理矛盾主要有:自豪感和自卑感交织;新鲜感和恋旧感交织;轻松感和紧张感交织;奋发感和被动感交织。这个时期一般是在大学一年级。

2)发展期。当新生适应了大学生活,建立起了新的心理平衡后,大学生活进入了相对稳定期,这是大学生成才定型的关键时期。他们自信心提升,竞争意识增强,突出的心理问题是:成才道路的选择与理想的树立,学习目标的实现,学习态度的确立,学习方法的掌握,以及学习心理结构的形成。这个时期一般在大学二年级至三年级。

3）成熟期。大学生经过3～4年的大学生活和学习，世界观、人生观逐步形成，心理逐渐成熟。但是，这个时期又是大学生从学生生活向职业生活过渡的阶段，他们又要面临新的心理适应。这时他们的心理特点主要有紧迫感、责任感和忧虑感。

二、大学生常见的心理健康问题

进入大学校园，面对学习、生活、人际交往、自我意识和就业等问题，不少大学生感到苦闷、孤独、焦虑，甚至出现精神崩溃。在大学生中开展心理健康教育，提高大学生的心理健康水平，避免和减少各种心理问题、心理疾病的发生，是高等教育的重要内容。

1. 大学生心理健康现状

通过调查发现，大学生的心理健康现状有以下几个方面。

（1）多数大学生的心理是比较健康的。通过对高校大学生心理健康状况进行测评，发现多数大学生的心理是比较健康的。他们具有较高的智力水平，有强烈的求知欲望；乐观自信，朝气蓬勃，对未来满怀憧憬；有较健全的意志力，不怕困难，果断顽强；人格基本完整统一，敢于拼搏，勇于竞争，积极进取；有较完善的自我认知能力，能客观认识自己，悦纳自己，社会环境适应良好。

（2）大学生是心理障碍的高发群体。心理障碍是所有心理与行为失常的总称。大学生是具有较高文化和较高自尊的群体，通常有着更高的抱负和追求，面临着更多的机遇和挑战，承受更大的心理压力与冲突。一些高校通过"SCL-90症状自评量表"对大学生进行测试，发现该自评表所测查的10项因子中，除躯体化一项外，其他各项因子皆高于成年人。

（3）大学生心理问题分布具有一定的规律。根据调查，大学生平时所遇到的心理问题在性别、年龄、城乡等方面均显示出一定的分布规律，这与他们的心理特征、生活习惯及所遇问题的性质等因素密切相关。

大学生不同年级出现的问题不同。如：大一的适应高校生活困惑期，大二的心理问题多发期，大三的情感冲突期，大四的择业求职盲目期。

从性别看，男生的问题涉及面很多，表现为人际交往、自我意识、情感、能力培养、个性塑造和自我评价等，各项比例均较低；而女生多集中在人际交往问题、情感和恋爱问题上，此外，学习问题和情绪问题等也占有一定比例。

从生源看，城市学生涉及的心理问题较广泛，但比例均较低，如人际交往、个性发展、能力培养、自我评价、情感问题等；而农村学生问题则多集中在人际交往、自卑情绪、环境适应上。

【心灵启迪】

几乎每个人都会有口头禅。这些口头禅看似常见，但事实上，它们可以反映一个人的性格和心理状态。心理学家们通过研究，发现了口头禅和性格之间有一定的相关性。

第一种："无所谓""随便"。

喜欢说“随便”的人，往往是爱随大流、不能为自己做主的人。“随便”隐藏着“错了别怪我，和我没关系”这样推卸责任的潜台词。喜欢说“无所谓”的人，可能有下面几种情况：①生活中束缚较多，选择较少。这种人往往长期生活在压抑之中，从而放弃了选择的权利。②没有主见，喜欢随大流。这种人在生活中常常没有主见也不发表自己的意见，可能是成长中的点点滴滴都为父母安排所致。③优柔寡断。这种人性格中缺少一种魄力，本质是内心深处有着一定的自卑情绪。

第二种："没关系""没事""不要紧"。

喜欢说“没关系”“没事”“不要紧”的人，往往缺乏安全感，心理防御较重。他们给自己的心灵装上了厚厚的盔甲，不愿意与他人太过亲近。同时，他们不想麻烦别人，也不想别人麻烦自己，有这种情况的人很可能是以前内心受过伤。

第三种：“一定”“绝对”。

把这类话当成口头禅的人，往往性格比较随便，责任心不强。只有那些喜欢随意向他人做出保证的人，才会养成这种口头禅。还有一种可能就是他们对自己有着盲目的自信甚至自恋。

第四种：“是不是?”“对不对?”等强烈疑问句。

在交谈中喜欢说这种类型口头禅的人，一种是源于内心很强的控制欲，不喜欢在自己讲话时，有人开小差，所以会时不时用问句口头禅来唤起听众的注意；另一种是内心比较自卑，缺乏安全感，希望通过问句来获得对方认同。

从以上几个例子，我们也可以看出：口头禅会对个体形成一种强烈的心理暗示。当一个人经常将自己内心的喜悦告诉他人，那么他的人生就会表现得比较快乐知足；相反，一个消极的人则有可能会陷入悲观情绪不能自拔。总而言之，你挂在嘴边的话会在很大程度上影响你的人生，所以一定要重视平时的语言习惯。

2. 大学生常见的心理障碍

调查表明，大学生常见的心理障碍主要有以下几个方面。

(1)学业问题。主要包括学习压力大、学习动力不足、学习目的不明确、学习成绩不理想、学习动机功利化等。

(2)情绪问题。大学生情绪问题，一般指消极情绪或负面情绪，是基于应激事件而引起的压力、悲伤、痛苦等长时间持续不能消除的状态。常见的应激事件如失恋、家庭重大变故、经济困难、就业压力等。

(3)人际关系问题。常见的问题包括人际关系不适应、社交不良、个体心灵闭锁等。

(4)焦虑问题。大学生的焦虑具有一定的代表性，其来源并非现实的威胁而是内心，无明确的客观对象和具体内容。主要表现为考试焦虑与自我焦虑。

(5)情感问题。大学生情感问题比较普遍，突出表现在爱情、友情、亲情 3 个方面。

(6)性教育问题。长期以来，由于性教育的缺失，很多学生直到大学仍然不能对性生理发展、性心理发展有正确认识，容易产生堕落感、耻辱感与性罪恶感。不能正确认识自我的性反应,把性与不洁联系起来。

(7)大学生活适应问题。目前在校大学生,一大部分属于被宠大的一代,生活能力差、自理能力弱的情况普遍存在。

(8)特殊群体学生的心理健康问题。包括独生子女心理健康问题、困难生心理问题等。

三、大学生心理健康问题的对策

1.宣传心理健康知识

在我国,从小学、中学到大学都缺乏相应的系统心理健康教育,大学生对健康的认识存在着不同程度的偏差。这些偏差主要表现在两个方面:一是对健康含义的片面理解,他们只注重身体健康而忽略了心理健康。二是对心理健康含义的片面理解,他们往往认为只要没有心理疾病就是健康,而忽略了大学生应具有的持续的、积极的心理状态,忽略了自身潜能的发挥。为此,要充分利用学校宣传媒体,广泛宣传、普及心理健康知识。

2.开展心理普查,建立学生心理健康档案

即通过问卷、心理测试等科学方法,了解大学生的个性状况、智力水平、心理健康水平、学习状况等,将其心理问题的历史和现状记录下来,建立大学生心理健康档案资料,对有心理问题及心理障碍的学生进行重点辅导和监控,防患于未然,提高心理教育的针对性。

3.开设大学生心理健康教育课程

对大学生进行心理健康教育,不仅要重视对心理问题的治疗,更重要的是对大学生健康心理的养成。开设大学生心理健康教育课程就是要帮助大学生达到心理的最佳状态、性格的完善发展、心理潜能的最大开发。通过教学可以使学生系统地了解心理健康的基本知识,学会应对挫折,培养与塑造健全的人格,确立职业生涯规划等;课堂教学可以使大学生树立科学的健康观,及时发现和干预自身的心理问题,增强自助能力。

4.开展心理咨询工作

要建立一支以专职教师为骨干、专兼结合、专业互补、相对稳定的心理健康教育工作者队伍,开展心理咨询工作。心理咨询可分为团体心理咨询和个体心理咨询。一般情况下,应采取一对一的个体心理咨询。此外,还可把具有相同心理困扰的学生组成一个小组进行团体咨询,在这个小组中,他们可以获得一种支持性力量,觉得自己不再孤单,从而增强克服心理问题的信心和勇气。

5.提高教师的心理健康水平

高校教师的心理健康状况不仅影响其本人的工作、生活质量,而且对大学生具有不可忽视的影响。没有心理健康的教师群体,就不会有心理健康的学生。要加强教师对心理健康重要性的认识,通过各种途径提高教师的心理健康水平,为大学生营造一个积极、健康、高雅、和谐的育人环境。

6. 实现大学生心理健康的方法

(1)掌握必要的心理健康知识。

(2)预防与消除亚健康状态。保持适度的运动、均衡的营养、提高自我保健意识。

(3)培养良好的人格品质。树立正确的人生观与价值观;正确认识自我,积极悦纳自我;提高对挫折的承受能力;自觉调控情绪,做情绪的主人。

(4)养成健康的生活习惯。合理作息、生活规律、科学用脑、适量运动,体育锻炼等,保持有规律的生活。

(5)积极参加课外社团活动。有助于大学生学习人际交往技巧,丰富业余生活、锻炼提高综合能力。

(6)主动接受心理辅导与咨询。当遇到自己难以解决的心理冲突时,要主动到学校心理咨询中心或医院的精神科去寻求帮助,在人生的道路上走得更好、更稳、更健康。

【心理测验】

下列每题都有4个备选答案,请根据你的实际情况选择最适合你的答案:A表示最近一周内出现这种情况的日子不超过一天,B表示最近一周内曾有1~2天出现这种情况,C表示最近一周内曾有3~4天出现这种情况,D表示最近一周内曾有5~7天出现这种情况。

1. 我因一些事而烦恼。
2. 胃口不好,不太想吃东西。
3. 心里觉得苦闷,难以消除。
4. 总觉得自己不如别人。
5. 做事时无法集中精力。
6 自觉情绪低沉。
7. 做任何事情都觉得费力。
8. 觉得前途没有希望。
9. 觉得自己的生活是失败的。
10. 感到害怕。
11. 睡眠不好。
12. 高兴不起来。
13. 说话比往常少了。
14. 感到孤单。
15. 觉得人们对我不太友好。
16. 觉得生活没有意思。
17. 哭泣。
18. 感到忧愁。
19. 觉得人们不喜欢我。
20. 无法继续日常工作。

每题答A记0分,答B记1分,答C记2分,答D记3分。各题得分相加,统计总分。16分以下，说明你可能有轻度的心理问题，可尝试着进行自我心理调节；得分在16分以上，说明你有较严重的心理问题，这时应考虑到医院进行心理咨询或心理治疗。

【活动天地】

相逢与相识

给大家1分钟的时间，在这1分钟，每一个人都要在教室内自由走动。走动时，尽量去跟其他同学握手，握手的同时，跟对方说“您好”。1分钟后，老师喊“停”。喊停时，每个学生对面或正在握手的人就成了一个2人小组。

老师让所有“对子”(2人小组手拉手)在教室内自由漫步，见到其他同学的时候，微笑着跟他们说“你们好”。

自由走动1分钟后，老师喊“停”。喊停时各个小组要迅速跟最靠近自己的小组合并，拉上手，形成4人小组。

再次让各个4人小组自由漫步，喊停后再次跟另一个4人小组合并，变成8人小组。

8人小组，找到地方坐在一起，自由交谈3分钟，推选出组长。

讨论组名、小组口号、小组契约、违反规定的惩罚措施等内容，并写在纸上。

每一小组组长汇报小组的组名、口号和契约等，并请小组成员在上面写上自己的班级、学号。

第二章

书山有路勤为径——大学生学习心理

名言哲语

在寻求真理的长河中，唯有学习，不断地学习，勤奋地学习，有创造性地学习，才能越重山跨峻岭。

——华罗庚

学会学习的人，是非常幸福的人。

——米南德

本章导读

人际技能、技术技能、思维技能、学习技能被喻为知识时代的四项技能，所谓学习技能就是学会学习。学会学习的首要问题就是要了解什么是学习。大学的学习不单纯是为了学习而学习，而是“要把个人的理想同国家的前途命运紧密结合起来，把个人的追求同人民群众的需要紧密联系起来”。在大学期间，要培养一种习惯——勤于学习；追求一种精神——创新奉献；砥砺一种品格——修身养性；坚定一种信念——志存高远。

第一节　学习心理概述

【心灵启迪】

小张是数学系的一名大一新生。初入大学的她，自信积极，学习态度认真，且立下了"自信人生二百年,会当水击三千里"的宏伟志向。但是,在充满了诱惑的大学校园中,她的目标逐渐模糊化。而且,她常听到别人说,基础学科学得再好也没用,找工作靠的是技术专长或关系。她灰心了,在不知不觉中放松了学习,最终成绩也直线下降,期末考试结束,她因挂科太多导致学分不够,被学校通报警告,这才像被泼了盆凉水,清醒过来:难道就这样度过大学时光?

进入大学阶段,学习仍然是大学生活的主旋律。健康的学习心理不仅有利于提高大学生的学习质量和效率,而且有助于大学生将来适应学习型社会。

一、学习的含义

学习是伴随着人类社会的产生而出现的,是一种既古老而又永恒的现象。我国古代,学与习两字是分开使用和理解的。所谓"学",主要是指获取知识和技能,有时指接受各种感性知识和书本知识。所谓"习",主要是指巩固知识和技能,它一般有三种含义:温习、练习和实习。《现代汉语词典》中把学习界定为"从阅读、听讲、研究、实践中获得知识或技能"。

学习首先是一个过程,在这个过程中,学习的主体和客体发生相互作用,主体从与客体相互作用过程中学到经验。这种经验可以是直接的,也可以是间接的。比如,从课本上学到的知识就是一种间接经验;来自生活工作中的实践经历,则是一种直接经验。经验的获得过程对于主体来说就是学习过程。

其次,学习过程中主体的某些行为或者心理结构也会发生相应的改变,这种改变是由于获得的经验对学习主体改造的结果。可以说,学习一旦发生,个体就不再是先前的个体,改变在学习中已发生。一个工人经过培训以后可以在流水线上熟练操作,一个大学生经过3~4年的学习可以掌握本领域的专门知识并学会运用,一个运动员经过训练可以使自己学会某种专项技能,这些操作技能或者知识的习得皆伴随着某种能力的变化。对工人来说,学会流水线操作是某种机械操作能力的获得;对大学生来说,专业知识的掌握与运用标志着在某个学科或相关领域的智慧技能的获得;而对运动员来说,专项技能的掌握则标志着其运动技能的习得。当然,对于人类学习来说,学习的结果远远不止这几种,有时候,个体习得的也可以是一种态度、行为准则及问题解决策略等。

二、学习与心理健康的关系

学习与心理健康的关系主要表现在学习对心理健康起促进作用,而心理健康则是学习的重要影响因素之一。

1. 学习对心理健康的促进作用

学习是现代人赖以生存的必要条件,是促进人全面发展的根本途径。学习是学生的第一要务,能促进学生的心理健康和心理发展。这种积极影响作用主要表现在以下几个方面。

(1)发展智力,开发潜能。每个人都有与生俱来的智力和潜能,但是这些潜能必须通过后天的学习才能被挖掘出来,并进一步得到开发。一个人的智力也是在学习中不断发展提高的。人们常说"刀越磨越快,脑子越用越活",这话有一定的道理。大学生的观察力、注意力、记忆力、思维力及想象力只有在实际学习过程中才能得到开发、利用和提高。一个人的智力再好、智商再高,如果不学习,智力就得不到开发和利用。新时期的大学生应该利用大学的有利条件,勤奋学习,在学习过程中开发、利用、提高自己的智力和潜能。

(2)快乐学习,体验幸福。大凡善于学习、勤于工作的人,总是把学习和工作当作自己的爱好,从中体味到幸福和快乐。例如,某大学生通过努力学习,取得了一定的成绩,获得了一些荣誉,得到了老师和同学的认可,就会提升自己的价值感,收获到喜悦和满足,常伴有高峰愉悦体验,它是人生的高级精神享受。所以,以学习为乐,有助于健康心理的发展。

(3)提高心理健康水平。学习活动,尤其是文学、艺术方面的学习,有助于发展健康的情绪和丰富的情感。在集体中学习,同学之间相互学习、各取所长,既有利于培养健全的人格,提高自己的适应能力,又有助于同学之间的交流、合作,从而建立和谐的人际关系。因此,大学生要在不断地学习和实践中,提高自己的心理健康水平。

2. 心理健康对学习的影响

学习是一种非常复杂的心理现象,它不仅与感知、记忆、思维、注意、想象等认知过程直接相联系,而且还关联到人的动机、意志、情绪、态度、个性等各种非智力因素。经过"过五关、斩六将"被严格选拔而进入高校的大学生,就普遍意义而言,智力的个体差异较小,学习成绩应该相差不大,但事实却不是这样。同一班级的大学生,有的成绩优秀,而有的则对学习感到吃力,极少数甚至无法完成学业。为什么会出现这种情况呢?原因很多,但心理健康状况的影响却是一个主要因素。心理学研究表明,心理健康状况对大学生的学习起着重要的影响。

【心灵启迪】

古人以"立身以立学为先,立学以读书为本""鸟欲高飞先振翅,人求上进先读书""黑发不知勤学早,白首方悔读书迟"这些名言警句来激励后人发愤学习。学习对于许多人来说是一件非常快乐的事,古今中外有很多事例。隋朝时期的李密年少时痴迷学习,留下了"牛角挂书"的传奇故事。有一次,他想去拜访名士顾恺,又不忍浪费路途上的光阴,于是他骑着一头黄牛,牛角上挂着一卷《汉书》,边赶路边读《项羽传》,沉浸在书中"物我两忘"的境界中。"悬梁刺股""凿壁借光""囊萤映雪"等故事中的主人公也都是乐学的典范。他们以学习为乐,才能忽略学习条件的艰苦,最后成为一代大家。

三、影响大学生学习效能的因素

大学生的学习质量和效率受到很多因素的影响。影响学习的心理因素包括智力因素和非智力因素,它们对学习活动起着推动、导向、维持和强化作用。

1. 智力因素

智力是指个人凭借感觉、知觉、注意、记忆、想象和思维活动来分析问题和解决问题的能力,包括观察力、注意力、记忆力、想象力和思维力等。

(1)观察力。观察力是指通过感官,有目的、有计划地感知客观事物的能力。有研究认为,人的一生中,90% 的知识来自观察,观察是人一生积累知识的最重要的途径和方法。观察力影响着人获取知识的能力,影响着人的学习能力。

(2)注意力。注意力是指人的心理活动指向和集中于某种事物的能力。注意力是智力的重要因素,观察、记忆、思维和想象等过程都需要注意力的参与,注意力影响着其他智力因素的发挥,很大程度地影响着学生的学习效果。

(3)记忆力。记忆力是指识记、保持、再认和再现客观事物所反映信息的能力。记忆是学习的基础和准备。著名教育家夸美纽斯说过:一切后教的知识都是以先教的知识为依据的。也有人把记忆比作知识的仓库,里面储存的信息可以根据需要随时取用。

(4)想象力。想象力是指在已有形象的基础上,在头脑中创造出新形象的能力。想象力是智力的重要因素,是知识创新和创造的基础因素,是创新力的核心。在学习中,想象力可以增加知识学习的灵活性和延伸性,在利用知识发现问题和解决问题方面具有重要的意义。提高想象力,就能提高个人的智力水平,提高自己的学习和创新能力。

(5)思维力。思维力是指人脑对客观事物间接、概括的反映能力。仅靠感官得到的知识,往往只停留在事物的表面,而不可能深入到事物或者事件的本质和规律,只有通过思维力的参与,才能在诸多事物的表象中,抽象本质,发现规律,获得真正有用的知识。

大学阶段是人的智力从“学习准备期”到“创造活动期”转变的过渡时期,是智力培养和开发的关键期。美国著名心理学家莱曼(Lehman)从 20 世纪 30 年代开始就一直从事人的创造力发展的研究。他研究过几千名科学家、艺术家、作家的成就与年龄,得出从事不同学科的人最佳创造的平均年龄,如表 2-1 所示。

表 2-1 各学科最佳创造期

学科	最佳创造的平均年龄(岁)	学科	最佳创造的平均年龄(岁)
化学	26 ~ 36	声乐	30 ~ 34
数学	30 ~ 34	歌剧	35 ~ 39
物理	30 ~ 34	诗歌	25 ~ 29
实用发明	30 ~ 34	小说	30 ~ 34
医学	30 ~ 39	哲学	35 ~ 39
植物学	30 ~ 34	绘画	32 ~ 36
心理学	30 ~ 39	雕刻	35 ~ 39
生理学	35 ~ 39		

大学生正处于 18 ~ 24 岁,正值智力发展的高峰期,所以要抓住有利时机,充分挖掘

自身的智力潜能，发展集中的注意力、敏锐的观察力、良好的记忆力、丰富的想象力以及敏捷而有创造性的思维能力。智力因素得到良好发展，会有助于学习效率和学习质量的提高。

2. 非智力因素

影响学习的非智力因素是指能力和能力之外的、保证人们成功进行种种活动的心理条件的总称，主要包括兴趣、爱好、动机、意志、情感和性格等因素。人在智力活动过程中，非智力因素时刻都在发挥着作用，它不仅推动、维持、调节着智力活动过程，还能弥补人智力上的不足，它虽然不直接参与认识过程，却是学习活动得以高效进行的动力因素，绝不可忽视。

(1)兴趣。兴趣是对事物喜好的情绪。学习兴趣吸引了大学生的注意，并使其积极参与学习活动，在学习中产生快乐，使学习活动具有方向性、选择性，是大学生学习的一种最实际的内部动力。

(2)动机。动机是激发和维持个体活动，使活动导向某一目标，以满足个体某种需要的内部动因。学习动机是直接推动学生进行学习的内部动力。

(3)情感。情感是人对客观事物是否满足自己的需要而产生的态度体验。大学生应热爱学习，乐意接受教育，并创造性地开展学习。

(4)意志。意志是人自觉地确定目标，并支配行动、克服困难、实现目标的心理过程。意志品质是非智力因素的一个重要方面，对学习积极性有很大影响。“锲而不舍，金石可镂”，正说明意志对一个人成功的作用。

(5)性格。良好的性格是学习的动力和保证。大学生应该认真剖析自己，分析自己性格中好的成分，改掉不良的成分，把自己培养成一个乐观向上、积极进取、富有责任心、有开拓创新精神的新人。

第二节　大学生学习能力的培养和潜能的开发

现代认知心理学的创始人之一——西蒙(H. A. Simon)认为，与其他生物相比，人类突出的特点是具有很强的学习和思维能力，而学习能力是首要的。大学生步入高等学府后，不仅要学习知识，还要培养学习能力，以适应自己终身学习的需要，特别要开发自身的潜能，以更好适应今后的工作和社会需要。

一、学习中常见的心理现象

《学记》中说：“学者有四失，教者必知之。人之学也，或失则多，或失则寡，或失则易，或失则止。此四者，心之莫同也。”

1. 学习中的高原现象

高原现象也叫“学习曲线”，有时又称练习曲线，指一种学习技巧形成过程中练习次数同练习成绩间关系的曲线。一种技巧在形成过程中,往往由于练习方法未及时改进,在某一期间的练习成绩有停滞现象,在练习曲线上即出现近于平直的一部分线段,被称为“高原期”。

“高原期”现象产生的主要原因有两点:一是学习成绩的进一步提高需要改变旧的学习活动结构和方法,代之以新的活动结构和方法。在个体没有完成这种改造以前,学习的进步就会处于停顿状态,甚至在这种改造过程中学习成绩还可能暂时下降。二是经过一段时期的学习后,个体的学习兴趣降低,情绪厌倦,身体疲劳等,也会造成学习的暂时停顿现象。

【心灵启迪】

小东是一名大一新生,到大学后,他制订了考研计划,决心继续努力,进一步学习深造。可是最近一段时间,他发现自己的学习效果并不理想,感觉自己的学习状况还不如高中时代,心中不免生起许多疑惑,难道是自己变笨了?这是怎么回事呢?于是他走进了心理咨询室。

通过对小东学习方式的了解,心理老师发现小东进入了学习的“高原期”。由于小东还采用高中阶段的学习方法,以题海战术和强化记忆为主,对于大学生的学习方式还不太适应,因此,小东虽然付出了努力,但学习成绩却有下降的趋势。之后,小东在心理老师的指导下,改变学习方法,各科学习都渐入佳境。

2. 学习中的遗忘现象

遗忘是对记忆的内容不能提取或者错误提取。德国心理学家艾宾浩斯最早研究了遗忘的发展进程,他发现遗忘在学习之后立即开始,遗忘的进程是先快后慢。

遗忘不仅受时间因素的影响,还受许多其他因素的影响。这些因素主要有:

(1)学习材料的性质和编排序列。一般说来,学习有意义的材料比无意义的材料遗忘速度要慢;在单位时间里,学习的材料越多,遗忘的也越快;对一系列的学习材料,人们记忆效果最好的是位于开头的和位于末端的内容,即系列位置效应。

(2)前摄抑制和倒摄抑制。前摄抑制,就是先学习的材料对后续学习材料的识记发生的干扰现象;倒摄抑制,即后学习的材料对先前学习材料的识记发生干扰的现象。因此,两种性质相近的学习材料应采取较长时间的间隔来学习,才能取得较好的学习效果。

(3)学习程度的影响。凡对学习材料未能达到准确背诵的,称为低度学习;如能达到且仍继续学习一段时间的,称为过度学习。低度学习的材料容易遗忘,过度学习的材料则记忆效果要好一些。但过度学习会出现“报酬递减率”的现象,即每增加一次背诵,则在保持中所节省的时间就越来越小。因此,在追求学习效果时还是要综合考虑精力、时间等方面的因素,否则就会造成浪费。

(4)其他影响因素。学习者的态度、情绪以及健康营养状态等机体因素都会影响遗忘的进程。积极的、正面的态度和情绪,蛋白质摄入充足,会增加记忆的效果;反之,则容易产生遗忘。

二、培养学习能力

学习能力指大学生在获取新知识、新技能活动中所表现的一种综合能力。它包含自学能力和元认知能力等。

1. 自学能力

自学能力是指大学生在主动而独立地获取新知识、新技能活动中所表现的一种综合能力。它是阅读能力,资料检索和资料整理能力,融会贯通能力和发现、分析、解决问题能力的综合,也是对所学知识技能进行独立地选择、综合和应用的能力。自学能力是大学生最基本的学习能力。

2. 元认知能力

一个学生要学会如何学习,实际上就是掌握学习策略的过程。学习策略是一系列有目的的活动,是学生在学习过程中选择、使用、调节和控制学习方法、技能的操作活动。学习策略是能否有效地进行学习的重要因素。《学习的革命》中提出了这样的问题,即"学校应该教什么""学习怎样学习和学习怎样思考";也即首先要学习人的大脑是怎样工作的,记忆是怎样工作的,人是怎样储存信息、找回信息、将它与其他概念相连并在需要时马上查出知识内容。这是对认知活动的认知,也就是心理学中的"元认知"。

元认知(metacognition)对于一个学生能否掌握科学的学习方法和正确的学习策略,起到至关重要的作用。一位学习成绩优秀的学生一般拥有较多的有关学习策略方面的知识,适合自己的学习方法,也即其元认知水平较高,能很好地对自己的认知活动进行再思考、再认知和积极有效的监控。

三、大学生潜能开发

当今时代,人们不仅要重视知识的获得、知识结构的完善、各种能力的培养,更要重视潜能的开发,教育必须走向开发创造性思维的道路,注重发挥人的潜能。

1. 非智力因素的培养

非智力因素是相对智力因素而言的,指那些不直接参与认识过程,但对认识过程起直接制约作用的心理因素,主要包括动机、兴趣、情感、意志、气质和性格等。智力是一种潜在的智慧能量,非智力因素是智力活动的动力,环境和教育是智力开发的外部力量。在智慧活动中,人的智力因素要想发挥最大效能,必须有优良的非智力因素的积极参与,否则其智慧潜能不能有效地转化为智力行为。

家庭、环境和学校教育因素对于非智力因素的形成和发展起重要作用,但它们并不能直接决定人的非智力因素,学生本身的自我教育更为重要。

2. 元认知训练

元认知的实质就是人对认知活动的自我意识和自我调节。自我意识是人们意识的最高形式,自我意识的成熟是人的意识的本质特征,它以主体及其活动为意识的对象,因而对人的认识活动起着监控作用。通过自我意识系统的监控,可以实现人脑对信息的输入、加工、储存、输出的控制,人就能通过控制自己的意识而相应地调节自己的思维和行为。所谓认知活动的自我监控与调节,表现在主体根据活动的要求,选择适宜的解决问题的策略,监控认知活动的进程,不断获得和分析反馈信息,及时调节自己的认知过程,坚持或更换解决问题的方法和手段。

元认知对人们的智力、思维活动起着监控和调节功能,它的发展水平直接制约着智力、思维的发展水平。高等教育在教学过程中也要加强对大学生元认知的培养和训练,开发潜能。

3. 创造性思维培养

(1)学会发散思维。发散思维是在解决问题的过程中,沿着各种不同的方向去思考,寻找多种可能的答案、结论或假说的思维方式。在创造性思维活动中,发散思维占据着主导作用。大学生在学习过程中应该自觉地、有意识地培养这种发散思维能力,经常进行发散思维的训练,以提高在学习过程中的创造性。

(2)学会逆向思维。逆向思维又叫反向思维。我们在思考问题时,通常惯于正向"顺推",而往往忽视了事物之间常常互为因果的关系具有双向性和可逆性的特点。因此,大学生在学习中应尝试从相反的方向看问题,倒过来进行逆向思考,对学习问题的解决往往能起到突破性的效果。

(3)重视直觉和灵感。正确地利用直觉和灵感是培养创造性思维的重要方法。爱因斯坦强调,在科学创造过程中,从经验材料到提出新问题之间,该有"逻辑的桥梁",必须抓住灵感和直觉。他说:"我相信直觉和灵感。"直觉和灵感的产生又是建立在大量丰富的知识经验,长期的深入思考和不断探索的基础之上的。可见,学习和思考是产生直觉和灵感的前提。

第三节　大学生学习动机与创造力培养

【心灵启迪】

小李是一名大二的学生,他觉得很多事情有时候是不公平的,即使自己付出了再多的努力也不一定能得到回报。在两年的大学生活中,为了充实自己,他加入了院篮球队。他每晚都会比队友多练1小时,周末的球场也几乎都有他的身影,但练习成果却并不理想。在比赛中也经常和队友配合不好,甚至拖队伍的后腿。而他的队友小杨虽然练习的时间比他少,但篮球技术却非常好,每次比赛都表现很突出,经常被教练夸奖。因此小李心里很不平衡,不明白为什么自己付出了比他更多的努力,却还是比不上他?

大学生的学习过程不仅受学生的智力、非智力因素等影响,还会受到来自个体外部环境因素的影响,这些内外因素在不同的程度上影响着大学生学习的过程、效率,如果不能处理好这些内外因素和学习的关系,大学生的学习就会出现各种不适应。下面我们就几种常见的学习问题进行分析并提出解决办法。

一、学习动机障碍及应对

学习动机也就是求知欲,它源于对学习的兴趣、成功的满足、创造性地解决问题所带来的愉悦感。学习动机直接对学习起促进作用,与学习结果互为因果。一定的学习动机能充分调动学生学习的主动性和积极性,而学习的成功,则大大满足了个体的各种社会需要,并促使个体把通过进一步的学习以获得更高程度的满足当作一种新的需要,从而产生更强烈的学习动机。心理学研究表明:无论身处在哪一个年龄阶段,学习动机与学业成绩之间存在着明显的正比关系,具备一定的学习动机是学生获取良好学业成绩的先决条件之一,良好的学习成绩又能成为激发个体学习的动力,两者相辅相成,互为因果。

学习动机在学习活动中的作用主要表现如下:

(1)学习动机激发学习行为。大学生的学习行为是在学习动机的支配下进行的,没有学习动机就不可能有学习行为。

(2)学习动机决定着学习进程。学习活动能否长期、稳定地坚持下去,同样要受到学习动机的维持和调节。

(3)学习动机影响学习效率。适度的学习动机能提高学习效率,学习动机过强或过弱都会降低学习效率。

1. 大学生学习动机障碍分析

绝大多数大学生,能够保持适度的学习动机,充分发挥自身的学习积极性,充分利用大学优越的学习条件,推动学习活动顺利进行,圆满完成学业。但是,大学生在学习过程中也存在着两种不可忽视的倾向:学习动机缺失和学习动机过强。

(1)学习动机缺失

学习动机缺失是指在学习上没有动力和目标,缺乏学习愿望,丧失学习兴趣。具体表现为:

1)没有明确的学习目标。既没有长期目标,也没有近期目标,得过且过,浑浑噩噩。

2)没有学习计划。从不考虑每天的时间怎么安排,学些什么,读什么书,怎样合理分配时间和精力。

3)没有理想和抱负。缺少求知欲,缺少压力、紧迫感,缺乏进取心。觉得学习成绩没用,“60分万岁”,甚至认为那些学习非常用功的学生是傻瓜,大学时光是用来潇洒和享受的。

(2)学习动机过强

【心灵启迪】

小张是一名来自山区,家庭经济困难的学生。高中时期学习成绩优异,周围人都认为她一定能走出大山,考上重点大学。但她在高考时却发挥失常,只上了一所普通的本科大学，这给她造成了很大的心理落差。

从进入大学的第一天起，失落与压抑的情绪就一直伴随着她。因此，她想在大学期间抓住一切可以利用的时间学习，取得好成绩、拿到奖学金、考上研究生……但是大学和高中的学习方式有很大差别，小张难以适应快节奏的学习生活，再加上重重压力，让她苦不堪言。而且她几乎不参加课外活动，也没有搞好同学关系，最后还成绩一般，这让她心生挫败感，刚进入大学时的学习劲头也逐渐消失了，她也慢慢地变得不自信。

这个案例中的女大学生，正是因为学习动机过强，给自己施加的压力过大而影响了学习效果。所谓“过犹不及”就是这个道理。大学生学习动机过强具体表现为：

1）成就动机过强。争强好胜，过于看重结果，急于取得成就并超过他人，期望和抱负远远超过自己的实际能力。害怕失败，只追求成功。心理压力大，精神紧张。

2）奖惩动机过强。过度追求学习成绩好的奖励，避免受到惩罚。比如有的同学努力学习就是为了期末能够拿到奖学金，能被别人看得起。非常看重学习成绩，而不注重学习能力与专业素养的提高。

3）学习强度过大。每天把所有能挤出来的时间都用在学习上，不能合理安排休息、娱乐、放松，偶尔放松一会儿，会自责很久，常常处于疲劳状态，学习效 率很低，精神压力大，对学习产生厌烦、恐怖情绪，甚至睡眠质量也很差。

【心灵启迪】

1958 年以布雷迪（Brady）为首的四位研究者，用猴子做了一个实验。他们将两只猴子分别缚在两张电椅上，电流是每 20 秒激发一次。被电击的滋味当然不好受，它们开始嚎叫挣扎。然而，甲猴子很快发现，它的电椅上有一个压杆，只要在电流袭来之前压一下压杆，就可免遭电击；而乙猴子却发现，它的电椅上没有压杆。于是，甲猴子就担负起压杆的责任，他紧张地估算着电流袭来的时间——结果是，要么两只猴子同时逃脱电击，要么它们一起受苦。是逃脱还是受苦，这完全取决于甲猴子，于是甲猴子就一直处于应激状态，乙猴子虽然很无奈，却无忧无虑——最后，甲猴子得了胃溃疡，乙猴子却安然无恙。

其实，人类也是如此，适当的精神压力会转化为动力，激励我们奋进；若是长期处于极大的精神压力之下，不仅会损害我们的生理健康，而且会危害到心理健康。

（3）耶克斯-多德森定律。对于学习者来说，是不是动机越强越好呢？心理学家耶克斯和多德森（Yerkes & Dodson，1908）通过大量的研究发现，动机水平的高低对学习的影响呈现倒“U”形关系。也就是说，中等强度的动机最有利于任务的完成。即动机强度处于中等水平时，工作效率最高。

研究表明，各种活动都存在一个最佳的动机水平。动机不足或过强，都会使工作效率下降。研究还发现，动机的最佳水平随任务性质的不同而不同。在比较容易的任务中，工作效率随动机的提高而上升；随着任务难度的增加，动机最佳水平有逐渐下降的趋势。也就是说，在难度较大的任务中，较低的动机水平有利于任务的完成。这就是著名的耶克斯–多德森定律（图 2–1）。

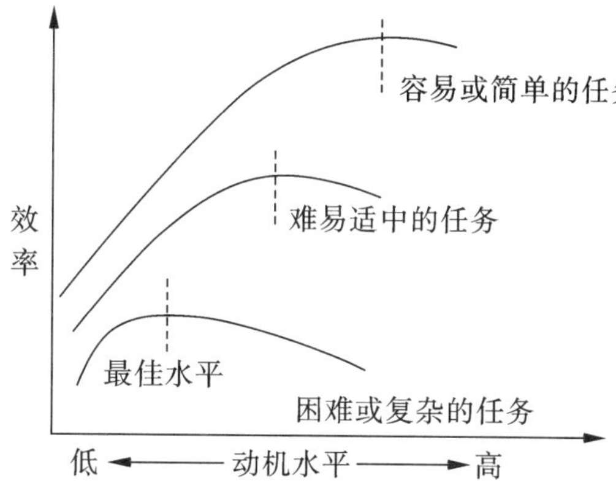

图 2–1　耶克斯–多德森定律

2. 引起大学生学习动机障碍的心理原因

（1）学习认知偏差。大学学习是围绕专业知识结构的建构与能力的培养。大学生需要合理的知识结构与比较广博的知识范围，需要在学习中培养能力，提升综合素质。但有的同学仍然把全部精力放在书本知识上，学习的目的就是应付考试，忽略了知识范围的拓展和综合能力的培养，就会造成持续学习的动机不足。

（2）归因不当。归因是指个体对自己或他人行为结果原因的知觉和判断。许多研究表明，不良的归因方式会损害学生学习的积极性，如“习得性无助”现象的形成。

研究者们曾经做过一些有趣的动物实验。例如，将金鱼放置在一个特殊的鱼缸里，鱼缸的中间有一块透明的玻璃挡板。实验的第一阶段，将金鱼喜欢吃的一些小食物放在挡板的另一边，这时，金鱼就会本能地游向食物。可是，由于挡板的存在，金鱼屡试屡败，总也无法吃到食物，最后金鱼只好放弃。然后进入实验的第二阶段，将挡板撤走，这时，本来金鱼可以吃到食物，但是，即使食物就在金鱼身边漂来漂去，金鱼也对食物“视而不见”，再也不对食物抱有幻想。也就是说，当经过长时间努力却被证明“无果”时，动物应对环境的动机就会下降。也就是说，动物“习得”了一种“无助感”。

这种现象在人类身上同样存在。当某些大学生觉得自己的努力并不会带来什么结果、觉得自己对环境完全失去了控制时，他们就会自暴自弃，放弃努力。可见，对于事件的不可控归因会破坏行为动机。

（3）成就动机水平低。大学生的学习也会受到成就动机的影响。许多大学生学习兴趣不足、学习效果不好，很大程度上是因为成就动机水平低而引起的。所谓成就动机，是指驱动一个人在社会活动的特定领域力求获得成功或取得成就的内部力量，可以通过集中注意力，做好学习准备和调控学习努力程度等影响学习加工过程，间接影响学生的学习效果。这种动机是人类所独有的，它是后天获得的具有社会意义的动机。比如，大学生想获得优良的学习成绩，为中华民族伟大复兴的中国梦做出更多的贡献等，都是成就动机作用的表现。

在学习活动中,成就动机是一种主要的学习动机。成就动机高的人,喜欢对问题承担自己的责任,能从完成任务中获得满足感。成就动机的高低还影响到个体对职业的选择。成就动机低的人,倾向于选择风险较小、独立决策少的职业;而成就动机高的人喜欢从事具有开创性的工作,并且在工作中勇于做出决策。

(4)缺乏学习兴趣。学习兴趣是一个人力求探究事物并带有强烈情绪色彩的认识倾向。缺乏学习兴趣,就会觉得学习枯燥无味、学习效率低下,在学习中产生不良的情绪体验。

【心灵启迪】

小李是一名大三学生,专业是数学。因为自己并不喜欢该专业,所以每次完成学习任务时都感到很痛苦,而且觉得自己在数学方面的学习能力很差。一想到还有很多的专业课,每学期还要面对不同类型的数学考试,就觉得现在的生活像一场酷刑,平时好像做什么事情都比学习数学开心。现在马上就要考研了,可小李还在纠结是否学数学,对于未来他感到很迷茫,真的不知道该怎么办才好。

在大学生中,有一部分学生对自己所学的专业不喜欢导致缺乏学习兴趣。据调查,大学生在选择专业时除了根据自己兴趣(47.7%)报考外,考虑的因素还包括热门专业(10.9%)、就业市场(23.3%)、易录取(10.3%)等因素。当这些学生进入大学后,发现自己所学的专业与想象的完全对不上时,他们就会感到学习索然无味,后悔自己走错了门、选错了专业。在这种情绪低落、心情烦躁的情况下,不但会使学习效率下降,而且很容易产生疲劳感。

(5)情绪的自我调控能力较差。一般情况下,大学时期是人们情绪活动最活跃、最丰富、最易变的时期。这种情绪的起伏,一方面与生理因素有关,即这一年龄阶段人的内分泌系统功能发生巨大改变,机体发育出现不均衡现象,容易使情绪调节出现问题;另一方面则是大学生在现实生活中遇到各种矛盾冲突,如独立性与依赖性的矛盾、感性与理性的矛盾、自尊与自卑的矛盾、需求与满足的矛盾、封闭性与开放性的矛盾等。这些矛盾冲突使得尚未完全成熟的大学生常处于一种被动应付的不良情绪中。

心理卫生学研究表明,情绪影响和调节着认知和行为。心境良好时,学习工作的思路开阔、思维灵活,效率高、乐于行动;反之,情绪低落、沮丧、悲观、抑郁时,则思维迟缓、效率下降,缺乏行动力。由于大学生的情绪波动性大,自控能力弱,因而他们的学习状况易呈现波动性。

(6)学习方法欠缺。学习方法对学习效果的影响是不言而喻的,而大学的学习方法又跟中小学的方法差别很大,有的大学生一时难以适应。例如,一些学生反映,老师讲课基本听不懂,作业不会做,学习成绩上不去,尤其是对于一些理论性较强的专业课,感到太过于深奥。究其原因,不难发现,这部分学生没有及时调整学习方法,仍在沿袭过去高中阶段的老办法。不恰当的学习方法将会影响他们的学习成效,挫伤学习积极性,影响学习动机。

【心灵启迪】

王同学:我很喜欢自己的专业也很想学好它,但对自己的学习缺乏一定的安排。课前没有预习的习惯;上课时,为了不遗漏知识点,我会把老师讲的内容进行完整记录,但没有真正地去思考老师讲授的知识;课后复习时,看着满满的笔记,我却不理解它们真正的含义;做习题的时候,遇到不会的题目,我会过度依靠课后的参考答案。到了考试前,我只能去死记硬背杂乱的笔记,没有真正掌握所学的知识。

肖同学:对于自己的学习,我有明确的规划。我会根据自己的能力制订适合自己的学习计划,再把目标细化。我会提前预习老师下一节课要讲的内容,同时标记出自己预习时没有看明白的问题。老师讲课时,我倾向于跟随老师的思路,认真思考老师讲解的内容,养成不懂就问的好习惯;同时,有选择性地记录课堂笔记。做课后习题时,遇到不会的题目,先进行思考,然后与同学们讨论解决。学完一章后,我会进行知识梳理与错题归类,并联系上一章的知识进行总结整理。

两位同学在学习成绩上存在差距,并非因为肖同学智力更高,也不是王同学缺乏学习动力,关键在于他们是否运用了正确的学习方法。

3. 大学生学习动机障碍的应对

(1)明确学习意义。明确学习的重要意义是培养和激发大学生学习动机的首要条件。当大学生们认识到今天的学习是为了实现中华民族伟大复兴的中国梦,把自己的学习同国家发展、民族复兴紧密联系在一起,就会有责任心和紧迫感,就会产生强烈的学习动机。

(2)激发学习兴趣。哲学家柏拉图说“兴趣是最好的老师”,孔子也曾说“知之者不如好之者,好之者不如乐之者”。两位哲人的话道出了兴趣在求知中的重要性。有兴趣的学习,不仅能使学生全神贯注,积极思考,甚至会达到废寝忘食的境地,可以说兴趣是智慧和成就的起点。因此,大学生要对学习兴趣进行不断培养和强化,确保能够长期、稳定、有效率地学习专业知识和技能。

(3)创造学习氛围。大学生需要不断加强自我调控情绪的能力,掌握应对负面情绪的方法,为良好学习氛围的创造奠定基础。当他们置身于一个有浓郁学习氛围的班级、宿舍时,这个班级、宿舍的同学就会互相促进、共同进步。因此,大学生可以通过自己和身边同学的共同努力,营造良好的学习氛围,激发每一位同学的学习动机。

二、大学生创造力培养

1. 大学生创造心理的特点

创造力,是人类特有的一种综合性本领。创造力是指产生新思想,发现和创造新事物的能力。它是成功地完成某种创造性活动所必需的心理品质。它是知识、智力、能力及优良的个性品质等复杂多因素综合优化构成的。大学生创造心理的特点如下：

(1)大学生的创造心理已大大觉醒，对创造充满渴望和憧憬。大学是高级人才集中的地方，有丰富的图书资料，有先进的实验设备，还可以接触到国内外最新科技成果。一些志存高远的大学生，他们不但善于利用高校良好的创造条件，还会主动与老师，尤其是经验丰富、思想活跃的老师质疑求教，创造力大幅提升。

(2)大学生受传统习惯势力束缚较少，有一种"初生牛犊不怕虎"的创造精神。他们阅历相对较浅，没有成年人的瞻前顾后，敢说敢做。譬如，同学之间讨论某些社会问题，各抒己见，互不相让，争得面红耳赤。有的学生还会提出与老师、与书本相悖的观点。这种创新精神是非常可贵的。但由于知识储备的不足，有时他们的认识也容易出现偏差，这一点应引起注意。

(3)大学生的思维能力高度发展，想象力丰富，灵感迸发。大学生大多处于青年中期，观察力的敏锐性与注意力的集中性、稳定性、分配性已大大超过了以往任何发展阶段，逻辑记忆能力、抽象思维能力迅速发展。

想象是指头脑中对已有表象进行加工、改造而成为新形象的心理过程。创造性想象是指不依据现成的描述而独立地创造出新形象。创造性想象是人类从事创造活动的一个必不可少的因素。

灵感是一种最佳的创造性能力。大学生正值青春年华，并已具有较高的智力水平，感觉敏锐，容易迸发灵感。但是有些大学生还不太了解灵感，有的认为灵感是心血来潮、灵机一动的产物；有的认为灵感很神秘，自己不可能有，因此不善于捕捉灵感。其实，灵感并不神秘，灵感也不是灵机一动的产物，它是知识积累和勤于思考的结果。

2. 影响大学生创造力的不良心理因素

人在创造活动的过程中构成一个复杂的心理结构，它包括一个人的动机、兴趣、情绪、智慧、意志、性格等心理因素，这些心理因素都可能在创造活动中起着促进或限制的作用。影响大学生创造的不良心理因素主要有：

(1)只唯书，只唯教师，不敢存疑，不愿探究，缺乏独立见解。如有的大学生听课喜欢填鸭式的满堂灌，一味死记硬背教科书和课堂笔记，不善于独立思考，缺乏创新精神。

(2)思考常受习惯性思维程序的束缚，不会从不同的角度去分析问题。如不少大学生在学习中都是沿着老师的思维方法思考问题，教条式地搬用以往的经验来解决问题，思维方式往往是单一的或垂直的，一旦遇到新问题就束手无策。

(3)满足于已有的知识，不善于扩大知识面，视野狭小，缺乏想象力，不会由此及彼、举一反三。如有的大学生只重视专业知识的学习，只满足于课堂考试成绩，参加创造性的实践活动时就显得力不从心。

(4)常常妄自菲薄，丧失自信，行为从众。如有的大学生不相信自己有创造才能，行动上没有目标，学习上缺乏动力，使自己丧失了创造动机。

(5)胆怯、畏惧、怕吃苦、怕困难、怕讽刺。如有的大学生胆小怕事，过分地谨小慎微，怕挫折，怕失面子，患得患失，有新的见解也不敢"暴露"，或者半途而废，影响了创造活动的进行。

(6)性情懒惰、萎靡不振，对什么都不感兴趣。如有的大学生生活上随随便便，纪律上松松散散,学习上马马虎虎,一张口就是两个字——“没劲”,整个大学生活与创造无缘。

3. 大学生创造能力的培养

现代心理学的研究表明:人人都有创造力,都有创造可能性,只是在程度上有所不同而已。人们的创造力可以通过教育、训练、实践而提高,对于青年大学生来说尤其如此。

大学生提高创造力水平不仅有可能而且也非常必要。大学生是高校为国家培养的高级专门人才,为了适应面向现代化、面向未来、面向世界的时代要求,青年大学生应自觉地培养和提高自己的创造力,使自己成为一名合格的大学生,为实现中华民族伟大复兴的中国梦做出应有的贡献。大学生创造力的培养可以从以下几个方面入手。

(1)激发创新精神。一个人要想从事创造活动,首先要具有创新精神。创新精神体现在强烈的创造动机以及对事物的批判、革新精神上。

动机是激励人们去行动的内驱力。创造动机则是创造者进行创造活动的强大的内在动力。要激发创造动机,就必须培养兴趣、好奇心和求知欲。

兴趣是人的认识需要的情绪表现,是个人的活动动机的重要内容。它是求知的动力、热情的凝聚、行为的指南、成功的起点。在兴趣的作用下,创造者如痴如醉:陈景润思索入迷,乘公共汽车到站忘记下车;牛顿思考问题入神,竟把手表丢进开水里当鸡蛋煮。所有这些事例,都说明了兴趣对人的行为会产生巨大的影响,它是人们从事创造活动的巨大动力之一。

强烈的好奇心是求知欲旺盛的具体表现。人的好奇心越强,渴望获得知识的心情也越迫切。创造者有好奇心则观察力强,观察力强便容易发现问题;创造者的知识、经验越丰富,产生创造设想的可能性也就越大。历史上许多有独创性贡献的人,大多是兴趣广泛、虚心好学的人。如我国汉代的张衡,对天文、地理、数学、机械、文学、绘画都有很高的造诣;明代的李时珍,在中外医学史上占有重要的地位,他不仅对医学、药学,而且对生物学、文学、史学也都深有研究。

对社会生活实际需要的透彻了解是推动发明创造的根本动力。一般说来,人的需要大体分为物质需要和精神需要。前者如衣、食、住、行的需要,后者如阅读的需要、娱乐的需要、艺术的需要等。不过“需要”有时并不明显地呈现在人们面前,需要通过一系列实践活动才能发现它。当人们一旦把需要转化为个体想要解决的问题时,就产生了某种创造行为的动机。大学生要学会关注社会,关心他人,积极参加社会实践活动,从社会生活的实际需要中激发发明创造的动机。

总之,大学生要克服阻挠创新性的心理障碍,坚持用实事求是的科学态度去对待事物,摆脱传统观念和习惯性思维方式的影响,培养勤学好问、善于钻研、独立思考的良好品质。

(2)学会创造性思维。创造性思维就是有创见的思维。它要求对自己已有的知识经验重新组织,以便产生新的、具有开创性的思维成果,是思维的高层次活动。开发一个人的创造力的关键就在于培养和发展创造性思维。

发散思维。发散思维又称辐射思维。这种思维方式是围绕问题的中心,沿着不同的方向展开,从不同的角度进行思索,重现眼前的信息和记忆系统中的信息,产生新的信息系统。这是一种开放性的思维方式,把现有的知识和经验重新组织,寻求更多更新的可能的答案、设想或解决方法。

逆向思维。逆向思维也称反向思维。心理学家把沿着固定的思路去考虑问题的现象称为“定式思维”。反向思维就是打破常规,进行与定式思维不同的思考。

侧向思维。侧向思维也称为旁通思维。这是从一类现象转到另一类内容相距甚远的现象所进行思考的一种思维方式。这种思维方式不受消极的心理定势所束缚,从其他领域的事物中汲取灵感,从而产生新思想,即所谓“触类旁通”。

立体思维。立体思维是指人们在思考问题时,不受平面的限制,能从四面八方去思考问题。心理学家曾做过这样一个实验:用6根火柴搭成4个三角形。结果,多数人搭不出来。他们拿着6根火柴,在桌面上摆来摆去,煞费苦心,就是搭不成4个三角形,而想不到“立体”地排。如果他们跳出平面扩展到“空间”,很快就可以搭成一个含有4个三角形的三棱锥。

上述几种创造性思维,既有不同的特点,又有相同的特性:它们都具有积极性、开放性、灵活性、独立性、敏锐性。大学生一定要掌握创造性思维的方法,并在日常的生活、学习和工作中花大力气、下苦功夫进行坚持不懈的锻炼。在未来的工作实践中,就能够坚定不移地走自主创新道路,让自主创新成为一种民族精神。

【心理测验】

学习习惯测试

本测试共16道题目,每题都有3个备选答案:A—是;B—有时如此(或不一定);C—否。

请认真阅读每一道问题并如实回答:

1. 在固定的时间进行学习吗?
2. 学习时周围必须很安静吗?
3. 是否经常查用词典、字典等工具书?
4. 学习时有下意识动作吗?
5. 是否在按自己制订的计划学习?
6. 在学习中有经常沉迷于空想的时候吗?
7. 学习结束后,收拾书桌吗?
8. 有一边听广播或看电视一边学习的时候吗?
9. 发回的试卷,自己能认真总结、分析缺陷吗?
10. 是否“平时不烧香,考前抱佛脚”?
11. 你认为自己的预习效果不错吗?
12. 不感兴趣的课程就不愿下大力气去学吗?
13. 对所学的知识能够立即复习吗?
14. 即使有不明白的问题,也不愿去办公室向老师请教吗?
15. 即使有你喜爱的电视节目,是否也要坚持完成当天的学习任务再去看?

16. 是否经常有对书本毫无兴趣而浪费时间的现象?

评分方法:

奇数题选 A 记 2 分,B 记 1 分,C 记 0 分;偶数题选择 A 记 0 分,B 记 1 分,C 记 2 分。将各题分数相加,得出总分。

总分在 27 分以上,表明你的学习习惯非常好;22 ~ 26 分,学习习惯较好;16 ~ 21 分,学习习惯一般;15 分以下,你的学习习惯很差,需要改正。

【活动天地】

知识拍卖场

目的:引导学生重新审视和思考不同专业/课程所蕴含的趣味性与价值,转变对专业/课程的认识和对学习的抵触情绪,培养积极的学习心态。

材料:若干代币、海报纸和水彩笔,具体数量视人数而定。

操作步骤:

(1)分组。按 6 ~ 8 人随机分为一组,各组领取等量代币、海报纸和水彩笔。

(2)推选最讨厌的专业/课程。小组成员共同讨论确定小组最不喜欢/最不感兴趣/最讨厌的一个专业/一门课程。

(3)明确任务。引导语如“假设我们的教室是一个大型拍卖场,里面有很多摊位,分别贩卖不同专业/课程的知识。你们的任务是把本组最讨厌的专业/课程,用尽可能高的价格卖给尽可能多的采购员。你们需要设计吸引人的海报,列出其优势和价值,使用表演、手工等各种方式宣传你们的商品。目标很简单,让采购员喜欢上此专业/课程,并掏钱买下它”。

(4)设计拍卖方案。每组用 15 分钟讨论并制订“拍卖方案”,完成广告宣传语、海报设计与推销方式的确定等。

(5)专业/课程买卖。每组派一人担任采购员(不得购买本组)去采购最有吸引力的专业/课程,必须花完所有代币。其余组员负责大力宣传推销。

(6)盘点收益。获得代币最多的小组为胜利者。

(7)讨论分享。讨论内容如:“你们宣传的那些专业/课程优势和价值是否真实可信?”“在说服别人的过程中,你自己对专业/课程的看法有改变吗?”

第三章

天生我材必有用——大学生自我意识

名言哲语

有信心的人,可以化渺小为伟大,化平庸为神奇。

——萧伯纳

如果你真的相信自己,并且深信自己一定能达到梦想,你就真的能够步入坦途,而别人也会更需要你。

——戴尔 ·卡内基

本章导读

21 世纪是一个开放、自由、多元化的新时代,为大学生张扬个性、实现自我提供了更多的选择机会,激发了无数大学生对卓越的渴望。然而,我们必须明白,追求卓越的第一步是要正确认识自我。正如柏拉图所言:“最先和最后的胜利是征服自我。”只有科学地认识自我,正确地进行自我规划并严格地执行,才能站在历史的潮头去书写不平凡的人生。

第一节　自我意识概述

传说古希腊有个叫斯芬克斯的女妖怪,她整天守着一条路,让过路的人猜谜语,如果路人猜不对,她就会把路人吃掉。谜语是这样的:“什么东西早上是四条腿,中午是两条腿,傍晚是三条腿?”结果,很多路人因为猜不对而被吃掉。一天,一个叫俄狄浦斯的年轻人猜出了谜底——“人”!因为人在出生后一段时间内,只能手脚并用在地上爬,长大以后学会了两条腿站立行走，而到了老年因为要借助拐杖走路，因而是三条腿。这就是著名的“斯芬克斯之谜”。

今天，“斯芬克斯之谜”对我们来说不再是“迷”，可现实中我们却常常对一些看似简单易答问题却不知从何说起。例如，我究竟是怎样的一个人？我有什么优点和缺点？人们喜欢和尊重我吗？我为什么活着，生命的意义是什么？我怎样能变成我理想中的人？这些问题其实都属于自我意识的范畴。

一、自我意识的含义

自我意识是个体对自己身心状态及对自己同客观世界的关系的意识。认知产生过程中，个体（主体）最先认识的是除自己之外的客观环境（客体），这是“我”对“非我”的认识。渐渐的，个体（主体）开始把关注点转移到自己身上（客体），也就是“我”对“我”有了认识，这就是自我意识。例如，我长得怎么样？我喜欢干什么？我的能力强不强？我跟别人相处得怎样？别人眼中我是否是个值得交往的人……

【心灵启迪】

精神分析学派创始人弗洛伊德将个体的人格分为本我、自我与超我三个部分。

本我是个体人格中与生俱来的无意识部分，是个体活动的内驱力，但个体很难觉察到它的存在。本我行事遵循快乐原则，它无节制地追求快乐和满足，无视行为可能造成的不良后果。

超我是人格结构中代表理想的部分，它是由个体在成长过程中所接触的道德规范和社会价值观等内化而成。超我属于人格的最高层次，它像一位要求严格的家长，按照至善原则去监督和指导自我限制本我。超我与本我一样，大部分时间它处于无意识的状态。

自我位于本我和超我之间，遵循现实原则行事。自我充当的是本我和超我之间的仲裁者，协调两者之间的矛盾，使个体在寻求“本我”满足的同时，也不会违反“超我”的要求，最后做出适应性的反应，从而让三者达到和谐统一，使我们的身心处于一个相对平和健康的状态。

二、自我意识的结构

自我意识是人所特有的，涉及认知、情绪情感及意志等方面的多层次的复杂心理现象。对于自我意识结构的划分，有以下几种：

1. 按形式划分

从形式上，自我意识可以划分成自我认识、自我体验和自我控制（图 3-1），分别对应心理过程的知、情、意三部分。

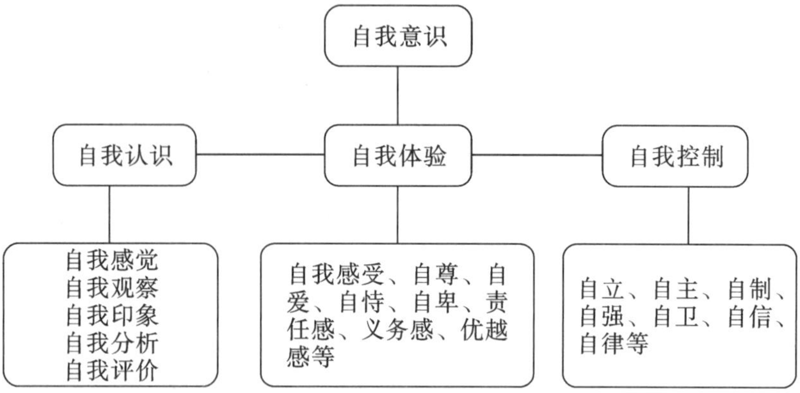

图 3-1 自我意识结构示意图

(1)自我认识。自我认识是自我意识的认知部分,是主观自我对客观自我的分析和评价。

自我认识解决“我是一个什么样的人”的问题,比如观察自己的形体,认为自己属于“健壮型”;分析自己的为人处世,认为自己热情友善;用批评的眼光审视自己时,觉得自己脾气暴躁、容易冲动……

(2)自我体验。自我体验是个体通过认识和评价而表现出的情绪上的感受,在自我认识基础上产生,又反过来强化自我认识,主要集中在“是否觉得自己有能力”“对自己是否满意”等方面。例如,这次考试成绩这么差,我真是个笨蛋! 我成功完成了这个任务,我感到很自豪……

(3)自我控制。自我控制是个体对自己的心理、行为和态度等方面的管理和调节,属于自我意识的意志部分,包括自制、自强、自律等。例如,我必须在8点前写完这篇文章,所以我现在不能出去玩;因为明天要早起去上课,所以我要早点睡觉,不能睡前玩手机…… 我们经常提到的“自制力”,其实指的就是自我控制的能力。

自我认识、自我体验和自我控制,三者有机结合在一起,不可分割。通过自我认识,可以明确“我是谁? 是一个怎样的人?”;通过自我体验,可以解答“我这个人怎样?”“我是否接受自己?”的问题;通过自我控制,最终解决“为了成为理想中的人,我可以怎么做?”的问题。

2. **按内容划分**

自我意识从内容上又可以划分成生理自我、心理自我和社会自我。

(1)生理自我。生理自我是个体对自身生理状况与特征的意识,包括:对自己的身材、相貌、性别、装扮等的认知以及身体舒适与否等生理状态的感知。例如,我的长相好不好? 我的打扮是否得体? 我是否感觉不舒服? ……生理自我是自我意识最原始的状态,将自我与非自我区分开来。

(2)心理自我。心理自我是个体对自身心理状况与特征的意识,包括:对自己的心理活动、个性特点、心理品质等的意识。例如,我现在感到的情绪是愤怒还是羞愧? 我的记忆力好不好? 思维是敏捷还是迟钝? 做事是果断还是犹豫? ……心理自我会随着个体的年龄、阅历、文化程度、心理发展而逐渐趋于成熟。

(3)社会自我。社会自我是个体对自己在社会环境中所担任的各种社会角色的意识。例如,我在集体中处于怎样的角色地位？我是否受人重视？大家是否喜欢我？信任我……随着个体的社会化进程,社会自我逐渐变成自我意识中的重要组成部分,到了青少年晚期,个体的社会自我变得非常突出,成为影响个体自尊和自信的关键因素。

生理自我、心理自我和社会自我分别掌控个体的生理、心理和社会3个方面意识,每一方面又都包含着不同的自我认识、自我体验及自我控制,使得不同个体最终形成对己、对人及对社会的独特看法和体验,呈现出自我意识的个体差异。

3. 按依据划分

从分析自我的依据上看,自我意识可分为现实自我、投射自我和理想自我。

(1)现实自我,是个体从自身的感知和观察出发,对自己当前实际状况的看法。例如,我现在觉得自己很快乐,我觉得这会儿我吃饱了,我的英语成绩在班上是中等水平……

(2)投射自我,也称镜中自我,是个体想象自己在他人心目中的形象。例如,大家对我都很热情,说明大家都很喜欢我;老师对着同桌比对着我时,脸上的笑容更多,老师应该更欣赏我的同桌……投射自我是个体通过观察他人和自己互动时的反应得出的判断,不一定和他人对个体的真实评价一致。

(3)理想自我,是指个体理想中自己的形象,也就是个体希望自己是一个什么样的人。例如,我希望自己成为一个很有能力的人,我希望自己英语很流利……

现实自我、投射自我和理想自我三者之间往往是不对等的。自己对自己的看法和想象中别人对自己的看法有区别。例如,自己觉得自己大方友善,可别人眼中的自己却有些斤斤计较。另外,个体希望自己呈现的状态和个体真实的情况之间也有差距。例如,希望自己仪表出众,但真实的自己相貌平平。不同自我之间的差距有时会给个体带来焦虑和迷茫,但换一个角度看,这其实也是给个体指明了自我调整的方向。

对自我意识进行结构的分析,有利于个体更全面、深入了解和认识自己。

三、影响自我意识发展的因素

只有当个体的生理和心理能力水平到一定成熟度,并且与社会环境进行长期的相互作用,个体的自我意识才能发生和发展。影响个体自我意识发展的因素有以下两大方面:

1. 个人因素

(1)生理因素

自我意识的发生、发展与个体生理及相应的心理能力的发展,是密切相关的。

两三岁时,婴幼儿掌握代名词"我",开始在口语中用"我"来表示自己,即从把自己看作是客体转变为把自己当作主体来认识,这标志着个体真正的自我意识的出现。

个体进入青春期后,由于身心上的急剧变化使得个体开始重新审视和评价自己。个体开始注意自己在同龄群体中的地位,他们关注外形,常常把自己的身形样貌,甚至想法、意见等与同龄人比较,从而形成自我评价。不过,身体特点对自我意识的影响是因人而异的。同是有生理缺陷的人,有的怨天尤人,产生消极的自我评价;有的则认识到人生的真正意义,誓把缺点转化为动力,用加倍的努力来弥补这种缺陷,实现了生命的升华。可见,一个人最终形成怎样的自我意识,生理因素并不是决定因素。

【心灵启迪】

经典实验——点红鼻子实验

美国心理学家詹姆斯"点红鼻子实验"是研究婴幼儿自我意识发展的经典实验。

研究者在88名3~24个月的婴幼儿鼻子上点一个红点,然后观察他们随后照镜子时的反应。结果发现,15~24个月的婴儿会对着镜子观看自己的身体,并对着镜子触摸自己的鼻子,这说明婴幼儿知道镜子中鼻子上有红点的宝宝是自己,他们自我意识中的自我认识成分已经出现。

(2)认识发展因素

青春期及之前,个体的自我评价依据更多地来自外部,如师长、同伴的评价。很多个体的自卑不是来源于自己能力不足,而是负面的外部评价。

随着年龄的增长,个体认识能力、辩证思维能力逐渐提高,因而个体能够更加客观全面地审视自己及理解他人对自己的看和评价,从而修正自我意识,改进和完善自我。

【心灵启迪】

鸡窝里混入了一颗鹰蛋,于是,孵出来的小鸡里有了只小鹰。小鹰和小鸡们一块长大。起初,小鹰很满足,它一直认为自己就是一只小鸡。

但随着小鹰渐渐长大,它的内心感到越来越不对劲。它的翅膀比鸡更有力,它的体格比鸡更健硕。它经常忍不住怀疑:"我应该不是一只鸡!"只是它一直没有采取什么行动。直到有一天,一只老鹰翱翔在养鸡场的上空,小鹰抬头看着老鹰,感到自己的双翼有一股冲动,一个想法出现在脑海里:"养鸡场不是我待的地方。我要飞上青天,翱翔在蓝天中,栖息在山崖上。"

小鹰从来没有飞过,但它的内心里有着力量和天性。它展开了双翅,开始尝试飞翔。它飞得越来越高,最后冲上了云霄。它发现了辽阔的青天,发现了不一样的自己。

每个人心中都藏着一只"鹰",有的人比较幸运,很早就寻到了它;有的人,则一直没有发现它。我们都希望自己是能飞翔于天空中的鹰,而非养鸡场的鸡。

所以,别犹豫,尝试放开翅膀变成老鹰,变成更好的自己。

(3)实践经验

个体在生活、学习与工作中的实践成败经验对个体自我意识的影响也不能忽视。如果个体能经常成功完成自己的任务，特别是自己比较在乎的活动和工作，那么这些成功经验会明显提升个体的自信心；反之，任务频繁失败，个体若又将任务失败归因为自己的能力不足，那么个体容易形成消极的自我评价。但若个体能够将失败理解为经验的积累，不畏失败，那么就不会对积极自我意识的形成造成大的影响。

2. 环境因素

当个体身心发展到能对自己做出独立、客观的评价前，个体的成长环境和来自他人的评价，特别是"重要他人"(个体最看重、对个体最具影响力的人)的评价等，对个体自我意识的发展均起着难以忽视的重要作用。

(1)家庭

研究表明，家长的评价和教养方式在影响子女的自我评价方面，作用明显。尤其母亲是否认可孩子，用什么态度对待孩子，对孩子的自我评价作用最为突出。一般母亲对孩子认可度高，对待孩子态度温和、体贴，培养出来的孩子心态平和，自我意识积极；反之，孩子容易焦虑、自责，自我评价消极。另外，家长对孩子的态度还会显著影响他们的自尊心。家长表现得对孩子爱护有加，对孩子抱有美好的期待，孩子容易有高的自尊心；反之，家长喜怒无常，对孩子的态度时好时坏，孩子容易感到无所适从，其自尊心往往较低。

(2)学校

当个体年龄较小时，学校方面影响个体自我意识的主要因素是来自老师，尤其是个体崇拜、尊敬的老师对自己的态度和评价。毫无疑问，经常得到老师肯定、赞扬的个体比经常受到老师批评的学生有着更积极的自我意识。

此外，学校中的同学和朋友对个体自我意识的形成和发展也会产生影响。学校是一个人际互动的重要场所，个体进入青春期后，对同龄人的看法和评价会变得越来越敏感，这时，长辈意见的重要程度开始慢慢居于次要地位，他们会依据同伴的看法和反应反观自己，重新定义自己、评价自己。同时，个体也会在和同学的交往中通过不同的角色扮演来促成更高的自我意识发展，使自己更加适应社会环境。因此，进入青春期后，个体所处的同龄人群体的性质及价值观对个体的自我意识发展至关重要。

(3)社会

社会文化环境因素影响着个体社会化进程，同时也和个体自我意识的形成和发展密不可分。政治、经济、国家的宣传体系、习惯传统以及生产力发展水平等因素，都会在日常生活中潜移默化地渗透到个体的自我意识中。在同一文化背景下生活的人们，就可能形成共同的自我意识成分。这在大量跨文化研究中有明显的例证。例如，在个人主义文化盛行的国家中，羞耻通常被看作是一种消极的负性情绪，这是由于个人主义文化重视独立的意识，他们把在他人面前表现羞耻理解是无能的表现，因此，当这种文化中的个体体验到了羞耻感后，他会更倾向通过回避他人或转而去责备、攻击他人来缓解羞耻感；但在集体主义文化中，互相依赖是被认可的，在他人面前表现出羞耻体验被视作勇敢、有道德的。集体主义文化中的人们往往会更有建设性的去应对羞耻感，将羞耻感作为修补社会关系、提升自我的促进因素。

第二节　大学生自我意识的发展

一、大学生自我意识发展的特点

大学生正处于自我意识发展的关键时期，其自我意识的发展出现了许多新的特点。下面就从自我认识、自我体验和自我调节三个方面来看大学生自我意识发展的特点。

1. 大学生自我认识发展的特点

(1) 自我认识的广度和深度提高

开始大学生活后，个体自我认识的广度和深度有了明显提升。这时，个体的自我认识不再仅局限在自己的相貌和穿戴等，而且还涉及更深层次的问题，如个性、自我价值和社会地位等。在一所大学做的问卷调查中，在回答"你认为你是一个什么样的人"这道题目时，多数学生的答案涉及自己的心理品质，如善良、热情、诚实、乐观等。另外，大学生会有意识将自己和家庭、集体、国家的命运联系起来，经常思考如何发展自我，如何为社会和国家做贡献，如何体现自身的生存意义与价值。

(2) 自我认识的主动性和自觉性增加

大学生们来自五湖四海，在学校结识性格迥异、家庭背景不同、文化习惯差异的同学和朋友，给个体提供了多个认识自我、评价自我的参照物，激发了他们积极探索自我的热情。另外，大学的集体生活，给了个体更多自我照顾的机会，对许多大学生来说，这可以锻炼他们的自制力，并促进自控能力的提高。

(3) 自我评价逐渐趋于客观

以往西方心理学家研究认为，青年学生对自己的评价有"高估"的倾向。而我国的研究显示，"高估"现象只在大学低年级学生中比较明显，这主要是因为他们刚经历完高考竞争，身上还带有"胜利者"的傲气。但经过几年的大学生活，他们的自我评价逐渐从片面性向全面性发展，从外貌形象的评价向个性品质的评价转化，从运用单一评价手段到运用多种方式来认识自己。最终，对自己的评价趋于客观、现实。从总体来看，现代的大学生更看重自己的优势和优点，彰显了当代大学生较强的自信心和积极向上的心态。但如果只看优点，不看缺陷，也可能导致盲目自大、目中无人的心理状态出现。此外，还有部分学生会"低估"自己。过高或过低的自我评价会导致个体自我意识确立过程中的自大或自卑这两种不良心理的出现，它们是妨碍个体形成良好自我意识的重要障碍。

2. 大学生自我体验发展特点

自我体验是个体在自我认识基础上产生的情绪情感体验。大学生自我体验的发展特点主要表现在：

(1)丰富性

大学阶段的自我体验种类繁多,主要有以下几种:

1)独立感是个体摆脱别人的监督和管教的一种自我体验。大学生生理上已完全成熟,他们清楚地意识到自己是独立的社会主体,迫切要求自力更生。他们不仅喜欢参加成人的活动,也希望得到成人的尊重,他们已不满足“你讲我听”“你说我干”的状态,他们更多喜欢思考和行动时按照自己的想法来。

2)自尊心是一种重要的内驱力,直接影响到大学生的心理健康发展。自尊心太弱,个体容易自暴自弃、半途而废;相反,自尊心过强,容易导致个体以自我为中心、目中无人。例如,某学生过于渴望得到认同,一旦碰到否定性的言语,就容易偏激地理解为看不起他,从而做出不理智的举动。

3)自信心是相信自己能够实现自己目标的心理,是对自己能力的充分肯定。自信心强的学生往往信任自己,相信只要肯努力拼搏,自己便能够克服困难,完成任务。但是,若自信心过强,个体则有可能变得狂妄自大,目中无人;若自信心不足,个体则容易变得畏畏缩缩,从而影响自身的长远发展及人际关系。

4)好胜心和自信心有着密切联系。好胜心强的个体,往往不甘落后,他们相信有志者事竟成,希望能用自己的实际行动表明自己并非弱者。例如,好胜心强的个体将其用在学业上,会努力将自己的专业知识吃透,多种方法齐下去提升自己的专业成绩,这就为将来的事业发展打下了良好的基础。然而,有的大学生好胜心超出了正常的范围,表现出逞强好胜的一面,这就成了虚荣心。还有的因过度好胜,萌生嫉妒心,做出损人不利己的行为而悔恨终生。

5)责任感是一个人对自己、对他人和社会,主动施以积极有益作用的情感体验。到了大学,个体开始关注自己的存在价值、自己对他人和社会的影响等,责任感空前高涨。例如,经常有许多高年级的学生因为未能报答父母的辛苦劳动而感到内疚。

(2)强烈性

大学生在自我评价能力提高的基础上,认识到自己的价值、地位和作用,责任和义务感凸显,自尊心也不断增强,表现在学习和各项活动中喜欢竞争、比较,一旦失败容易产生挫败和压抑的情绪。而如果成功,则会引起大学生强烈的自我肯定情绪反应。另外,大学生也意识到自己作为一个成人,尤其是大学生的责任感和使命感,萌生出强烈的爱国主义和集体主义情感等。

(3)波动性

青年期的学生对涉及自我的所有事物都非常敏感,特别是在与异性的接触中更常常引起情绪的波动。大学生的自我体验还会随着情绪的变化而波动。例如,有的学生心情好时,会觉得自己各方面都挺不错,可一旦情绪不佳,又觉得自己一文不值;情绪平静时,自我评价会客观一些;情绪冲动时,自我评价又会偏主观。

3. 自我控制发展的特点

大学生自我控制的自觉性和独立性显著增强,这个阶段的个体有着强烈的自我设计和自我规划的愿望,盲目性和冲动性逐渐减少。大多数学生努力学习、力争成才,力图摆脱传统社会的束缚,按照自己的意愿行事,同时,他们也能够自觉地根据社会的要求来调整自己不合实际的目标和动机。

二、大学生自我意识的同一性发展类型

根据美国著名心理学家埃里克森(Erikson)的人格发展八阶段理论,12～20岁的个体面临的核心任务是能否发展出自我同一性。

自我同一性的含义是个体对自己的身心特点,如能力、兴趣、理想、价值观、性格特征和职业发展等的认同。埃里克森认为这个阶段应当看作是个体寻找同一性的时期,而不是完全具有了同一性。因此,他把这个阶段称为心理社会的合法延缓期,用来表示青年人到成年期的过渡阶段。

该阶段可能会出现的成长危机是自我同一性的混乱,即个体对自我的认识和发展产生困惑和迷茫,理想自我和现实自我之间存在剧烈的矛盾冲突,不能达到协调统一,导致个体无法确定自我形象和人生目标,体验到大量的焦虑和痛苦,严重的甚至会导致人格障碍和精神疾病。

我国大学生按照自我同一性的发展状况大概可以分为以下四种类型。

1. 达成型

这类大学生寻求自我同一性的目标已基本实现。他们能从客观实际出发,修正和追求理想自我,并调整、完善现实自我,使现实自我和理想自我一定程度上达成了统一。这类大学生往往具有许多个性优势,如善于独立思考、富于好奇心、具有刻苦钻研的精神、幽默大度和耐挫折能力强等。例如,某大学生自小学起,在父母以身作则和良好的家庭教育指导下,一直保持着昂扬的学习斗志,并在德、体和劳等方面也取得了较高水平的发展。他成绩优异,人际关系也很和谐。考入大学后,他又很快在老师的帮助下确立了自己的人生和事业目标。该生就属于达成型,他之所以能较早达成自我同一性,归功于父母、老师的正确引导和帮助,以及他在不同人生阶段有着清晰的奋斗目标和自身能够坚持不懈地努力。

2. 早定型

这类大学生从小在家里是听父母话的“乖孩子”,在学校则是听老师话的“好学生”。他们习惯了在成长过程中完全内化家长和老师的价值观,按照家长和老师的要求来确定自己的人生方向,并将外部评价作为评价自己的唯一依据。这类大学生虽然免除掉了自我探索过程中的痛苦和迷茫,但同时也留下了隐患。因为他们的自我认同并不是自己独立探索得到的,所以缺乏稳定性。一旦外界条件发生变化,他们的自我认知就有可能变得模糊不清,或认同消失。例如,某生从小就很听父母和老师的话,按照他们的期待顺利地考上了某大学某热门专业。但该生进入大学后,却越来越发现自己对考上的专业一点兴趣也没有。并且,自己也并不像大人们评价的那样具有完美的品质,由此对“我究竟是怎样的人”和“我的前途会怎样”产生困惑和混乱,甚至导致严重的自我怀疑,最后不得不申请休学。

3. 延缓型

这类大学生在上大学前只顾埋头读书,对涉及自己其他方面的问题思考较少。进入

大学后,他们才发现生活和学习的天地其实很广阔,除了课程学习之外,还可以学习其他的各种各样的知识、了解社会、相互交往和进行娱乐休闲等。这时,他们才开始反思"我究竟是怎样的人?"和"我为什么是这样的人?"等问题。在这样的反思中,他们常常为自己只会学习、不懂生活而断定自己是个枯燥乏味的人,并且还很可能发现自己即使在学习方面也并不出类拔萃,因此而深感自卑。

部分个体经过一段时间的探索,逐渐找到了理想自我和现实自我的最佳结合点,确定了前进的方向,从而又对未来重拾了信心。而还有一部分个体自我探索的时间较长,暂时没有明确方向,为此深感不安和痛苦。对于这部分个体,老师和家长应尽可能给予其安慰和鼓励,激励其继续追寻自我,慢慢实现自我同一性。例如,某生从小在单纯的家庭环境下长大,父母对他的要求只是学习,于是,该生渐渐形成了善良天真而沉默的个性。进入大学后,他起初不太能适应大学里较为复杂的人际关系,于是自我封闭,不愿与人交往。相比较不少同学的多才多艺,他感到自己一无是处,很是自卑。后来,在班主任和班干部的耐心开导下,他逐渐融入了同学中间,也能积极参加学校和系部组织的各种活动。经过一年多的努力,他发觉自己有善解人意、言语表达能力强的优点,这些恰好非常适合自己所学专业,他因此变得对未来信心倍增。

4. 迷惘型

这种类型的大学生往往一方面对现实自我不满,另一方面又认为理想自我高不可攀、难以实现,因此陷入了自我同一性确认的困惑之中。他们常常表现为对一切事物或活动都缺乏兴致,因为他们害怕别人知道了自己内心的困惑和苦恼会嘲笑自己无能,或认为别人根本无法理解自己,所以他们干脆就把自己封闭起来,很少与别人交流。由于缺乏明确的学习目标,他们对学习总是敷衍了事,对课外活动也很少参加。例如,某生对自己的能力和个性都不太满意,但他的自我期待又很高,总是幻想自己将来能做出一番大事业。于是,当一家他想去的公司通知他去参加招聘面试时,他却意外地怯场了。他当时的心情很矛盾,既有害怕和慌乱,还有清高和不屑。后来经过学校心理咨询老师的帮助,他明白了自己的问题主要出在对现实自我的评价不够客观。于是他很快调整了状态,积极准备并成功通过了面试。

个体自我意识的发展是持续终生的。大学时期没能很好解决,不代表终结,只要不放弃自我探索和积极反思,同一性问题迟早可以得到解决。

三、影响大学生自我意识发展的困扰

1. 理想自我与现实自我的矛盾

"大一理想主义,大二浪漫主义,大三悲观主义,大四现实主义"是一段在大学校园流传甚广的顺口溜,客观描述了大学生在大学阶段"理想—冲突—面向实际"的心理发展及自我意识调整的过程。当代大学生积极关注自身发展,但对自己"现在是什么样的人""将来应该是什么样的人""将来可能是什么样的人"等问题,经常苦苦思索,但总是不够全面、具体。大学生的内心常为"自己画像",既画自己当前的像,也画自己未来的像,这就是自我意识分化出了"现实自我"和"理想自我"。这个"理想自我"是个体对自己一切美好的期待，因而不可避免地包含着一些难以实现的成分。大学生往往会不自觉地把“理想自我”与“现实自我”进行比较，这样一来，真实和理想的冲突就凸显出来了。

2. 独立感与依附心理的矛盾

大学生正处在一个特殊的阶段——“心理断乳期”，大学生的独立意识增强，希望按自己的意志行事，但当自己的独立意志受阻时，又显得举手无措，表现出强烈的依附心理。他们既迫切希望摆脱对父母的依附，表现出反抗权威，不愿意遵循传统，总想标新立异。同时，他们在心理上又依赖成年人，尤其遇到不熟悉的环境或不会的事情时，特别希望得到成年人的指导和帮助，无法真正做到心理上的独立。这种独立意识与依附心理的矛盾一直困扰着他们，使他们自叹自怨，痛苦不安。

3. 自傲与自卑的矛盾

个体脱离实际，过高地评价自己，就会产生自傲。自傲的人往往自以为是，自吹自擂，不允许别人批评自己，而对别人却吹毛求疵，易引起别人的反感和不满，甚至与他人发生冲突。另外，自傲的个体因为自视甚高，因此在遭受失败和挫折时往往很难调整过来，严重会导致心理疾病的出现。

与自傲相反的是自卑。自卑是指个体对自身的外貌、个性和能力等方面深感不足，从而低估、轻视，甚至否定自己。过分自卑的个体往往对别人的评价非常敏感，自认为各方面都比别人差，对自身未来发展缺乏信心，压抑自我的积极性，并可能引发严重的内心冲突。

4. 渴望知音与自我封闭的矛盾

根据马斯洛的需要层次理论，个体在满足了基本的生理需要和安全需要等物质需要的基础上，会产生对归属和爱等精神层次的需要。物质需要对绝大部分大学生来说都可以满足，因此，受到交往等精神需要的支配，他们会迫切希望广交朋友，并拥有几个知心朋友。这样大家可以互吐心事，共同交流和探讨人生，分享苦与乐。然而，大学生同时又有自我闭锁的趋向，因为他们在感到心情烦躁，渴望倾诉的同时，却总感到没有人能真正理解自己，“知音难觅”，正是这种矛盾困扰，使不少大学生常常处于孤独感的煎熬中。

第三节　大学生健康自我意识的培养

名言哲语

只有那些敢于相信自己体内蕴藏着比周围的人群更为优秀的能力的人，才可能获得灿烂辉煌的成功。

——布鲁斯·巴顿

最伟大的胜利，就是战胜自己。

——高尔基

知人者智，自知者明。胜人者有力，自胜者强。

——老子

【心灵启迪】

华罗庚，1910年出生在江苏省金坛市(今常州市金坛区)，是我国著名的数学家。他中学毕业后，因家境贫困而辍学。但届时只有15岁的少年华罗庚不愿意就此放弃学习，于是，他一边在父亲的小杂货店帮忙，一边自学。他尤其喜欢数学，他的柜台上总是一边放着算盘，一边放着数学书籍。有时他会因为看数学书太入迷，而忘了接待顾客。

他的姐姐回忆道："尽管是冬天，他仍然在柜台上看他的数学书。没有纸，他就用包棉花的废纸写字、算题。算得入迷的时候，清水鼻涕流下来，他就用左手在鼻子上一抹，往旁边一甩，没有甩掉，就一直挂着。有时鼻涕结成了冰凌还不知道，右手还在不停地写、算……"

夜幕一降临，华罗庚就钻进小屋，沉浸在自己的"数学王国"里。不管是寒气逼人的十冬腊月，还是酷热难熬的三伏季节，他每天坚持自学10个小时以上，有时候一天只睡4个小时的觉。凡是能借到的书，他都如饥似渴地阅读，还自创了一套自学方法。他曾勉励自己说："人的一生中，进学校读书，有老师指导当然很好，但是时间总是有限的；而不在学校里读书，自学的时间却是经常的。有书可以查阅，能查到自己需要的东西不是经常的，需要经过自己加工，或是灵活运用书本上的知识，或是创造出书上没有的知识，这倒是比较经常的。成功是不经常的，失败倒是经常的……因为'穷'，我被迫离开了学校，完全凭自己摸索着学知识，我就必须付出比别人多得多的代价，血和汗的代价，才能学会驾驭知识的本领。"

华罗庚从自学中得出，不能急于求成，妄图一步登天，只有循序渐进、持之以恒才行。他从此悟出了"要学到真本领，就要花气力、绞脑汁，付出劳动的代价"。华罗庚的故事告诉我们，每个人的人生境遇都是不一样的，只有客观地认识自己，找到自己的兴趣爱好，并为追逐自己的梦想而努力奋斗，最终才能真正自我实现。

大学生的成长和发展过程中都伴随着自我意识的塑造。从某种意义上说，个体的自我意识会引导个体的人格向相应的方向发展。因此，自我意识是否健康对个体来说至关重要，那么大学生该如何正确地培养自我意识呢?

一、正确地认识自我

老子说："知人者智，自知者明。"正确认识自我有三条途径：一是比较中认识自我；二是内省中认识自我；三是实践中认识自我。

1. **通过比较,认识自我**

(1)通过与他人的比较来认识自我

个体对自己的能力和品德等人格特征的认识常常是通过与他人的比较而实现的。一项有趣的心理学研究实验证明了这一点。研究者招募了一批大学生被试,让他们和竞争对手一起讨论工作问题。其中,一半被试看到的竞争对手衣冠不整、仪表一般,而另一半被试看到的竞争对手仪表端庄、谈吐文雅。讨论问题前后,所有的被试都接受了自信心测验。结果表明:接触到"仪表比自己强"竞争者的被试自信心明显降低,而看到"仪表不如自己"竞争者的被试,自信心大大提高。不过,需要注意的是,如果用这种方法来认识自己的话,为了保证比较的客观性,应尽量选择跟自己条件相当的比较对象。

(2)从他人对自己的态度中认识自我

不管你以为多么了解自己,总有一块"人知,自不知"的盲区存在。为了了解这一部分的"我",我们有时会从别人的态度中去觉察。但要注意的是,他人这面镜子有时会歪曲我们对自己的看法。有心理学家做了这样一项实验。他们请大学生被试参加10分钟的会谈。在交谈的前2分钟,主试用中性态度对待大学生被试。正式交谈时,不管大学生表现如何,主试都会通过微笑次数和声调等非语言行为对一部分大学生表现出积极态度,而对另一部分大学生表现出冷淡态度。会谈结束后,研究人员请大学生评价自己会谈时的表现。结果表明,那些被热情对待的大学生比受到冷遇的大学生的自我评价明显要高。现实生活中,有些人可能因为对我们缺乏了解、有成见或偏爱等,因此他们的态度不能作为我们参考的唯一的镜子,这时,多用几面镜子往往就可以避免偏听偏信。

【心灵启迪】

一只狐狸欣赏着自己在晨曦中高大的身影说:"今天我要吃下一头骆驼!"整个上午,它奔波着,到处寻找骆驼。但当正午的太阳照在它的头顶时,它瞥了一眼自己此刻变得短小的身影,说:"一只老鼠也就够了。"晨曦拉长了狐狸的身影,它就夸大自己的实力;而正午的阳光让它的影子变得又短又小,它就变得妄自菲薄。狐狸之所以对自己的看法变来变去,是因为它自我意识的形成,完全建立在外界的参照物上,当参照物发生改变时,它的自我形象就随之发生了翻天覆地的变化。

对我们来说,外在的评价标准只可以作为自我评价参考的一部分,万万不可在外界的看法中迷失了自我。

(3)通过自我比较来认识自我

我们既可以通过与他人的横向比较来认识自己,也可以通过与自己的纵向比较来认识自己。我们常常会通过和过去的自己相比较来反思、总结经验和教训。譬如,一个大学生把现在的自己和童年时期的自己相比,很可能认为自己在身体状况和能力水平等方面取得了极大的发展;一个老年人把现在的自己和青年时的自己比较,则可能会得出相反的结论。尽管在和他人的比较中可以找到自己在社会群体中的位置,但是从可持续发展的角度来看,和自己比较才更有助于自我成长,做真正的自己。

2. **通过自省，认识自我**

我们不仅是他人眼中的客体，也是自己眼中的客体。因此，可以通过直接地观察自己的心理过程、行为举止和活动结果来认识、评价自己。体型和外表等外在特性比较容易认识，而性格、智力、喜好等内在的心理特质是看不见、摸不着的。如何认识和把握这些心理特质呢？通过自省。例如，昨天你在公交车上让了座，是否可以认为你具有助人为乐的特性呢？首先，你可以自问：是不是我只是在车上让座而从没做过其他好事？如果是，那么让座可能是因为“我在车上不喜欢坐而只喜欢站”。如果回答否定，那你再自问：在这种情况下，别人是否也让座呢？如果别人都在起身让座，那可能是公交车快到终点了，或是坐得太累了想活动活动。如果情况也并非如此，那么再问最后一个问题：我是否经常让座？如果仅是这一次，那么是偶然事件，不能说明什么。如果有经常让座的行为，那才能得出结论：“我”是具有助人为乐的品性。自省能让个体直接地指向自己的心理活动，观察和判断自己的心理状态。在反省的过程中，注意要对自己做一分为二的分析，严于解剖自我，敢于批评自己，以完善调整自我评价。

【心灵启迪】

一个大二学生的自述

我是一个内向、坚强、自信、上进、有理想、好学、懂事、乐于助人、疾恶如仇、争强好胜、有一点自私、自制力强的大学男生。

在父母眼中：我是一个懂事、有些害羞、不用父母操心、积极进取、不乱花钱、有些懒惰的大男孩。

在兄弟姐妹眼中(只有一个弟弟)：我是弟弟心中可以依靠与信赖的大哥，是一个诚实守信、关心爱护弟弟的好哥哥。

在同学眼中：我是一个大方、乐于助人、勤奋好学、人缘好、追求自由的人。

在老师眼中：我是一个默默无闻、成绩优秀、自律、好学的学生。

在恋人眼中：我是一个懂得爱、有责任感、好学上进、守时守信、有幽默感、稳重的优质男朋友。

以上是一个学生的自我描述，也是他自我意识的一部分。这是一种审视自己的方法，当你将这些描述清晰地整理出来时，你可以与你的家人、朋友、恋人沟通，听听他们是否认同你对自己的这些描述。你可以先将自己的优点列出，再写出自己的缺点，并请大家来帮助你分析，澄清的过程也是自我认知不断深化的过程。

3. **通过实践，认识自我**

只有深刻认识和理解他人、理解社会，才能深刻地认识自我。由于社会衡量一个人的价值主要是通过其社会活动成果认定，所以我们可以通过自己参加各种活动时的动机、表现和态度，以及取得的效果来分析认识自己。大学生们应该积极参加学校组织的各种社会实践活动,并及时进行总结和反省。比如,我最近参加了哪些实践活动?我在实践活动中的表现怎么样?周围人对我的表现有什么样的评价?我在实践活动中取得了怎样的成绩,得到了怎样的奖励或遭遇了怎样的挫折?我在实践活动中收获了什么经验或者吸取了什么教训?……

二、积极地悦纳自我

悦纳自我,就是要理智地看待自己的长处和不足,坦然平静地接受真实的自我。这是提高自我意识发展的核心和关键。悦纳自我是一种心态,与客观环境并不直接相关。有些人虽然生理有缺陷,但乐观向上;有些人五官端正,相貌堂堂,却自我厌弃;有些人并不富裕,却知足常乐;有些人有钱有势,却终日忧虑。曾经有人问一位哲学家:"谁是世界上最快乐、最幸福的人?"哲学家答道:"认为自己最快乐、最幸福的人,就是一个最快乐、最幸福的人。"每个人都是优点和缺点的集合体。有的人发现自己的弱点和缺陷后,把它们总挂在心头,当作包袱背起来,导致连自己的优点和长处也看不见了。因此,要真正客观地认识自己,就要先在心理上悦纳自己。

三、有效地调控自我

自我控制是自我意识能动性的表现,是在自我认知、自我体验基础上,对自己的想法和行为进行管理和调节的过程。这一过程反过来又影响着自我认知和自我体验。大学生可以从以下两个方面进行调节。

1. 调整理想自我与现实自我的差距

如果现实自我与理想自我的差异过大,内心就会产生较大的矛盾和冲突。这些差异可能是自己不愿意接纳之所在(表 3-1)。

表 3-1 调整理想自我与现实自我的差距

理想自我	我想成为一个富有魅力,无论做什么事情都能应对自如,无论和谁人交往都能应对自如的人
现实自我	我相貌平平,性格内向,没有能力,不敢和不熟悉的人交往,不敢在公众场合讲话
理想自我与现实自我的差距	相貌平平 vs. 富有魅力 没有能力 vs. 无论做什么事情都能应付自如 不敢和不熟悉的人交往,不敢在公众场合讲话 vs. 无论和谁交往都能自然从容
调整理想自我	既然不善交往,就尽量少交往一些,用更多的时间看书、学习、研究和思考,做一个善于发现问题、研究问题的人
接受不完美的自我	虽然不善交往,但是我喜欢读书,善于思考和研究,这就是我,独一无二的我

2. 调整自我评价和他人评价的差距

自我评价与他人的评价如果差距过大,这些差距可能是自己潜意识里不愿面对、不愿承认的部分，因而导致无法自我接纳(表3–2)。

表3–2　调整自我评价和他人评价的差距

自我评价	他人评价	差 异	勇于承认我的缺陷	接纳自我
我富有思想，心地善良，乐于助人	我思想狭隘，自我中心，不顾他人感受	富有思想 vs. 思想狭隘；心地善良，乐于助人 vs. 自我中心，不顾他人感受	我有时候思想极端，多是从自己的意愿出发，不顾他人感受	以后我会注意我的这些缺点

3. 调整、置换不合理观念

我们每个人的生活中都可能发生一些不太顺利的事件，对于拥有合理观念的人，可能很快就会把这些不顺抛之脑后；但持有不合理观念的人，则会自我否定，产生焦虑、抑郁等情绪。我们要客观地认识自我，悦纳自我，就要学会调整、置换这些不合理观念(表3–3)。

表3–3　调整、置换不合理观念

事件	女朋友离开了我，失恋了
情绪	自我否定、压抑
不合理观念	我失恋了，我什么都不如别人
自我驳斥	我爱她，就要求她爱我吗？如果我爱过谁，就要求她必须爱我，这可能吗？我在谈恋爱这件事情上失败了，就代表我其他的也不行吗？
新观念	我可以希望别人像我对别人那样对待我，但不能要求别人必须这样做，别人有自己的意愿和想法。我仅仅是失恋了，也许是我不了解她，或许我们真的不合适，总之，这件事情的失败不代表我整个人的失败

【心理测验】

下面一个小测验旨在测试自己的自信程度。

1. 当你进入一个房间，发现很多人而你只认识其中很少几位时，你是否会感到紧张？

2. 当遇到不认识的人时候，你是主动地自我介绍吗？

3. 在公众场合你是否会感到紧张？

4. 你是否因为担心失败而避免尝试一种新的工作？

5. 你善于交新朋友吗？

6. 和陌生人交谈时难以启齿吗？

7. 一群人当看到你便停止交谈，你会觉得他们是在讨论你吗？

8. 你是否总想了解别人在背后是怎么讨论你的？
9. 别人的冷嘲热讽，你会觉得受到伤害吗？
10. 你敢于承认自己的缺点吗？
11. 你是否经常有意争取别人的恭维？
12. 当你尝试某件事情失败后，你会轻易放弃吗？
13. 你曾幻想如何去对付那些伤害你的人吗？
14. 当别人在竞争中赢了你，你会整天闷闷不乐吗？
15. 当别人在你面前受到赞美和恭维时，你会觉得不舒服吗？
16. 你常常嫉妒同学或朋友的成功吗？
17. 别人成功时，你会真心赞美吗？
18. 你喜欢和别人比较，因而产生不平衡心态吗？
19. 别人批评你后，你会长时间耿耿于怀吗？
20. 你容易受流行观念影响吗？

用答案“是”的题目数乘以5，就是你的得分。

0～20分：你很有信心。

25～45分：你的信心尚佳，还需要再改进。

50～70分：你的自信程度不是很理想，应努力加以改善。

80～100分：你的自信很差，必须抓紧时间加以提高。

【活动天地】

20个“我是谁？”

1. 首先写出20句“我是怎样的人”，要求尽量选择一些能反映个人 风格的语句，避免出现“我是一个男（女）生”这样的句子。

2. 然后将陈述的20项内容做下列归类。

（1）身体状况（属于你的体貌特征，如年龄、身高、体形等）编号。

（2）情绪状况（你常持有的情绪情感，如乐观开朗、振奋人心、烦恼沮丧等）编号。

（3）才智状况（你的智力、能力状况，如聪明、灵活、迟钝、能力、精灵等）编号。

（4）社会关系状况（与他人的关系、如何和别人应对进退、对他人常持有的态度和原则，如乐于助人、爱交朋友、坦诚、孤独等）编号。

3. 评估一下你对自己的陈述是积极的还是消极的。在你列出的每句话的后面加上加号（+）或减号（-），加号表示“这句话表达了你对自己肯定、满意的态度”，减号的意义则相反，表示“这句话表达了你对自己不满意、否定的态度”。看看你的加号与减号的数量各是多少。如果你的加号的数量大于减号的，说明你的自我接纳状况良好；相反，你的减号将近一半甚至超过一半，这显示你不能很好地接纳自己，你的自尊程度很低，这时你需要内省一番，寻找问题的根源。比 如，你是否过低地评价了自己？什么原因使你成为这样？有没有改善的可能？

第四章

快乐生活伴我行——大学生情绪管理

名言哲语

如果你对周围的任何事物都感到不舒服，那是你的感受所造成的，并非事物本身如此。能够对感受进行调整，你就可以在任何时候都振作起来。

——奥瑞·利欧斯

良好的健康状况和由之而来的愉快的情绪是幸福的最好资本。

——斯宾塞

本章导读

人有悲欢离合，月有阴晴圆缺。虽然每个人都希望一直拥有快乐、幸福的生活和愉悦、无忧的心情，然而在现实生活中，人是不可能持续处在积极的情绪状态中，快乐、悲伤、郁闷、焦虑、愤怒……轮番出现。现代社会生活节奏快，竞争压力大，如果个体不具备一定的情绪管理能力，则极易遭受负面情绪的困扰。本章将带领同学们一起来学习科学、有效的情绪管理与压力应对方式，帮助大家保持和培养健康的情绪，维护自身的心身平衡。

第一节　情绪概述

【心灵启迪】

苏格拉底单身时，曾和几个朋友同住一间小屋，生活非常不便，但他每天仍是乐呵呵的。有人问他:“那么多人挤在一起,连转个身都困难,有什么可乐的?”苏格拉底说:“朋友们在一块儿,随时都可以交换思想和交流感情,这难道不是很值得高兴的事吗?”随着朋友们一个个相继成家,屋子里只剩下了苏格拉底一人,但他仍然很快乐。

那人又问:“你一个人孤孤单单的,有什么好高兴的?”“我有很多书啊!一本书就是一个老师,和这么多老师在一起,时时刻刻都可以向它们请教,这怎能不让人高兴呢?”

几年后,苏格拉底也成了家,搬进了一座大楼,他家在大楼的底层。底层在这座楼里的环境是最差的,上面总是往下面泼污水、扔垃圾。那人见他还是一副自得其乐的样子,好奇地问:“你住这样的房间,也感到高兴吗?”“是呀!你不知道住底层有多少妙处啊!比如,进门就是家,不用爬很高的楼梯;搬东西方便,不必花费太多的力气;朋友来访容易,用不着一层一层地去叩门询问……最让我满意的是,可以在空地上养一丛一丛的花,种一畦一畦的菜,这些乐趣,简直数之不尽!”苏格拉底情不自禁地说。

后来,那人遇到苏格拉底的学生柏拉图,问道:“你的老师总是那么快乐,可我感觉他所处的环境并不怎么好呀?”柏拉图说:“决定一个人心情的,不在于环境,而在于心态。”

一、情绪概述

1. 情绪的概念

情绪是个体对客观事物是否满足自身需要而产生的态度体验。情绪的性质并不单纯由客观环境决定,而取决于客观环境和个体自身需求之间的关系:当客观环境满足个体的需要时,个体会产生积极的情绪;反之,则产生消极的情绪。例如,同样遇上下雨天气,对于想踢球的学生来说,天气状况不利于自己娱乐愿望的实现,因此会产生失望、郁闷的消极情绪;而对于一心想让庄稼喝饱水的农民来说,下雨正合他意,因此农民产生的是高兴、欣慰等积极情绪。

2. 情绪的成分

当个体处在某种情绪状态中时,其身体内外共有三个方面发生改变,分别是内在体验、生理唤醒和外在表现。

(1)内在体验

当情绪产生时,个体体会到的最直接的变化就是内心会产生与情绪相对应的感受。例如高兴时的欣快、愉悦;悲伤时内心的憋闷、委屈等。这种内在感受最大的特点就是指向自我,他人肉眼无法看到,也无法感同身受,即便是同理心再强的个体也无法产生与情绪产生者一模一样的内在体验。

(2)生理唤醒

个体处在某种情绪状态时,还会出现一定的生理变化。个体的心律、血压、呼吸频率及内分泌腺、消化系统等在不同的情绪下状态是不同的，这些称为生理唤醒。例如，个体在悲伤时，可能会呼吸频率减慢、消化液分泌减少；愤怒时，会血压升高、心跳加快……

(3)外在表现

情绪不仅包括内在体验和生理唤醒，而且也会直接反映到人的外在表现上。外在表现又叫表情，分为三种类型：一是面部表情，不同种类的情绪反映在个体面部，表现为不同区域的肌肉群出现不同程度的收缩和拉伸，这些肌肉群组合起来，最终让面部呈现不一样的表情模式。如愉快时，个体脸颊肌肉向上鼓起，眼周出现皱纹；愤怒时，个体的眼睛睁大，眉头收缩，眉尾下压；害怕时，个体眉毛上扬，眼皮收紧，嘴巴微微张开等。二是姿态表情，指的是个体面部以外的身体部位动作，包括手势和身体姿势，如欢呼雀跃、捶胸顿足、抓耳挠腮、垂头丧气等。三是言语表情，包括个体说话的声调、节奏和速度，如高兴时，语调高昂，语速加快；悲伤时，语调低沉、语速放慢等。情绪的外在表现是人们在人际交往中推断他人情绪状态最主要的判断依据。

二、情绪的分类

情绪常见分类有以下两种。

1. 基本情绪和复合情绪

基本情绪指的是人类与生俱来的、不需经过学习就有的情绪，一般包括喜、怒、哀、惧四种。复合情绪从基本情绪派生出来，一般由两种或两种以上的基本情绪混合形成。

2. 心境、激情和应激

根据情绪发生的强度和持续时间长短，可将情绪分为心境、激情和应激。

(1)心境

通常又称心情，是一种微弱而持久的情绪状态。心境最大的特点是弥漫性，即当个体处在某种心境时，会以同样的态度对待所有人和事。如“情哀则景哀，情乐则景乐”。

(2)激情

激情是一种强烈而短暂的、爆发式的情绪状态。激情往往由对个体来说意义重大的事件引发，其造成的后果，有积极和消极之分。有时，激情可以激发个体内在的心理能量和创造力，成为个体行动的巨大动力；有时，激情也会带给个体消极影响。因为当个体处于激情状态时，会出现“意识狭窄”现象，即个体的认知能力下降、自控力减弱，无法对事态和对自己行为的结果做出正确的判断和评价，因此很可能做出后果严重的行为。

(3)应激

和激情一样，应激也是一种强烈而短暂的情绪状态。不同在于，应激一般发生在意外事件和突发危急情景之后，个体处在高度紧张的情绪状态中。个体应激时会产生一系列明显的生理反应，如肌肉紧绷、心率加快、呼吸急促、血压升高、血糖增加等。适当的应激可以使个体提高警觉性，促使机体能量的释放，提高活动效能；而过度或长期的应激，会过量消耗个体的身体能量，引发疾病或导致死亡。人在应激状态时，也可能会出现两种表现：一种是急中生智、激发潜能，从而积极去克服困难；另一种是惊慌失措、忙中生乱，使事态更加严重。影响个体应激状态下表现的因素，既包括个人的能力和心理素质，也与平时的训练和经验积累有关。

【心灵启迪】

一般性适应综合征(general adaptation syndrome,GAS),由加拿大生理学家塞里(Selye)提出,指的是个体在持续的应激作用下产生的一种生理反应模式,其目的在于保证机体适应环境变化。GAS 可分为三个阶段:警戒阶段、抵抗阶段和疲惫阶段。

警戒阶段(alarm):是应激刚发生后的一个短暂的生理唤醒期,主要是以交感-肾上腺髓质系统兴奋为主,目的是让躯体能够有效行动并做好准备。如果应激源持续存在,机体接下来会进入抵抗阶段。

抵抗阶段(resistance):机体集中全身的精力去应对应激源,抵制生理或心理上的一系列紊乱。

疲惫阶段(exhaustion):机体的能量是有限的,若应激源持续时间过长或强度过大,机体的适应能力逐渐下降,最后会因能量消耗殆尽而陷入崩溃状态。

三个阶段是一个连续的过程,但并不一定每次都会全部出现。多数应激反应只进行前两个阶段,只有少数严重的才会进入第三阶段。

三、情绪的作用

情绪作为个体反映客观现实的一种伴随体验,对个体的生存和发展具有重要作用。这些作用包括:适应作用、动机作用、组织作用和信号作用。

1. 适应作用

情绪是婴儿在掌握语言之前用来适应环境和生存发展的重要工具。婴儿正是通过情绪与环境互动,表达自己的需求。情绪还可以通过让我们提前对有可能发生危险的环境做出反应,来保护自己。当遇到不确定状况的环境时,我们马上就会提高警觉,产生紧张害怕的感觉,同时会伴随心跳加快、呼吸急促等反应,接下来我们要么“奋力对抗”,要么“落荒而逃”,以回避危险,保证自己的安全。

2. 动机作用

情绪的动机作用指的是在不同的情绪状态下,个体做事的动力大小不同。有的情绪能够驱使个体进行某种活动,而有的情绪则会阻止或干扰个体从事活动。例如,适度的情绪兴奋,可以使身心处于最佳的活动状态,进而推动人们有效地完成工作;适度紧张和焦虑能促使个体积极思考并产生行动,从而达到解决问题的目的;抑郁情绪常常对行为有抑制作用,会让个体丧失斗志。

3. 组织作用

表现为情绪的性质与其他心理活动常常趋于一致。例如,情绪对记忆内容的性质会产生影响,在愉快的情绪状态下,人容易记住带有积极色彩的内容;而在某种情绪状态下记住的内容,在同样的情绪状态下也容易回忆起来。当处于积极的情绪状态时,人容易注意美好的事物,态度和善,乐于助人,与他人关系和谐;在消极情绪状态下,人看问题容易悲观,可能会出现社交回避,也较容易受激惹,甚至做出攻击性行为。

4. 信号作用

情绪的外部表现,即表情,是人们之间进行信息沟通的最主要的工具,个体对他人情绪和内心想法的判断大部分时候都是通过观察他人的表情为依据进行的。如他人微笑表示友好、亲近;他人皱眉代表内心不悦;他人双手抱臂代表对当前的话题或者观点不满或不认同等。

四、情绪健康的标准

情绪健康是心理健康的重要组成部分,个体的情绪状态在很大程度上反映了其心理健康水平。情绪健康的基本标准包括以下三个方面。

1. 情绪的发生原因明确

正常情况下,一个人的喜、怒、哀、惧等情绪反应,都应该由明确的原因引起。例如,个体愉快情绪的出现是因为其需求得到满足或者目标达成;个体悲哀是因为重要物品丧失或遇到了不幸的事件等。如果一个人常常无缘无故地兴高采烈,或情绪低落,或焦虑不安,或易受激惹等,都属于异常。

2. 情绪反应适度

一个情绪健康的人,能很好管理自己的情绪,其情绪表达和发泄的方式和程度都是在社会允许的范围之内,并且情绪反应的强度和持续时间都应该与引起该情绪的原因相符合。例如,某同学因一次期末考试未达预期目标,导致其心情低落持续约一周时间,期间该生饮食、睡眠略受影响,但整体上变化不大。后来该生通过积极自我调整认知,加上向朋友、家长倾诉,整个人很快又振作起来,学习也更加努力。此案例中该生表现出的就是一种适度的情绪反应。

3. 整体上积极情绪多于消极情绪

哪怕是情绪健康的个体,也不可能一直处在积极情绪中。每个人都会有不愉快的时候,但对于情绪健康的个体来说,情绪整体上波动较小且倾向正向,他们出现不愉快的情绪次数较少,并且调整起来速度也比较快。

五、情商

【心灵启迪】

美国心理学家丹尼尔·戈尔曼(Daniel Goleman)曾经对美国伊利诺伊州某中学的81名成绩优异的高才生进行调查,这些人的智商(IQ)在全校都属于名列前茅的水平。可到了30岁左右的时候,他们的表现却让人大失所望,只有约四分之一的人达到了所在行业中的最高阶层,剩下的人中有一部分的表现甚至远不如原先智商一般的学生。

上述事例表明,仅仅是成绩优异、智商高,并不能保证个体未来的人生发展顺利。那到底什么因素跟成功联系更为密切呢?诸多证据表明:情商较高的个体在人生的各个领域都较占优势。无论是恋爱、人际关系还是生活幸福,情商高的个体成功的概率要更大。

情商(简称EQ)是相对于智商的一个概念,是情绪商数的简称,也是评定情绪能力的量度,其内涵包括五大方面:一是认知自身的情绪;二是管理情绪;三是自我激励;四是认知他人的情绪;五是人际关系管理。

心理学家们认为,情商水平高的人具有如下的特点:社交能力强,外向而愉快,不易陷入恐惧或伤感,事业心较强,对事业投入较多,为人正直,富于同情心,情感生活较丰富但不逾矩,无论是独处还是与许多人在一起时都能怡然自得。心理学家们还认为,一个人是否具有较高的情商,和童年时期的教育培养有着密切的关系。因此,培养情商应从小开始。

第二节 大学生的情绪特点及其影响

【心灵启迪】

从前,有一个叫爱地巴的人,每次生气和人起争执的时候,就以很快的速度跑回家去,绕着自己的房子和土地跑3圈,然后坐在田边喘气。爱地巴工作非常努力,他的房子越来越大,土地也越来越广。但不管房地有多大,只要与人争论生气,他就会绕着房子和土地跑3圈。所有认识爱地巴的人都想知道,为何每次生气他都会绕着房子和土地跑3圈?但不管怎么问,爱地巴都不肯说明。

当爱地巴年老时,他的房和地已经很大了,但当他生气时,他依然会拄着拐杖艰难地绕着房子跟土地走圈。等他好不容易绕完3圈,太阳都下山了,爱地巴独自坐在田边喘气。他的孙子在身边恳求他:"爷爷,您年纪已经这么大了,而且这附近地区的人就属你的土地最大,您不能再像从前那样,一生气就绕着房地跑啊!您可不可以告诉我,为什么您一生气就要绕着房地跑上3圈?"

爱地巴禁不住孙子恳求,终于说出隐藏在心中多年的秘密,他说:"年轻时,我若和人生气,就绕着房地跑3圈,边跑边想,我的房子这么小,土地这么小,我哪有时间,哪有资格去跟人家生气?一想到这里,气就消了,于是就把所有时间用来努力工作。"孙子问道:"爷爷,你已年老,已变成最富有的人,为什么还要绕着房地跑?"爱地巴笑着说:"我现在还是会生气,生气时绕着房地走3圈,边走边想,我的房子这么大,土地这么多,我又何必跟人计较?一想到这,气就消了。"

大学阶段是个体心理成熟的关键时期，也是情绪丰富多变、相对不太稳定的时期。大学生的情绪带有鲜明的阶段特征。

一、大学生情绪发展的特点

1. 丰富性和复杂性

从人的发展阶段来看，大学生正处于青年期，这是一个面临多种选择的时期，学习、交友、恋爱、就业、成家等人生大事基本都在这一阶段出现。大学生的生理基本发育完善，可心理尚未完全成熟，他们的表现既带有儿童的天真与幼稚，又有成年人的深思熟虑。他们关注各种社会现象，对友谊与爱情执着追求，对学业和未来充满自信，拥有许多积极情绪；但大学不是世外桃源，也有竞争与压力。考试不及格、同学间的冲突、感情受挫等，都可以导致消极情绪的产生。

除此之外，他们的情感体验也在不断丰富、加深，主要表现在道德感、理智感、美感等高级情感的深化、完善上。道德感方面，大学生对社会道德价值的理解更为深刻，不同层次道德情感体验更为清晰，如责任感、义务感、荣誉感等；理智感方面，大学生的专业知识和创造能力有了提高，成就感也更明显；美感方面，大学生的审美情趣迅速增长，美感体验的多样性和深刻性明显增加。

2. 波动性和两极化

与中学时代相比，大学生情绪的稳定性有了很大的提高，情绪的表达更趋向理智和成熟，但毕竟涉世不深，因此自控能力有限，情绪的起伏不可避免。例如，社会转型过程中，大学生面对复杂的社会现象易产生迷茫和困惑，价值的判断、认知的取舍、前途的选择等，会引发大学生心理矛盾的产生；家庭的变故、亲友关系的改变，以及学习、交友等个人生活事件都可能会影响到大学生的情绪，使得大学生时而热情激动，时而悲观沮丧，情绪上呈现出一定的波动性。随着他们在人际关系实践中不断历练，他们对自身情绪的掌控会更有把握和分寸。

大学生情绪波动性的极端形式就是情绪的两极化：顺利时晴空万里，受挫时愁云惨淡。他们可能因一时的成功而沾沾自喜，甚至骄傲自满，忘乎所以；也可能因一时的挫折、失败而低估自我，甚至悲观失望。

3. 爆发性和冲动性

虽然大学生的情绪自控能力有了提升，但毕竟年轻气盛、心高气傲，对事态发展看得不够长远，因而情绪一旦被激发，就犹如疾风暴雨，常常不计后果，带有很大的爆发性和冲动性。例如，大学生可以为我国宇航员成功登月而欢呼雀跃、振臂高喊，也可能会因为同学间一句口角而大打出手。由于激情下个体容易丧失理智和判断力，所以大学生对于那些涉嫌违法乱纪的举动要特别谨慎。例如，为了哥们义气或小团体利益不惜违反校规校纪甚至犯罪等，一定要对类似情况引起足够重视，否则可能悔恨终生。

4. 阶段性和层次性

不同年级的大学生由于面临的问题以及生活、学习重心不同，因而其情绪表现也不尽相同,呈现出阶段性和层次性的特点。

大一新生由于自理、自立能力还比较差,往往思乡心切,容易想家。加上刚结束学业繁重的高中生活,初入大学校门,对未来充满着憧憬和向往,对一切都感到新鲜和好奇。然而,他们很快就意识到,中学的一切已成为过去,不仅原有的学习方法不再适合,人际交往方式也需要调整。由于面临一系列繁杂的适应问题,因此大一学生的情绪波动较大。

二、三年级学生随着年龄和阅历的增长,新生时的适应问题已基本解决,也没有毕业班学生临近毕业的紧张和忧虑。他们的思想更成熟,情感更丰富,独立性、主动性和集体荣辱感等都有了较大的发展。他们已经能够根据现有条件逐渐克服自身的幼稚和盲目,妥善处理各种人际关系,解决面临的各种问题。整体上,二、三年级学生的情绪比较稳定,波动较小。

毕业班学生面临毕业升学或就业等多方面重大问题,他们的目光已经从校内转向校外,出现了对除学习以外的,物质、择偶、工作等方面的新想法和新打算,因此,他们的情绪呈现出矛盾性和复杂性。概括起来,毕业班学生普遍存在三种心理状态:一是忧虑感。毕业班学生要面对人生中的一个重大的两难选择:究竟是就业还是进一步深造?二是紧迫感。临近毕业,大部分学生意识到这是在校的最后一年,以后很可能永远离开校园,因此他们会特别珍惜这段时间,学习动力突然变强。三是责任感。即将正式进入社会,他们会变得更加关心社会政治、经济生活中的重大事件,并结合自己职业规划综合考虑未来的发展。

当然,由于主客观各方面条件的差异,即使同年级的学生,也会体验着不同的情绪状态,表现出个体差异。

5. 内隐性和外显性

大学生情绪表现呈现出内隐性和外显性并存的特征。一方面,他们思想活跃,常常激扬文字,喜怒哀乐形之于色;另一方面,他们与情绪不一致或文饰性的表现开始增多,尤其是当内心的真实想法和真实情感,涉及个人的隐私、彼此利益冲突与个人的公众形象等具体问题的时候,他们便会压抑自己的情绪,表现出无所谓或无动于衷的态度。大学生喜欢拥有更多的私人空间,更愿意以个人文字的方式宣泄自己的情绪与情感。与此同时,大学生内心深处也有一种“理解万岁”的渴望。在条件适宜,遇到知音、知己的时候,大学生也会倾诉衷肠。

二、情绪对大学生的影响

整体上,积极情绪对个体发挥自己的能力、适应社会环境、人际交往都起着促进作用,而消极情绪则会束缚个体的发展与成长。

1. 情绪对大学生身体健康的影响

情绪状态直接关乎个体的身体健康。我国中医典籍《黄帝内经》提出“七情内伤”。“七情”指的是喜、怒、忧、思、悲、恐、惊七种情志活动。而“七情内伤”是指由于情绪变化引起脏腑精气功能紊乱,而致疾病发生或诱发的一类疾病。现代大学生中常见的紧张、失眠、神经性头痛、消化系统类疾病等，大多是因长期受负面情绪困扰所致。因此，保持良好的情绪状态，是大学生身体健康的前提条件。

2. 情绪对大学生学业的影响

情绪状态对个体表现也有着明显的影响。在学生中常常会看到这种现象：有人平时手不释卷，但因为对考试结果期望值太高，导致考前过分紧张，最后考试发挥失常；也有人平时学习远没有达到废寝忘食的程度，但考试时心态好，结果次次考试结果反倒要比预期的好很多。不少事实说明，一个人再聪明，如果没有一个好的心态，他的能力也无法顺利发挥。良好的情绪状态是个体能够最大程度发挥自己的能力的保障。

3. 情绪对大学生人际关系的影响

情绪具有感染性，个体的情绪状态常常会影响身边的人。情绪状态良好的个体，不仅让身边的人感到身心愉悦，而且有助于个体形成和谐的人际关系，建立良好的社会支持系统；自卑、易怒、抑郁的个体，常常会让周围的人感到压抑和不适，因而不愿与之过多来往，导致其人际关系疏远，社会支持系统比较薄弱。而缺乏社会支持系统又会导致个体在负面情绪出现时缺少情感上的支持和安慰，使得个体难以摆脱负面情绪的困扰。因此，大学生在人际交往过程中，要注重管理自己的情绪，不要因为情绪问题影响了自己的人际关系质量。

第三节　大学生有效情绪管理的方法

一、大学生常见的情绪困扰

生活中，出现适度的、情境性的负面情绪反应是正常的，但若个体长久陷于不良情绪中不能自拔，甚至出现心理障碍，如抑郁症、焦虑症等，则会严重妨碍学习和生活，需要及时有效地进行干预。

大学生常见的情绪困扰种类有：

1. 焦虑

焦虑是个体主观上预料将会有某种不良后果或感到有威胁性情境出现时所产生的一种不安情绪，同时伴有忧虑、烦恼、害怕、紧张等混合情绪体验。大学阶段，比较常见的焦虑类型包括考试焦虑、相貌焦虑、交往焦虑和就业焦虑。

2. 抑郁

抑郁是每个人一生中或多或少都会有的一种负性情绪。普通的抑郁情绪一般最多持续两周即可消失，如超过两周，且症状越来越重，就需要个体提高警惕，应尽快去精神科鉴定是否患上了抑郁症。

3. **冷漠**

冷漠是一种对人对事漠不关心的消极情绪体验。冷漠的出现往往是个体努力得不到承认或屡遭挫折所致。此外,缺乏家庭的温暖,缺乏安全、信任、尊重的社会环境,也容易造成个体性格孤僻、情感麻木。

4. **自卑**

自卑的个体往往轻视自己,对自己没有信心,常常会在人际交往中有胆怯、退缩的表现。为了避免被人看不起,他们总是把自己封闭起来。

二、大学生有效情绪管理的方法

情绪对一个人的心理成长和发展有着极大的影响。对于大学生来讲,管理好自己的情绪,不仅是维护身心健康的需要,更是自我发展和人格完善的必备条件。

那大学生如何进行有效的情绪管理呢?

1. **辨认自己的情绪**

管理情绪的第一步是要确定自己当前的情绪状态,最好养成经常判断自己情绪状态的习惯。例如,我现在很开心,我现在有点伤感,我对××刚才说的话有些生气……而自己这些情绪状态是否正常的一个基本方法就是进行横向与纵向比较。横向比较即与自己情况相近的人比:“若相同情况发生在和自己同龄、情况相近的同学身上,同学会有怎样的反应,我的反应与之有何异同?”如果情绪反应相近,说明自己的反应比较正常;如果情绪反应明显不同,则需要分析比较谁的更符合常理,必要时可寻求专业人士帮忙分析。纵向比较即与自己之前的情绪经验相比:“我之前也遇到过这种情况,当时的情绪是怎样的,和这次有什么不一样吗?”如果与之前的情绪相近,可以帮我们更多地总结自己的情绪产生规律,如果有很大的不同,便要分析不同的原因,以便更加有效地调整情绪。

2. **正确表达情绪**

情绪表达指的是人们用来表现情绪的方法。情绪表达又分为心理表达和生理表达两个方面:心理表达是指在心理层面将情绪表现出来,即内在体验和外在表现,其中,外在表现个体能一定程度上进行主观调节;生理表达即生理唤醒,包括心率、血压、呼吸和内分泌等方面的改变等。一般情况下,两种表达相互伴随,此消彼长。如果心理表达不足,生理表达则会增加。例如,喜欢压抑、克制自己的个体,常常生理上容易出现各种不适和疾病。

心理表达包含以下四种:

(1)向自我表达

向自我表达是指从自身角度意识到情绪产生的性质及原因等,即既要认识到自己情绪的变化,又要觉察到当时情绪的起因、性质等,这样便可即刻调整情绪。例如,若对自己的愤怒情绪不管不顾,便很可能在激动下采取过激行为,也可能无意识地将愤怒情绪传递给周围的人。一位在外受气的家长,如果意识不到自己的情绪,很有可能会将怒火发泄到无辜的孩子身上。情绪的自我表达是进行情绪管理的重要环节。

(2)向他人表达

心理表达的第二种方式是向他人表达。俗话说“快乐通过分享便成为双份,而悲伤经过分担便减半”。向周围人表达情绪,既能抒发情绪,增加相互理解,又能增加对情绪的自我认识。表达方式可以是语言,也可以是非语言。如对父母深深的爱意,既可以通过直接的语言“爸爸妈妈,我爱你们”表达出来,也可以通过关心的眼神、回家勤于分担家务的行为来表达。

(3)向客观环境表达

心理表达的第三种方法是对客观环境表达,如写日记,击打沙袋,在无人处高喊或者运动发泄等。这类表达方法对于那些不善与人沟通的个体显得尤其重要。

(4)升华表达

心理表达的第四种方法是升华表达,即将情绪的能量汇聚起来并转化,用以满足更高层次的需要。这类方法是最难的,也是最佳的情绪表达方式。例如,个体把受挫而产生的不良情绪能量转化为动力,更加努力学习或工作,也就是我们常说的“化悲痛为力量”。

心理表达的四种方法中,向自我表达最为基础,而升华表达是最具建设性的方式,具体使用时个体可根据自己的实际情况加以选择或者搭配使用。

【心灵启迪】

小兰是个容易害羞、不善言辞的女生。刚进大学时,室友们讨论,她总是插不上嘴。小兰一边羡慕其他人的和乐融洽,一边自卑于自己的嘴笨。日子久了,小兰和室友们越来越疏远,她索性每天都独来独往。甚至室友主动跟她说话,她也表现得比较冷淡。就这样,小兰和室友们之间的关系越来越冷漠,即便小兰在宿舍,室友们也视她为无物。

小兰属于情绪表达不良,她没有意识到自己孤独的真正原因,之后也没有积极采取科学的处理方式,导致情况越来越糟糕。

3. 创造积极情绪

想要真正成为情绪的主人,不仅要认识自己的情绪,正确表达情绪,还应该主动创造积极情绪。

(1)知足常乐

知足常乐并非不思进取或自甘落后,而是珍惜现在已经拥有的机遇与生活条件,根据自己的实际情况来确定具体可行的奋斗目标,当目标达成时,要及时给自己积极反馈。

(2)学会宽容

古人云:“海纳百川,有容乃大。”一个人的心,就如同一个容器,宽容占据的位置大,仇恨、愤怒就会被排挤出去。用宽容来充满内心,用豁达来滋润胸襟,人生中的许多苦恼自然就没有容身之处。所以,大学生要学会对人对己多点宽容,少点苛刻、责备。

(3)幽默风趣

幽默风趣是一种引发喜悦、愉快的娱乐方式和生活态度。幽默风趣的人,更容易享受生活的欢乐,也更容易收获友谊,也往往能从困境中寻求转机,在别人看来没有希望的地方找到机会。有一个笑话，讲一个人到报社求职，他问经理："你们需要一个编辑吗？""不需要。""那么记者呢？""不需要。""那么排字工人呢？""不，我们现在什么空缺职位也没有。""那你们一定需要这个东西。"这个人从包里拿出来一块牌子，上面写着"额满，暂不雇用新人"。经理笑了，并立刻给老板打了电话。随后，这个人成了报社广告发行部的雇员。

(4)人际和谐

人际交往可以体现人与人之间的爱护、关怀、信任与友谊，可以最大限度满足个体的精神需要。和谐的人际关系能促进个体良好的情绪、开朗的个性和乐观生活态度的产生，有利于个体的身心健康发展。另外，俗话说"在家靠父母，在外靠朋友""多个朋友多条路"，人际关系和谐，有助于增加个体解决遇到的困难时的物质帮助和精神支持。

(5)培养良好的兴趣与爱好

个体缺乏兴趣与爱好，其生活容易变得单调乏味。而有兴趣爱好的人才能享受独处，即使一个人也不会觉得孤单寂寞。从事自己感兴趣的工作，个体能全情地投入和享受，并感受到快乐和平静，从而得到了抵抗平凡生活的力量。同时，兴趣爱好也是人际交往的名片，明末张岱有句极有名的话："人无癖不可与交，以其无深情也；人无疵不可与交，以其无真气也。"意思是说，有兴趣爱好的人，才是能长情、有真性情的人，这样的人更值得与其交朋友。与有共同兴趣爱好的人交朋友，友谊也更加纯粹。

4. **科学处理不良情绪**

情绪不仅与身心健康密切相关，而且与一个人能否适应社会、获得事业成功等因素直接相关。大学生活虽然充满着七色阳光，然而不可能事事称心如意。人人都会有不顺心的时候，如何积极有效地排解不快的情绪呢？

(1)认知调控法

压力和不良情绪往往是由负面的认知评价引起的。当个体对周围的事物或自己的行为、思想做出消极评价时，会给自己以不良的暗示，导致各种消极情绪的出现。例如，一个人在面临挫折和失败时，认定是自己能力不足导致的，每遇到类似的情况都做出这样的评价，久而久之，就会形成一种自卑心理。心理治疗中的认知疗法就是基于认知评价直接影响人的情绪这一点，来对情绪问题进行治疗的。大学生常见的错误认知评价主要有以下这些：

1)绝对化。思维缺乏灵活性，容易走极端。如一个人要么是好人，要么是坏人；一件事要么全对，要么全错；世界是非黑即白的单色存在，没有中间色……

2)过度泛化。指在某一孤立事件的基础上做出关于能力或价值的普遍性结论。例如，将自己所有的不顺利和失败归咎为自己缺乏能力，总认为自己还不够优秀，作业分数会很差，去社团不会受重视，没有人会喜欢自己……

3)认知消极性。看问题时从来只看到问题的消极方面，而忽略其积极面，形成了稳定的消极思维方式。

4)绝对化。指在某一偶然事情的基础上做出绝对肯定的结论。如自己一次考试没考好，就说明自己在该科目上一定没有学习天赋；被一个自己信任的人背叛，就说明这个世界上没有一个人可以当知心朋友等。

5)自责。对当前状态进行检讨反省时,总喜欢从自身去寻找不良原因,随之产生的内疚心理久久无法消除。例如,和他人发生矛盾,认定一定是自己的原因造成。

(2)合理宣泄法

合理宣泄是指把积存在心里的不良情绪通过合理的方式清理干净。我们常说"郁则发之",当情绪不佳时,不要闷在心里,一定要疏导出来。常见的宣泄方法有"一说二笑三听四动"。注意,发泄不良情绪不等于放纵自己的情绪,更不是任性和胡闹。如果不分时间、场合、程度地随意发泄,不仅无法调控不良情绪,还会给个体和他人带来更多的麻烦,从而使个体压力更大。

(3)活动转移法

转移是个体主观上努力把注意力从消极或不良的情绪转移到其他事物上去的一种调节方法。有研究表明,在发生情绪反应时,大脑中心有一个较强的兴奋灶,此时,如果建立一个或几个新的兴奋灶,便可抵消原来兴奋灶的中心优势。例如,当心情不佳时,可以到户外走一走;长期处于紧张工作状态的人,定期到空地去做做运动。当然,转移的方式是看电影、打球,还是跳舞、散步,应根据个人的具体情况和个人喜好决定。

(4)放松训练法

德国精神病学家舒尔兹经过20多年研究,创建了放松训练法。

放松训练法的步骤是:

第一步,静坐在椅子上,背部轻轻靠在椅背,头摆正,稍稍前倾,两眼正视前方,两手平放在大腿上,两脚与肩同宽,全脚掌落地,脚心紧贴地面。

第二步,两眼轻轻闭合,慢慢地深呼吸3次,排除杂念,把注意力放在两手和大腿边缘部位,然后集中到手心。心里默念:"静下心来,静下心来,两手暖和起来了。"

第三步,根据以上要领,逐渐将意念导向脚心,脚心处也会感到温暖。一旦两只手、两只脚都产生温暖感觉后,身体就会有一种飘然的感觉,此时头部也会感到很清爽。

这种训练法既可以减轻烦恼、消除心理压力,也能调节情绪,使心情舒畅。建议情绪不好时,每天做3次。

(5)积极暗示法

自我暗示是运用内部语言或书面语言来调节和控制情绪的方法。语言暗示对人的心理乃至行为都有着奇妙的作用。例如,当不良情绪要爆发或感到心中十分压抑的时候,可以通过语言的暗示作用来调整和放松心理上的紧张,使不良情绪得到缓解。当感到快要发怒的时候,可以用语言来暗示自己:"别做蠢事,发怒是无能的表现。发怒既伤自己,又伤别人,还于事无补。"还可以在内心默数"1,2,3,4,5,6,7……",延迟愤怒发作的时间。除此之外,常在日记中写一些自我激励、自我安慰的话,都能对不良情绪起到控制和调节作用。

【心灵启迪】

积极心理学做过大量有关积极人格特征的研究。

其中一个研究表明,积极的人格特征中存在两个重要因素:正性的利己特征(PI:positive individualism)以及与他人的积极关系(PR:positive relations with others)。前者是指个体愿意接纳自我,具有个人生活目标或找到了生活的意义,对环境具有掌控感;后者则指的是努力经营和他人的关系,和他人形成良性互动,当自己需要的时候能获得他人的支持,在别人需要的时候愿意并且有能力提供帮助。除此之外,积极个性特征中引起较多关注的是"乐观"这个因素,乐观的个体在面对困难时,会不断给自己正面暗示,暗示自己能够克服与解决。

另一个对"幸福感"进行研究的积极心理学实验指出了幸福感和成功之间存在强烈的相互作用:成功(无论是工作还是感情方面)可以带来幸福感,而幸福感本身也可以带来更多的成功。在其他条件相当时,幸福感强的人有着更好的人际关系,在工作上表现更好,活得更开心、更长久。

以上种种研究都告诉我们,对己、对人、对事积极的人,最终常常会收获积极的结果。

【心理测验】

下面是一组测试情商水平的自测题。对下列问题,请回答:"是"或"否"。

1. 有扪心自问的反思习惯。
2. 知道自己在什么样的情况下容易发生情绪波动。
3. 对自己的性格类型有比较清晰的了解。
4. 懂得从他人的言谈与表情中发现自己的情绪变化。
5. 遇事三思而后行,不赞同"跟着感觉走"。
6. 受到挫折或委屈,能够保持能屈能伸的乐观心态。
7. 遇到意想不到的突发事件,能够冷静应对。
8. 遇有不顺心的事能够抑制自己的烦恼。
9. 听到批评意见,甚至是与实际情况不符的意见时,不会耿耿于怀。
10. 出现感情冲动或发怒时,能够较快地"自我熄火"。
11. 在人生道路上的拼搏中,相信自己能够成功。
12. 工作或学习上遇到困难,能够自我鼓励克服困难。
13. 决定了要做的事不轻言放弃。
14. 办事出了差错自己总结经验教训,不怨天尤人。
15. 相信"失败乃成功之母"。
16. 对同学、同事们的脾气性格有一定的了解。
17. 与人交往知道要了解和尊重他人的情感。
18. 经常留意自己周围人们的情绪变化。
19. 能够说出亲人和朋友各自的一些优点和长处。
20. 没有不愿同他人合作的心态。
21. 不认为参加社交活动是浪费时间。
22. 知道失信和欺骗是友谊的大敌。
23. 与人共事懂得不能"争功于己,诿过于人"。
24. 见到他人的进步和成就没有不高兴的心情。

25. 朋友相处能够“严于律己,宽以待人”。

上述25道题,测试的是情商所包含的五个方面的内容。

如果你在第1~4题中答“是”达3个以上,则表明你对自身的情绪有较高的认知。

如果你在第5~10题中答“是”达到4个以上,则表明你对自身的情绪有较高的控制力。

如果你在第11~15题中答“是”达4个以上,则表明你善于自我激励。

如果你在第16~18题中答“是”达3个,则表明你能够了解他人的情绪。

如果你在第19~25题中答“是”达5个以上,则表明你擅长于人际关系管理。

总体衡量,25道题中答“是”达到20个以上者属高情商;答“是”在14~19个者属中等情商;答“是”在13个以下者情商则偏低。

倘若发现情商偏低,也无须烦恼,找准不足点,有针对性地加强自我修养和锻炼,情商是可以提高的。

【活动天地】

照镜子识情绪

我们有的时候会听到别人对我们说:“哦,你有烦恼啊,都写在脸上了。”这时我们会很纳闷我们的脸是如何把我们的心情泄露给别人的。其实,我们的面部表情也能告诉我们关于自己情绪的线索。现在不妨准备一面镜子,在你感受到以下情绪的时候,照一照镜子,然后把你观察到的表情记录在表中,你就会明白你的表情是如何把你的心情泄露给别人的。

情绪记录表

部位	焦虑	愤怒	悲痛	抑郁	狂喜
额头 (冒汗、皱纹等)					
眉毛 (上扬、耷拉等)					
眼睛 (眯、睁、流泪等)					
鼻子 (皱、鼻孔张大等)					
嘴巴 (咧嘴巴、露牙等)					

第五章

构建友谊桥梁——大学生人际交往

名言哲语

海内存知己，天涯若比邻。

——王勃

独学而无友，则孤陋而寡闻。

——孔子

友谊不是偶然的选择，而是志同道合的结果。

——习近平

本章导读

很多同学怀揣着一颗憧憬的心，告别了父母亲人，告别了朋友，来到了大学校园，渴望在这里得到接纳、关爱、尊重、理解和慰藉。然而，步入大学后，很多同学发现自己的人际交往并不完全如自己所愿，自己的人际关系并不那么和谐，人与人沟通并不那么简单，常常因此而苦恼，为什么人际交往中有的同学可以游刃有余，而自己却只能孤影自怜，独自伤神呢？怎样才能打破僵局，走出人际孤岛？本章将引领你走进良好人际关系的殿堂，享受人际交往带来的愉悦体验。

第一节 人际交往及其影响因素

【心灵启迪】

美国心理学家沙赫特·斯坦利做过一个实验,证明了人际交往对人们生存的重要性。在实验中,她以每小时15美元的酬金聘人待在一个封闭的小房间里。房间里只有一桌、一椅、一床、一马桶、一灯,除此之外没有其他物品。一日三餐有人送到房门底下的小洞口,住在里面的人只要伸手就可以拿到食物。送餐的人不和里面的人接触。一共有5名大学生参加了这个实验。结果有人在房间里只待了2个小时就受不了要求放弃实验,而时间最长的人待了8天,这个待了8天的人出来以后说:"如果让我在里面再多待一分钟,我就要发疯了。"

一、人际交往概述

人际交往是大学生人生发展课堂上的一门必修课。

1. 人际交往的含义

人际交往是指人与人之间心理上的关系。人际交往反映着人们寻求满足需要的心理状态,表现为人与人之间的心理距离。

人际交往的心理因素包括情感、态度、认知、动机与行为等。情感是人际关系的重要调节因素,人们在交往过程中,总是伴随着一定的情感体验,如满意与不满意、喜爱与厌恶等,人们正是根据自身的情感体验来不断调整人际关系,情感直接影响着交往双方在情感需要方面的满足程度。情感是人际关系中最重要的部分,它往往被当作判断人际关系状态的决定性指标。态度是人际交往的重要变量,我们每时每刻都在表现某种态度,态度直接影响着人际关系的建立、形成与发展。认知是个体对人际关系的知觉状态,是人际关系的前提,人与人的交往首先是从感知、识别、理解开始的。认知包括个体对自己、对他人以及对他人与自己关系的了解与把握,它使个体能够在交往中更好地、更有针对性地调节与他人的关系。动机在人际关系中有着引发、指向和强化功能,人与人的交往总是缘于某种需要、愿望与诱因。

2. 人际交往的基本原则

(1)尊重平等原则。尊重,包括自我尊重和尊重他人两个方面。自我尊重就是在各种场合自尊自爱,维护自己的人格;尊重他人就是尊重他人的人格、情感,承认他人的社会价值。尽管由于主客观因素影响,人与人在气质、性格、能力、知识等方面存在着差异,但在人格上是平等的,要想得到他人的尊重,就必须尊重他人。古人说:"敬人者,人恒敬之。"大学新生来自四面八方,经历、家庭情况、个人能力都会有所不同,但并无高低贵贱之分。大学生在人际交往中,应该以诚待人,既要认同别人的优势又不鄙视别人的弱势,既不居高临下又不唯命是从,既保持自尊又充分尊重别人,才是一种良好的交往状态。

平等待人是良好的人际交往的前提,在与不同的人交往时要做到一视同仁,平等相待,既不能出于外貌、出身、经历、社会地位、经济基础等方面的原因而对人"另眼相看",也不能因为学习成绩或社会能力等方面的差异而对别人产生"傲慢与偏见"。只有平等对待他人,才能换取别人对自己的平等相待。

【心灵启迪】

历史学家顾颉刚,每每提及他和好友冯友兰初识的故事,都充满了敬意。

顾颉刚有口吃,再加上浓重的苏州口音,说话时很多人都不易听懂。一年,顾颉刚因病从北大休学回家,同寝室的室友们不远千里坐火车送他回苏州。室友们忧心顾颉刚的病,因而情绪并不高。在车厢里,大家显得十分沉闷,都端坐在那儿闭目养神。顾颉刚为了打破沉闷,率先找人说话。

顾颉刚把目光投向了邻座一个和自己年龄相仿的年轻人身上,主动和对方打招呼:"你好,你也……是……是去苏州的吗?"年轻人转过脸看着顾颉刚,却没有说话,只是微笑着点点头。

"出去……求学的?"顾颉刚继续找话。年轻人仍是微笑着点点头。一时间,两个人的谈话因为一个人的不配合而陷入了僵局。"你什么……时候……到终点站呢?"顾颉刚不甘心受此冷遇,继续追问着。年轻人依旧沉默不语。

而这时,坐在顾颉刚不远处的一位室友看不过去了,生气地责问道:"你这个人怎么回事? 没听见他正和你说话吗?"年轻人没有理他,只是一个劲儿地微笑着,顾颉刚伸手示意室友不要为难对方。室友见状,便不再理这个只会点头微笑的木疙瘩,而是转过身和顾颉刚聊起来。

当他们快到上海站准备下车的时候,顾颉刚突然发现那个年轻人不知什么时候已经走了,只留下果盘下压着的一张字条,那是年轻人走时留下的:"朋友你好,我叫冯友兰。很抱歉我刚才的所作所为。我也是一个口吃病患者,而且是越急越说不出话来。我之所以没有和你搭话,是因为我不想让你误解,以为我在嘲笑你。抱歉!"

顾颉刚看完字条,才后悔误会了对方。等追出去,人已经走远了。

冯友兰宁愿选择不开口,让人误会自己,也不愿让别人感到烦恼,凡事都能站在对方的立场着想,在可以开口的时候选择闭嘴,冯友兰的尊重就在于他的"不说话"。

(2)谦恭诚信原则。孟子说:"诚者,天之道也;思诚者,人之道也;至诚而不动者,未之有也;不诚,未有能动者也。"孔子说:"人而无信,不知其可也。"谦恭礼让是一座能缩短心理距离的桥梁;守信是做人的道德要求,也是人际交往的基本原则。在大学期间,凭借个人信用,我们可以申请国家助学贷款,解决学费和生活费所带来的经济困扰。在与同学交往的过程中,谦恭守信可以换来同学们的信任和认可,所以诚实守信是我们建立起良好人际关系的重要前提。

(3)宽容大度原则。心胸宽广、忍耐性强,对非原则性的问题能够不斤斤计较,能够以德报怨,这样的心理就是一种宽容。这里我们所说的宽容主要是指心理相容。心理相容,是彼此在认识上的肯定和认同、在情绪上的满足和悦纳、在行为上的应答和协调的状态。这种状态的强弱就是心理相容性的高低。大学生来自不同的地区、不同的民族,各自有不同的习惯和习俗,大家心理上的融合是和平共处,甚至结交好友的基础。在大学校园里,每个大学生都是独特的个体,都有自己的优缺点。我们在与人交往中,要看到人与人之间是有差异的,每个人的兴趣、爱好、能力、个性都不同,所以在人际交往中难免会有一些小摩擦。但是不能因为一些小摩擦就大动干戈,而要记得求同存异,多换位思考,多体察别人的心境。宽容是良好的人际交往必不可少的要素。

(4)适度原则。“度”是事物质和量的辩证统一,是指保持事物“质”的数量界限。人们常说的“适可而止”“掌握火候”“胸中有数”“过犹不及”等,讲的就是事物的“度”。人际交往上的度就是指保持良好的人际关系所需要把握的深度、尺度、广度,以及距离和频率等。

(5)互助原则。互助是人际交往的必然要求。交往是一种特殊的人类行为,从心理学的角度来看,交往行为的发生总是出自一定的动机,这个内在动机就是期望着通过交往“获得众人的支持”。既然每个人在交往的过程中都期待着“获得众人的支持”,那就必定要从我做起去支持别人,互助就成为交往的必然要求。互助原则要求在人际交往中热情地关心他人,为他人着想,并尽力帮助他人。

3. 人际交往的意义

交往是人健康成长的基本条件,生活在社会中的人具有很强的与人交往的需要。马斯洛(A. H. Maslow)曾指出,人人都具有这样一种基本需要:需要归属于一定的社会团体,需要得到他人的爱与尊重,这些社会需要是与吃饭穿衣等生理需要同等重要的、不可缺失性的需要。否则,将使人丧失安全感进而影响心理健康。

对任何人而言,正常的人际交往都是心理正常发展、个性保持健康和生活具有幸福感的必要前提。

(1)人际交往是促进人们社会化进程的重要途径。社会化即个人学习社会知识、生存技能和文化,从而取得社会生活的资格,开始发展自己的过程。人际交往是个人社会化的起点和必经之路。如果没有其他个体的合作,个人是无法完成这个过程的。人际交往的范围越广,获得的社会知识越多,社会适应能力就会越强。

但是,在社会化过程中,人们不是被动地接受生活规范的,而是在积极主动地与人交往中,使外在的社会行为规范准则内化为自己的行为标准,把建立和维持人际关系的原则纳入自己的价值体系,调节和支配个人的行为,适应社会生活。

(2)人际交往是正确认识自我、完善个性品质的重要途径。正确认识自我是指一个人对自我的认识要与自我的实际情况相符合。一方面正确、全面认识自己的特点和长处;另一方面正确认识自我与社会、个人与集体的关系。人不仅要通过自我观察认识自己,而且更重要的是通过个体与他人的交往来认识自己。具体地说,就是我们通过他人对自己的评价和态度、自己和他人的关系以及自己与别人的比较中认识自我,完善自我。

(3)人际交往是事业成功的保证。现代社会是高科技信息社会,充满竞争与合作,需要人们在互补和激励中,不断更新知识,不断完善自己,实现人生价值。孔子有云:"独学而无友,则孤陋而寡闻。"说明积极与人交往和沟通是获取新知识的有效途径。卡耐基说:"一个人事业的成功,只有15%是由于他的专业技术,另外85%要靠人际关系和处世的技巧。"可见,一个人的事业成功离不开与他人的合作和交往。

(4)人际交往是维护人们身心健康的重要途径。正常的人际交往和良好的人际关系对个体的生理和心理具有保护和缓冲作用,使个体具有安全感、愉悦感和满足感,对生活充满希望。另外,当人感到悲观失意、抑郁不快时,有亲人、爱人和友人的安慰与关怀,会感到精神的慰藉与支持,从而获得战胜困难的勇气。

【心灵启迪】

小胡是某高校的一名大一新生。在高中时期,由于学习成绩良好,一直是老师的重点照顾对象,班级活动中表现活跃,工作上也极度认真负责。然而进入大学后,他发现身边许多同学都比自己成绩好,也有自己十分独特的想法,在他人的对比下,他对自己的能力产生了怀疑。一次班委竞选活动中,鼓起勇气参加的他最终还是落选了,也给他造成了很大的打击。他开始变得不自信,不愿与同学们交流,产生自卑感,学习成绩也一落千丈。内心的不安和惶恐驱使着他远离朋友同学,同时也给他自身带来了很大的压力。

像小胡同学这样在人际交往中容易产生较多自卑感的人,大多性格内向,感情比较脆弱,多愁善感,容易产生消极心理,总担心别人瞧不起自己,在人际交往中处于一种自我否定的心理状态,在行为上表现为被动等待。这在主观上是保护自尊的举措,客观上却压抑了自己的潜能,影响到与他人的正常交往,以及学习、生活和未来的职业发展。

二、大学生人际交往及其影响

1. 大学生人际交往特点

大学生渴望认识更多的朋友,渴望得到他人的友谊,渴望交流更多的信息,接受更多的新思想。在这种心理的作用下,大学生的人际交往呈现出前所未有的多元化和开放化的交往趋势,具体表现如下:

(1)交往范围扩大。大学生已不满足于同班同学的人际交往,扩展到不同系科、不同院校、不同地区甚至不同国度之间的信息交流和友好往来,由于不同交往活动而聚集在一起形成了学习圈、娱乐圈、社团圈、老乡圈、合租圈等。

(2)交往频率增加。交往由偶尔的相聚、互访发展到较为经常的聊天、娱乐、结伴出游、参加聚会、社团活动、体育活动等其他一些集体活动。

(3)交往方式多元。大学生的交往方式也在朝多样化的方向发展,除了电话外,利用微信等社交媒体平台聊天的交流方式也越来越受到大学生的青睐，网络的快捷便利使相当多的同学选择网络交流方式。特别是网络交往身份的隐蔽性，交流内容的随意性、自由性和超时空性的特点，使网络交往成为大学生时髦的、新型的人际交往方式。但与此同时，愿意深层次地进行面对面和文字性交流的人数与过去相比则大幅度下降。

(4)交往目的复杂。随着社会的发展变化，大学生在交往的目的逐渐趋向“理性化”。他们懂得选择什么样的人交朋友，而不是纯粹出于情感和志同道合，他们交往的动机变得复杂起来。也可以说，大学生的人际交往在注重情感交流的同时，越来越注重与自身社会利益相关的实际性，呈现出情感型与功能型交往并重的趋势。

2. 大学生常见的人际关系类型

(1)同学关系。大学生人际交往的主要对象是同学，同学关系也就成为大学生人际交往关系的主要内容。

(2)师生关系。教师与学生是大学校园中的两个基本群体。教师是学生人际交往的重要对象，师生关系是学生人际关系的重要组成部分，能直接影响学生的健康成长和学习。教师不仅是知识的传播者，也是大学生在人格方面的模仿对象。在大学校园里，教师在师生关系中处于主动地位，他们对学生的态度直接影响着师生关系的发展速度和方向。在教学过程中，教师的基础知识及对相关问题的研究是处于主体地位的，因而拥有学术方面的权威；而对于学生来说，他们可能在发散思维、开拓创新等方面更胜一筹。

(3)学生交际圈。在今天的大学校园里，大学生根据各自兴趣、爱好、性格等不同，结成一个个或紧密或松散的交际圈。在一个个或明或暗的交际圈中，同学之间有“亲疏”之分，有好朋友和普通朋友之分。在大学生的交际圈子中，有学习型、生活型、社团型、工作型、娱乐型、老乡型等几种类型。

(4)网络人际关系。网络人际交往是人们在网络空间里进行的一种新型人际互动方式。网络人际交往给大学生的生活方式、价值观念带来了前所未有的挑战和改变。大学生通过微信、QQ、E-mail、网络虚拟社区等方式进行聊天、交友、游戏、娱乐，在这一过程中表现出不同于普通人际交往的特点。网络人际交往主要具有交往心理的隐秘性、交往主体的平等性、交往过程的弱社会性和弱规范性、交往角色的虚拟性以及交往动机的多样性等特点。

3. 影响大学生人际交往的因素

大学生处于青年时期，思想活跃，感情丰富，有着非常强烈的人际交往需求，人人渴望通过交往获得友谊，结交更多的朋友。但是，在现实生活中，有的人在人际交往中得心应手，而有的人却受到冷落。

大学生的人际交往受到多种主客观因素的影响，具体有以下几个方面：

(1)时空因素。时间和空间的距离是在人际交往过程中形成密切人际关系的一个重要条件。俗语“远亲不如近邻”“近水楼台先得月”就说明了这个道理。进入大学后，最初的人际关系一般都是从结识宿舍好友开始的；而老乡由于地缘关系，在陌生环境会更容易产生心理上的亲近感。

大学生入学之初，时空因素是影响人际交往的重要因素，但随着年级的升高，时空因素的影响会减弱，更多地取决于彼此间态度、价值观和个性特征的相似性。

（2）态度相似。正所谓“物以类聚，人以群分”。在日常生活中，共同的国籍、种族、语言、出生地，共同的兴趣爱好、价值观、态度、信仰，共同的教育水平、年龄、职业、社会阶层，共同的文化背景，乃至共同的遭遇、共同的疾病等都能在一定条件下，不同程度地增加人们的相互吸引。态度相似性之所以能密切人际关系，是由于彼此观点一致，发生争执的可能性更低，矛盾冲突少，比较容易得到认同和支持，从而使友谊得到发展。

（3）需要互补。在大学生活中，我们经常发现，不仅态度相似性的人们之间会形成友好关系，而且需要、性格等完全相反的人之间也可能会形成友谊关系。如活泼健谈的人与沉默寡言的人也能建立良好的人际关系。这正是因为在交往的过程中，双方在气质、性格上有不同于对方的优点和缺点，为了共同的目标，彼此之间可以取长补短，互相满足对方的需要。

【心灵启迪】

小蓝是一名大学三年级的学生，他的学习成绩优秀，同时担任学生干部之职，但人际关系较紧张。他不仅与寝室同学相处一般，与班上的许多同学也只是普通交往，平时从不主动结交他人。在同学们的认知中，他孤僻、傲慢，实在难以接近。而他本人始终坚持“万事不求人”的处事原则，几乎不接受任何人的帮助，也认为自己没有帮助别人的义务。甚至经常拒绝接受别人主动的示好，他认为接受了就是欠人情的开始，将人与人之间的交往看作交易一般，总是衡量他所做事情的利益得失。久而久之，同学们都不愿意与他交往，他的人际关系越来越差。慢慢地，令人窒息的孤独感席卷而来，他焦虑甚至恐惧，但不知如何改善现状。

小蓝人际关系不佳的重要原因就在于他是一个不懂得接受，更不知道给予的人。一个人没有给予和接受的意识，最终将失去支持，生活在自己孤独的世界里，痛苦不堪。不懂接受和给予，不仅影响良好人际关系的建立，而且影响了心理健康的水平。

（4）个人才华。从表面上来看，似乎一个人能力越强，才华越出众，就越能受到欢迎。但研究发现，在一个群体中最有能力的人往往不是最受喜爱的人。这是因为每个人都希望与优秀的人打交道，但如果一个人的才华使大家可望而不可即，则会使人产生心理压力。

显然，才华与受欢迎的程度虽然在一定范围内成正比，一旦超出这个范围，则可能会使他人产生逃避或拒绝的心理。因此，一个才华出众但偶尔有点小错误的人在一定程度上比“完美无缺”的人更受欢迎。

（5）外表相悦。大量的研究表明，外貌魅力会引发明显的“辐射效应”，使人们对高魅力者的判断具有明显的倾向性。戴恩（K. Dion）针对大学生进行的实验表明：大多数被试者对外貌好的对象会给予较高的评价与预测，人们一般觉得外貌好的人聪明、有趣、独立、会交际、能干等。这说明，相比相貌一般的人，人们更加喜欢美丽、英俊的人，而且往往把一切好的特性都赋予外貌有吸引力的人。

第二节　大学生人际交往原则及技巧

人际交往能力是现代大学生应该具备的重要能力，也是衡量一个人能否有效适应社会的一个关键指标。作为国家未来和希望的青年大学生，要想在不久的将来在这个充满竞争的社会中获得自己的一席之地，必须要学会与人交往，学会与他人合作共事。

一、大学生人际交往原则

在人际交往中，你采取什么样的交往原则决定着你交往的成功或失败。开放的现代社会，虽然人际关系打破了自然的联结，呈现出多元交叉的人际交往目的与方式，不同的人出于不同的需要进行不同的交往，不同的人以不同的方式去建立彼此的关系，但人际交往的本质不会变，遵循的人际交往原则不会变。

1. 平等原则

生活在现实中的人们，虽然存在年龄长幼、知识多寡、职务高低、贫富差距、身体强弱、性别不同，在人格上都是平等的。因此，在人际交往中，我们不能把别人低放一尺，把自己高抬一寸，给人一种“拒人于千里之外”的感觉。

大学生具有个性强、不愿服输的精神，这是值得提倡的，但绝不能自认高人一头，更不能因同学的外貌、家庭、出身、经历等方面的客观差异而对人“另眼相看”。

2. 尊重原则

任何人在作为独立个体进行人际交往时都有自己的尊严，并期待在不同场合得到他人的尊重。尊重能引起人们的信任，得到真诚的感受，缩短沟通的心理距离。一般而言，尊重包括尊重自己和对他人的尊重两个相互关联的方面。尊重自己是在各种场合做到维护自己的尊严和人格；尊重他人是尊重对方的人格、隐私、习惯和价值观等，承认或肯定他人的能力和成就，不损害他人的名誉和人格。

3. 真诚原则

人之相识，贵在坦诚。大学生诚实的人格特征是人际沟通的基础。真诚的赞美和真诚的批评能让对方愿意了解信任你。诚信是人与人沟通的桥梁，一个好朋友和一个坚定的友谊是靠真诚获得的。那么，如何做到真诚相待呢？简单地说，第一，诚实说话；第二，老实做事；第三，表里如一、言行一致。

4. 宽容原则

每个人都有不同的个性和爱好，而且人无完人。因此，我们与人交往时，不能太苛求他人，人非圣贤，孰能无过？在人际交往中有时会遇到一些不愉快的人和事，要学会宽容,学会克制和忍耐,学会以德报怨。

校园交往中生活小事的磕磕碰碰不可避免,这个时候就需要每个同学以宽容的心态对待问题。否则,小的摩擦就可能酿成严重的后果。“学会原谅别人是美德,学会宽容别人是高尚”,有了这样的心境,就会有良好的人际关系,正所谓“宽则得众”。

【心灵启迪】

如何对待朋友

阿拉伯有这样一个传说:两个朋友在沙漠中旅行,在旅途中他们吵架了,其中一个给了另外一个一记耳光。被打的觉得受了辱,一言不语,在沙子上写下:“今天我的好朋友打了我一巴掌。”他们继续往前走,在经过一个小湖泊的时候,因为急于弄到水喝,先前被打巴掌的那位差点淹死,幸好被朋友救了起来。

被救起后,他在石头上刻下:“今天我的好朋友救了我一命。”一旁朋友好奇地问:“为什么我打了你以后,你要写在沙子上,而现在要刻在石头上?”他笑着回答说:“当被一个朋友伤害时,要写在易忘的地方,风会自然抹去它;如果被朋友帮助,我们要把它刻在心灵深处,那里任何风都不能磨灭它。”

5. 理解原则

“金玉易得,知己难寻。”人际沟通、促进交往的条件是相互理解。虽然理解不等于完全知道和了解,但从人际交往的角度来说,不仅要细心了解他人的需求、心情、特性、处境、好恶等,还要根据彼此的情况,主动约束或调整自己的行为,尽量给他人以关心和帮助,多为他人着想。古人说:“己欲立而立人,己欲达而达人,己所不欲,勿施于人。”当你在交往中,善解人意,处处理解和关心他人时,相信别人也不会亏待你。

6. 互惠原则

互惠是指在人际交往中,双方都能满足各自的心理需要,同时获得一定的利益。人们交往的动机在于使社会了解自己、承认自己,同时获得所需要的利益。交往所追求的目的之一就是维持一种“我为人人,人人为我”的互利关系。大量的实践证明:交往中的互惠性越高,交往关系越稳定、密切,即人际关系只有是双赢的、互利的,才是可持续发展的。若交往中只想获得而不给予,人际关系就会中断。对大学生来说,这种互惠主要是体现精神、情感、文化方面的互相理解、支持和帮助。

7. 信用原则

信用有两层含义:一是言必信,二是行必果。“言而无信非君子”。信用是无形的“名片”,关乎一个人的形象和品质。

要取信于人,第一要守信,即言行一致,说到做到。第二要信任,不仅要信任别人,而且要争取赢得别人的信任。第三不要轻易许诺,即不说大话,不做毫无把握的许诺。第四要诚实,即自己能办到的事才答应别人去办,不要信口开河,办不到的事要讲清楚,去获得对方的理解。第五要自信,即要有一种自信心,不要妄自菲薄,相信自己能行,给人以信赖感和安全感。

二、大学生人际交往技巧

建立良好的人际关系，并非自然天成，一蹴而就，还需要学习和掌握交往过程中相关的方法技巧。

1. 学会倾听

“倾听”是建立和维持良好人际的有效法宝。事实表明，善于倾听别人意见的人，人际关系更加和谐。要做一个好的倾听者，应该做到“五心”，即：

(1)耐心。智者善于倾听，愚者没有耐心。即使有些普通的话题对你来讲已相当熟悉，可是对方却眉飞色舞、谈兴正浓，此时，出于礼貌你应该保持耐心，不能表现出不耐烦的神色。

(2)专心。他人在讲述事情时，应保持精神集中、表情专注，不能心不在焉、东张西望，不要看书看手机、呵欠连天，更不要修指甲、剔牙、掏鼻孔、挖耳朵等，这类举止不仅显得没有修养，也在无形之中告诉了对方你不想听下去了。

(3)虚心。善于听取别人意见的人往往都是最快通往成功的人，当别人善意地向自己提出忠告时，一定要虚心接受，切忌恼羞成怒和不必要的争辩。

(4)会心。听人谈话，不应只是被动地接受，还应该主动地反馈，做出及时的回应。在交谈时，要注意经常与对方进行目光交流，可不时地用“哦”“是这样的”等回应来表示你在注意倾听，也可时而赞许性地点头，以鼓励对方继续说下去。

(5)留心。在倾听的过程中，除了需要对对方的有声语言留意，还要对其无声的体态语言加以观察和解读，即要善于察言观色。通过留心观察，从对方的手势、神情中发现弦外之音、言下之意。

2. 真诚地赞美他人

希望得到别人的注意和肯定，这是人们共有的心理需求。许多心理学家认为，赞扬能释放一个人身上的能量，调动人的积极性。真心真意、适时适度地表达对别人的赞扬，能够增进彼此的吸引力。但是赞扬不等于阿谀奉承，赞扬别人时一定要注意以下两个方面。

(1)态度一定要真诚自然，实事求是。切莫夸大其词，给人虚假造作之感。比如，对于一个智力普通的人，你赞美他聪明绝伦、超凡脱俗，别人只会认为你是在嘲讽他。

(2)把赞美的内容具体化。其中需要明确三个基本因素：①这种行为对你的帮助；②你喜欢的具体行为；③你对这种帮助的结果有良好的感受。有了这三个基本因素，赞美语才不至于笼统空泛，才能使人产生深刻的印象。

3. 巧用语言艺术

“良言一句三冬暖，恶语伤人六月寒”，语言艺术运用得好，就能促进人际交往；相反，如果不注意语言艺术，往往在无意间出口伤人，产生矛盾。在语言交流中，应注意以下两个方面。

(1)称呼得体。适当的称呼，让人们可以得到一种心理上的满足感，使对方感到温暖，沟通会有一个良好的心理氛围。对尊长的称呼要使用敬称，对同辈的称呼应该是亲切友好的，对关系密切的人可直呼其名，对于不熟悉人的称呼要有礼貌。

(2)注意说话技巧。语调和语速要注意内容的性质和场合；尤其要注意讲笑话的对象、场合和分寸；开玩笑要适度。人们总是喜欢那些经验和看法与自己符合的人，所以“我个人来说也……”“我也喜欢这样”“我也有同样经历”的表达，往往能激发对方的积极反应，将谈话氛围提升。

4. 把握交往的度

人际交往中的“度”，是指保持良好人际关系所需要把握的“分寸”。人际交往的艺术也就是把握“度”的艺术。那么，怎样才能把握好交往的度呢？

(1)尊重而不迎合。尊重是人际交往的前提，但有些人对别人的尊重是以丧失自我为代价的。在人际交往中，既不能低声下气、丧失人格，也不能傲慢无礼、盛气凌人。态度行为要适度得体，做到双方人格与尊严的平等。

(2)帮助而不怜悯。热心帮助有困难的同学是一种美德，但是出于怜悯的帮助反而会无意间伤害了他们的自尊心。所以，同学们在交往过程中帮助他人要讲究一定的技巧，以对方的自尊心能接受的方式来进行。比如，对一些自尊心很强的贫困大学生来说，给他们提供一些勤工助学的机会，比单独给一些助学金要好。

(3)往来而有距离。每个人的心灵，都需要一个独享的心理空间，这个心理空间不容别人侵犯，哪怕是挚友亲朋也不例外。中国有句极富哲理的话叫“物极必反”，朋友之间的交往也是如此，过往甚密，反而容易出现裂痕。因此，同学们在相处时不要过于追求“亲密无间”，因为越想“无间”，越容易侵犯别人的个人空间。只有相互保持应有的自信和宽容，适当拉开一定的心理距离，才能让对方多一份舒心和自在，从而促进彼此间关系的融洽与和谐。

(4)坦诚而不轻率。“坦诚”是做人的起码要求和应有品质，也是人际交往的基本要求。如果一个同学处处心存戒心，不襟怀坦诚，那他很难得到同学们的理解和信任，更交不到知心的朋友。但坦诚也要注意场合和对象，这里也有个“度”的问题，只有做到坦诚而不轻率，诚实而不呆板，把握好坦诚相对的时间、场合及对象，才能在人际交往中避免不愉快的事情发生。

5. 学会委婉拒绝

拒绝是一种勇气，拒绝是一种能力，拒绝更是一种智慧。怎样做才能恰当地拒绝别人呢？

(1)态度要诚恳。应先表示对对方的理解，再明确地告诉对方事实情况。不能草率生硬地拒绝，否则可能使对方认为你“不仗义”，进而影响到以后的交往。

(2)先肯定，后拒绝。对于勉为其难的事，可以先肯定对方的意见和人格，然后再委婉地拒绝。这样可以使对方先进入良好的情绪状态，进而使用一种积极的心态看待随即到来的拒绝，而不会往不好的方面考虑。例如，同学们应该都遇到过互相请客吃饭的事情，对方的盛情实难拒绝，但对于一部分同学来讲可能时机并不恰当或者此时正囊中羞涩。遇到这种情况，要给对方肯定的反馈，先肯定对方的提议是好的，同学们一起吃饭联络感情、交流心得很有必要,再说明自己的实际情况,委婉拒绝。

(3)幽默。用幽默的话语含蓄地拒绝对方的某种要求,既显示出自己的睿智、大度,又免得让对方觉得尴尬。运用幽默的手法,寓拒绝于玩笑之中,对方自然会在忍俊不禁的同时,对你的婉言拒绝心领神会。

三、大学生人际交往障碍及调适

当下,“郁闷”“孤独”已成为大学生使用频率最高的词语,很多同学感叹:“茫茫人海,没有人理解我内心的感受。”“尽管置身于集体,被欢声笑语包围,但寂寞和孤独依然挥之不去。”“大学同学之间为何这样难处?”谁都希望自己成为一个有足够魅力,受他人欢迎的人,可是,在大学校园里,有些学生在交往中因为存在种种心理问题,导致形单影只,成为孤独、落寞、与他人格格不入的“另类”。

1. 大学生人际交往障碍内涵

人际交往障碍是指在交往过程中,交往双方受社会、文化因素和心理因素的影响而导致的交往困难或交往不顺利。许多研究表明,人际交往中最主要的障碍是由交往双方心理方面的差异,尤其是个性方面的差异而导致的。

大学生人际交往中的障碍主要还是由于环境的变化引起的。一是大学生进入大学这个新环境后,远离了家庭和原来熟悉的环境,而老师又以成人的标准看待学生,人际交往中优势地位的丧失,很容易产生不顺心、不温暖、不合群的“失宠”心理。二是既不知人也不知己,对自己和他人的心理特征和心理面貌缺乏了解,致使归因不当,也容易引起人际交往不畅。

大学生通过与同伴的广泛交往,可以从对方的心理、行为反应中学会如何做人、怎样待人接物,才能更好地形成和发展自己的优良个性,发现并克服那些消极的、不良的个性品质。因此,大学生想要优化自己的个性,就必须首先通过与不同对象的交往,才可能了解自己个性的优劣之处,也才有可能针对性地塑造、完善自己的个性。同时某些人际交往障碍因素本身就是不良个性品质的反应。因此,克服和消除这些障碍因素有利于大学生优化自己的个性品质,以便更好地适应复杂的社会生活环境。

2. 大学生人际交往中常见的心理障碍及调试

(1)自卑心理及其调适

1)人际交往中的自卑心理。自卑是在人际交往中,因与他人比较,发现自己在才能、名誉、地位或境遇等方面不如别人而产生的一种不悦、自惭、怨恨、恼怒甚至带有破坏性的复杂情感。大学生时常因身边的同学在学习成绩、社交能力、生活条件、外貌形象等方面优于自己,产生自卑心理。

2)自卑心理的调适。一般来说,自卑的人容易消极地、过低地评价自己,总觉得自己在外貌、知识、能力、家庭条件等方面不如别人,因而害怕与人交往,害怕说错话,担心丢面子。长此以往,严重者容易产生社交恐惧症,使得人际交往出现障碍。克服自卑心理的关键在于必须有坚定的自信心和决心,这样就可以把自卑心理转化为自强不息的动力,使自己在生活和学习中成为一个强者。具体说来,应从认识、情绪、行为三个方面同时入手。

①正确认识自己。心理学研究表明,所谓成功者与失意者在智力上并没有显著差别,并不是智商高的人一定就能获得成功。两者之间最主要的差异在自我评价上。俗话说"尺有所短,寸有所长""金无足赤,人无完人"。每个人都有自己的长处与短处,要跟"下"比,看到自身的价值;也要跟"上"比,鞭策自己不断进步。

②调节自己交往时的情绪。学会积极的自我心理暗示、自我激励,可以暗地里用语言对自己说"我能行""别人能干的事,我也能干""有志者,事竟成""事在人为""坚持就是胜利"等,增加自己战胜困难与挫折的力量。

③积极与人交往。交往的能力和交往的艺术只能在交往的过程中形成。因此,克服交往中的自卑心理,最重要、最核心的方法是积极主动、大胆交往。可以从自己最擅长、最容易取得成功的方面入手,如一次发言、一次竞赛、一次属于你的机会,都要积极自信地去尝试,只有行动才是达到成功的唯一途径,退缩与回避只能带来自责、懊悔与失意。有了一次成功,你会惊异地发现,你也行,这样自信心就随之增强,从而更积极自信地再去尝试积累第二次成功,接着争取更多的成功。

(2)嫉妒心理及其调适

1)人际交往中的嫉妒心理。嫉妒是对他人的成就、名望、品德、优越地位或者既得利益的一种不友好的、敌视甚至憎恨的情感。从心理学角度来看,嫉妒是对超过自己的人感到恐惧和愤恨的混合心理,是一种异常心理表现。嫉妒心理具有破坏和憎恨的感情色彩,在交往中表现出强烈的排他性,是妨碍大学生人际交往的最负面的情感。大学生比较容易因身边的同学在学习成绩、社交能力、生活条件、外貌形象等方面优于自己时,产生嫉妒心理。

嫉妒心理在程度较浅的初期,不容易被察觉,对嫉妒对象的优势或利益并不想施以攻击,不过每念及此,心中总会感到有一些淡淡的酸涩味。例如,有的同学嫉妒班上的优秀同学能拿到奖学金,在言谈举止中表现得不以为然,其实内心已经在无由地嫉妒。

嫉妒心理发展到程度较深的阶段,当事人的嫉妒心理不再完全潜藏,而是自觉或不自觉地显露出来,如对被嫉妒者做间接或直接的挑剔、诋毁或诬陷,甚至故意使绊子等。

嫉妒心理发展到非常强烈阶段,行为就开始具有报复性,嫉妒者已丧失理智,把嫉妒对象作为发泄的目标,向对方做正面的直接的语言攻击,甚至会做出物理性攻击等的极端行为。

2)嫉妒心理的调适。消除大学生中的嫉妒心理,需从以下四个方面入手。

①正确地看待人生的价值。一个志向远大、埋头于自己的事业追求中的人是不会计较眼前得失,更不会花时间和精力嫉妒他人的成功。如果一个人没有理想,胸无大志,无所事事,就会去挑别人的刺,自己不进取,却去阻碍他人前进。

②解放狭隘的"自我"。嫉妒的病根在于自私,如果我们克服私心杂念,严于律己、宽以待人,心底无私地为别人的进步和优越而高兴,并且见贤思齐,凭自己的奋斗迎头赶上,那么嫉妒心理就无从滋生。

③培养达观的人生态度。人生就是一个大舞台,各得其所,各有归宿。要有勇气承认对方比自己更优秀的地方,从而重新认识和塑造自己,这样就能从病态的自尊心和自

卑感中解放出来,从嫉妒的泥潭中脱身出来。

④密切交往,加深理解。许多嫉妒心理是由误解产生的,嫉妒者误认为对方的优势会对自己的造成损害,从而耿耿于怀。所以要打开心扉主动接近别人,加强沟通,避免发生误会。

【心灵启迪】

首因效应是指交往双方形成的第一次印象对今后交往关系的影响,也即是"先入为主"带来的效果。如看到一个人举止热情大方,便容易得出其聪明、慷慨、能力强的结论。因此,在人际交往中应注意给他人一个好的第一印象。

期待效应,也称为皮格马利翁效应。当你努力发现某人的优点和长处并且由衷地赞美他时,你就会看到他表现得越来越符合你所赞美的那种形象;而你若将某人视为小人或恶棍的话,那么这个人也就会以你所给他"勾画"的样子来对待你。这就是为什么同一个人会被不同的群体做出不同甚至相反的评价。

投射效应,指在人际交往中,人们会不知不觉把自身的缺点或优点投射到其他人身上,认为他们也是一样的。比如善良的人较容易相信周围的人都是善良的;有害人之心的人整天提心吊胆,怀疑别人要害他。

(3)害羞心理及其调适

1)人际交往中的害羞心理。害羞又称社交焦虑,是指羞于同别人交往的一种心理反应。具有这种心理的人,在交往中由于过分焦虑和担心,就会在言行上手足无措,表现为胆怯、拘谨、动作扭捏、脸色绯红、结结巴巴。有严重害羞心理的人怯于交往,对人际交往采取回避态度。害羞这一交往心理障碍,对大学生的直接危害是使交往者无法表达自己的心声,常常造成交往双方的误解,使交往以失败告终;其间接危害则是会导致交往者情绪产生不良变化。害羞会使人在交往失败后产生沮丧、焦虑和孤独感,进而导致性格变得软弱、退缩或冷漠。

2)害羞心理的调适。有害羞心理的人真正缺少的是自信和交往活动。大学生可以通过以下四大途径调适自己的害羞心理:

①树立自信。相信自己有能力以恰当的方式讲述任何事,并能给别人留下良好的印象,相信自己能在交朋友方面比现在做得更好。

②勇于和别人交往。要丢下包袱、抛弃顾虑、大胆前行,不要怕做错了事,说错了话。要认识到说错了虽然不能收回,但可以改正;做错了,只要吸取教训,就能起到前车之鉴的作用;一次的失败并不等于无能。这样,害羞者在行动之前就不会光想到失败,而能够想到羞怯并不等于失败,只是由于精神紧张,并非是自己不能应付社交活动,这样就会走出自我否定和自我暗示的阴影。

③加强学习和模仿。有时你的羞怯不完全是由于过分紧张,而是由于知识领域过于狭窄,或对当前发生的事情知道得太少。假若你能多读一点课外书籍、报刊,广泛地吸收各方面的知识,你就会发现,在社交场合你可以毫不困难地表达意见,这将会有力地帮助你建立自信,克服羞怯。同时,要善于观察和模仿平日里那些泰然自若、善于交际、活泼

开朗的同学的言谈举止。

④学会情绪的自我调节。有如下方法,不妨一试:两脚平稳站立,然后轻轻地把脚跟提起,坚持几秒钟后放下。每次反复做30下,每天这样做2~3次,可以消除心神不定的感觉。强迫自己做数次深长而有节奏的呼吸,这可以使紧张的心情得以缓解,为建立自信心打下基础。

(4)猜疑心理及其调适

1)人际交往中的猜疑心理。猜疑是指一种由主观推测而产生的一种不信任的复杂情感体验。具有猜疑心理的人,往往先在主观上设定他人对自己不满,然后在生活中寻找证据。带着"以邻为壑"的心理,必然把无中生有的"事实"强加于人,甚至把别人的善意曲解为恶意。这是一种狭隘的、片面的、缺乏根据的盲目想象,是一种消极有害的心理。

2)猜疑心理的调适。猜疑心理是大学生正常人际交往的拦路虎,从根本上说,要消除猜疑需努力做到以下几点。

①培养良好的性格。猜疑者往往是敏感多疑、过分计较个人得失的人,一般表现为与朋友相处时不坦率,唯恐真实想法被别人察觉到。故需培养正直、诚实、实事求是的性格,养成根据客观事实来进行判断的思维习惯,克服主观武断地下结论、轻易怀疑别人的惯性思维。

②冷静思索。猜疑一般总是从某一假想目标开始,最后又回到假想目标,就像一个圆圈一样,越画越圆。因此,猜疑者生疑之后,冷静思考十分重要。当发现自己开始怀疑别人时,应当立即寻找产生怀疑的原因,要从正反两个方面认真思考。

③及时沟通。每个人都有可能被别人误解,关键在于我们是否有方法去消除误解。因此,如果有猜疑的思想,应当以适当的方式进行坦诚的谈话:如果是误会,就能够及时解决;如果确实观点不同,也能够了解对方的想法;如果真的证实不是无缘无故的猜疑,则更需要坦率沟通,才可能有助于解决问题。

④提高抱负水平。猜疑往往和一个人抱负水平低、过分拘泥于生活琐事有关。提高自己的抱负水平,在追求远大目标的过程中开阔个人的胸怀,倾心于自己所追求的事业,就不会因为人际关系中的琐事而分心了。

(5)孤独心理及其调适

1)人际交往中的孤独心理。孤独就是常言的"不合群",是指一种因经常独处或受到孤立很少与人接触而产生孤单、无助的心理体验。由于大学生的自我意识逐渐成熟,往往对自我空间的要求比较高,也能从独处中寻找到心灵的快乐和宁静,自我探索,自我成长,因而适当的孤独是有益的。但如果长期地沉溺于孤独,也会导致交往障碍,结果是水至清则无鱼,人至察则无朋。

在交往中常见的孤独有三种类型:一是怪癖型,这些大学生有一些与众不同的特殊习惯,使他人难以接纳;二是清高型,这类同学孤芳自赏,总觉得他人庸俗浅薄,不值得交往;三是内向型,这些大学生敏感多疑,内心体验深刻,但情感脆弱,易受伤害,因而宁愿孤独寂寞,把烦恼深埋于心,不轻易与他人交流。

2)孤独心理的调适。孤独心理的产生主要源于个人不正确的自我感觉和评价,要克服孤独心理带来的危害,应从以下方面着手。

①开放自我,多与外界交流。成为精神独立的人并不意味着与世隔绝,要主动亲近他人,关心他人,真诚相待,借此机会让别人认识、了解你。

②改正不良性格。由于自卑、自负、冷僻或者尖刻等性格缺陷所造成的孤独如同作茧自缚,这层茧不冲破,就难以走出孤独。我们应认识到自身存在的人格缺陷,并加以克服和矫正,钻出自织的茧,从而克服孤独。

③培养广泛的兴趣、爱好。一个人活着有所爱,有所追求,就不怕寂寞,也不会感到孤独。我们应该为自己安排好丰富多彩的业余文化生活,享受生活的乐趣,同时也可以找到同道中人,获得真诚的友谊。

④大胆交往,不怕挫折。多参与社会活动,多提升社交能力,善于在交往中、挫折中成长,锻炼自我意志,完善自我,发展自我。

【心理测验】

心理学家认为:一个人的心理健康程度与其人际关系密切相关,良好的人际关系能缓解心理压力,促进心理健康;不良的人际关系,则很容易让人产生心理障碍。请做下面的小测试来了解你的人际关系状况。仔细阅读各个题目,并根据个人的真实情况做出回答。如果问题中所提到的问题与你的情况相符合,就回答“是”;如果与你的情况不相符,就回答“否”。

1. 关于自己的烦恼有口难言。（ ）
2. 过分地羡慕和嫉妒别人。（ ）
3. 在社交场合,感到紧张。（ ）
4. 与异性交往太少。（ ）
5. 和生人见面感觉不自然。（ ）
6. 对连续不断的会谈感到困难。（ ）
7. 与异性来往感觉不自然。（ ）
8. 时常伤害别人。（ ）
9. 不知道与异性相处如何适可而止。（ ）
10. 与一大帮朋友在一起,却常常感到孤寂或失落。（ ）
11. 与别人不能和睦相处。（ ）
12. 极易受窘。（ ）
13. 当不熟悉的人对自己倾诉他的生平遭遇以求同情时,自己常感到不自在。（ ）
14. 担心别人对自己有什么印象。（ ）
15. 暗自思慕异性。（ ）
16. 总是尽力使别人赏识自己。（ ）
17. 时常避免表达自己的感受。（ ）
18. 对自己的仪表(容貌)缺乏信心。（ ）
19. 不能专注地倾听。（ ）

20. 讨厌某人或被某人所讨厌。 (　　)
21. 瞧不起异性。 (　　)
22. 被异性瞧不起。 (　　)
23. 自己的烦恼无人可以倾诉。 (　　)
24. 与异性交往不知如何更好地相处。 (　　)
25. 不能广泛地听取各种意见、看法。 (　　)
26. 受别人排斥与冷落。 (　　)
27. 常被别人谈论、愚弄。 (　　)
28. 自己常因受伤害而暗自伤心。 (　　)

评分标准:
答"是"的得1分,答"否"的得0分。

结果解释:
0~8分:说明你在与朋友相处上的困扰较少。你善于交谈,性格比较开朗,善于主动关心别人,你对周围的朋友都比较友好,愿意和他们在一起,他们也都喜欢你,你们相处得不错。而且,你能够从与朋友的相处中得到许多乐趣。你的生活比较充实而且丰富多彩,你与异性朋友相处得也很好。总之,你较少存在交友方面的困扰,你善于与朋友相处,人缘很好,获得许多人的好感与赞同。

9~14分:说明你与朋友相处存在一定程度的困扰。你的人缘一般,你和朋友的关系并不牢固,时好时坏,经常处在一种起伏波动的状态中。

15~20分:说明你在同朋友相处上有较为严重的困扰。

超过20分,则表明你的人际关系困扰很严重,而且在心理上出现较为严重的障碍。你可能不善于交谈,也可能是一个性格孤僻的人,或者有明显的自高自大的表现,不讨人喜欢。

思考:我的人际交往方式需要做哪些改变,怎样改变?

【活动天地】

红椅子

活动目的:
(1)学习发现别人的优点并加以欣赏,促进相互肯定与接纳。
(2)增强个人自信心。
活动时间:30~50分钟。
活动准备:7~10人一组,围成圆圈坐着。
活动步骤:
(1)请一名成员坐或站在圆圈中央,向大家介绍自己的姓名、个性、爱好等。
(2)其他人轮流根据自己对他的了解及观察说出他的优点及可欣赏之处

(如性格、相貌、待人接物等),然后被欣赏的成员,说出哪些优点是以前自己察觉的,哪些是没被察觉的。每名成员轮流坐或站到圆圈中央,让其他人对他进行优点的发掘。

活动规则:

(1)必须说出优点。

(2)夸别人优点时态度要真诚,不能毫无根据地吹捧,这样反而会伤害别人。

(3)参加者要注意体验被别人称赞时的感受;要学会用心去发现别人的长处;学会做一个乐于欣赏他人的人。

第六章

展望美好未来——大学生职业生涯规划

名言哲语

要达成伟大的成就，最重要的秘诀在于确定你的目标，然后开始干，采取行动，朝着目标前进。

——博恩·崔西

一个人如果在某一天内沉静地抱着伟大的目标工作着，这一天就是为纪念他而设的。

——爱默生

本章导读

在人生的道路上，每个人都面临着谋求职业的困惑，诸如“我想做什么”“我能做什么”“怎样达到我的终极目标”等。职业是个人生存和社会发展的基础，可以说漫漫人生路的核心是职业生涯。“凡事预则立，不预则废”，做好职业生涯规划可以帮助你明确自己的目标，掌握达成目标的途径和方法。大学生正处于职业生涯的准备阶段，大学时期也是求职择业的关键期。那么，你了解自己的兴趣、爱好吗？你清楚自己的专业特长和知识结构吗？你对将来从事的工作有所规划吗？如果你对这些还不够清晰，那么，本章将为你解决这些问题。

通过对职业生涯规划的解读，帮助你分析大学生就业过程中的心理问题，并教你学会调适自己的心理，学会制定职业生涯发展规划和选择自己最热爱的职业，促使你走向人生的成功。

第一节　大学生职业生涯与人生目标

【心灵启迪】

2008年8月17日，北京奥运会女子3米跳板跳水决赛在国家游泳中心“水立方”进行。“跳水皇后”郭晶晶以总分415.35分的高分成功卫冕。然而，辉煌的背后是她一步步走过的荆棘之路。5岁练跳水，15岁首次参加奥运会一无所获，1998年参加世锦赛，仅获女子3米跳板亚军，在之后的几年赛事中，她始终与奥运会冠军宝座失之交臂，其中包括悉尼奥运会3米跳板单人、双人亚军。巨大的压力，残酷的现实，并没有让她意志消沉、打退堂鼓。相反，基于对跳水运动的真爱，她以坚韧的毅力、不服输的信心和更为努力的训练不断坚持着。2004年，她终于从雅典奥运会拿回2枚金牌。但是，早能够光荣引退的她，仍在向2008年奥运冠军冲刺，最终获得了2枚沉甸甸的金牌，演绎了一出完美的落幕。作为一名老运动员，郭晶晶承受着长年伤痛的困扰，在一次次大型竞赛中取得了如此辉煌的骄人战绩，是什么让她征战赛场多年却依旧保持着良好的业绩？她成功的背后又有什么经历和特质？是什么动力在一路支撑着自己？郭晶晶讲：“因为喜爱，才会投入，才会情愿付出。”成功的背后是一路走过的荆棘之路，我们查找她动力的源泉，能够看到，对跳水的热爱是支持着她战胜种种艰辛、勇往直前的不竭动力。郭晶晶在跳板上的成功，是职业与兴趣结合的最佳体现。她喜爱跳水这项运动，为了实现那完美一跳而不停地去修正肢体、动作，不断地在重复练习中改进不足，缔造完美。用她的话讲“因为喜爱，才会投入，才会情愿付出。”由此可见，兴趣是成功的奠基石，兴趣对职业进展的促进是职业是否能走向真正成功的重要决定因素。对职业的兴趣能让自己全身心的投入工作中，不计较得失，更能忍受成功前的寂寞，加快职业生涯进展的步伐。

子曰：“吾十有五而志于学，三十而立，四十而不惑，五十而知天命，六十而耳顺，七十而从心所欲，不逾矩。”由此可见，两千多年前，孔子就已经开始关注个人的职业生涯道路了。作为国之栋梁的大学生，更应该及早明确自己的职业生涯与人生发展的目标。

一、生涯规划

生涯规划不是某个角度的人生目标的确立，也不是某个时期的生活向往，而是面临着许多生活目标、生涯角色的选择和建立，面临着一系列认知活动和行动的历程。

1. 大学生生涯规划的模式

虽然不同的人具有的生涯规划有不同的特点,但是在对生涯的规划中,人们大体上有统一的模式。大多是结合“教育与职业资料”“自己的特质”“自己与环境的关系”三个方面来规划自己生涯的目标。从发展历程的观点来说,大学生正处于生涯探索期与生涯建立期的关键时期,这个时期面临着许多关乎未来发展的重大抉择,如学业、求职、婚姻、人生价值等。因此,大学生进行生涯规划,应该通过生涯探索的历程,增长生涯认知,并逐渐找到其生涯发展方向,以完成具体的生涯计划和准备。

2. 大学生生涯规划的目标

什么是人生的目标？人生有哪些方面的要求？虽然每个人有不同的看法,但大多数人都在寻求个人需求的满足,以达到自我价值的实现。对于大学生来说,进行合理的生涯规划,对其内在需求的满足及其实现人生价值有着非常重要的意义。当然,大学生在进行生涯规划时,应进行一系列的系统性、理性的分析,明确自己的生活目标,并采取有效的行动措施去靠近目标。

结合大学生的生涯规划模式,大学生的生涯发展目标可归纳为以下 10 个方面。

(1)生涯自主与责任意识。

(2)个人特质与教育职业的关系。

(3)以暂定生涯目标为主的生涯探索。

(4)系统性地自我探索。

(5)形成在学校期间的短期目标。

(6)发展暂定生涯目标。

(7)增进生涯计划与问题解决能力。

(8)收集生涯资料的主动性。

(9)生涯决策能力。

(10)从环境资源检视暂定生涯目标的可行性。

大学生的生涯是一系列的动态历程,并不是一个单一的静态事件。生涯目标也不是一次成型的,而是不断发展变化的。随着大学生身心的发展,大学生应在不同的阶段确立不同的短期目标,暂定自己的长期生涯目标,以不断探究生涯的意义,并向着寻求生涯的意义而努力。

3. 大学生的生涯定向

对大学生来说,生涯设计与定向决定着大学生的校园生活与学习的重点,也关系着大学生以后的发展方向。生涯目标不确定的大学生可能会出现焦虑、缺乏求学动机、目标与兴趣模糊不定、学业成绩偏低等现象,进而不能适应今后的发展。大量研究结果发现,大学生中缺乏生涯规划与定向的情形还是相当普遍和严重的,一部分大学生并不能自觉地确立自己的生涯发展方向。

心理学家马西娅(Marcia)在 1980 年依据面对的选择危机和专注定向,从自我认定的角度,将青年的自我认定划分为四种不同的形态,包括提早定向者、延迟未定者、自我定向者和茫然失措者。

(1)提早定向者(foreclosure,F)。提早定向者是指本身未曾面对抉择危机,但在生涯方向或职业目标上,已接受父母或他人的安排而定型的青年人。

(2)延迟未定者(moratorium,M)。延迟未定者是指面对个人的抉择危机,正在寻求定向的青年人。

(3)自我定向者(identity achievement,IA)。自我定向者是指在经历抉择危机之后,逐渐确定其生涯方向或职业目标的青年人。

(4)茫然失措者(identity diffusion,ID)。茫然失措者是指面临抉择危机,因生涯方向或职业目标模糊不定,而感到焦虑,甚至选择逃避的青年人。

其中,提早定向者(F)在社会的限制和父母的保护之下,面对生涯选择之际不致产生过高的焦虑,但在从事课程学习和生涯准备方面,不能避免可能出现听天由命、缺乏学习兴趣和动力的状态;延迟未定者(M)与茫然失措者(ID)在面临生涯抉择之际,常常因为缺乏目标定向,可能会产生惶恐不安、焦虑等不良心理,不利于其课程学习和学校适应。

马西娅的研究结果表明,在青年时期,确定生涯目标是非常重要而且关键的发展任务之一。生涯决定是否明确清晰,不但影响其当前的生活调适,还可能阻碍着一个人长期的发展。

二、大学生的职业生涯规划

在日常生活中,我们常常把工作、职业与职业生涯混为一谈,以为找工作就是找职业,从事了某种职业就拥有了职业生涯。诚然,工作、职业与职业生涯是密切相关的概念,但它们并不完全是一回事,了解这些概念,可以更好地理解职业生涯的发展规划。

1. 与职业生涯规划相关的概念

工作、职业和职业生涯是三个互相联系又有所区分的概念。

工作是指在某一行业中的具体职位,是有结果、有目的、需要投入时间和精力并持续一定长时间的活动。如业务人员销售产品的工作。

职业是由一系列相似的职位所组成的一个特定的专业领域,即指一系列的工作,例如教师、护士、新媒体人员等就是职业。职业是介于“工作”和“生涯”之间的概念。

“生涯”一词的英文为 career,起源于 1909 年美国职业指导之父佛兰克·帕森斯(Frank Parsons)的著作《职业选择》。生涯不仅仅是工作和职业。在100 多年的发展历程中,人们对生涯概念的理解在不断拓展,早期的理论强调就业,而近期的理论则提出了终身生涯发展的观念,强调生涯是一生中的所有经历。美国心理学家萨伯(Super)在 1976 年将“生涯”定义为:生活中各种事态的连续演进方向;它统合了人一生中依次发展的各种职业和生活的角色,由个人对工作的献身而流露出独特的自我发展形势;它也是人生自青春期以至退休之后,一连串有酬或无酬职位的综合,除了职位之外,还包括任何和工作有关的角色,如学生、工人等,甚至包括兼职、家庭和公民的角色等。

我国学者认为,生涯有广义和狭义之分。广义的生涯即人生的发展道路,可指人或事物所经历的途径,也可以指个人一生的发展过程,还可以指个人一生中所扮演的系列角色。狭义的生涯仅指与个人终身所从事工作或职业等有关的活动。所以,生涯可以理解为介于“生命”和“职业”之间的概念，它的外延可以大到个体一生的经历，与“生命”等同，也可以小到与“职业”同义。

职业生涯则是对生涯的狭义理解，专指一个人终生经历的职业发展的历程。一个人一生中连续从事的职业，不仅包括过去、现在和未来那些可以实际观察到的职业发展过程，还包括个人对职业生涯发展的见解和期望。职业生涯是个人一生中由于心理、社会、经济、生理及机遇等因素相互作用所形成的工作、职业的发展变化。职业的发展是个人发展中的重要内容，它涵盖了人的一生，并包括个人的自我概念、家庭生活以及个人所处的环境、文化氛围等方方面面。职业生涯可以说是一个人终身发展的历程，是个人在人生中所经历的一系列职位和角色的综合。

2. 什么是职业生涯规划

职业生涯规划是个人在对自己的兴趣、爱好、能力、特点和客观环境进行综合分析与权衡的基础上，面对各种抉择情境学会界定问题，通过恰当的规划为自己确立职业方向和发展目标，确定教育和发展计划，制订行动措施，最终实现个体的全面最优发展。总的来说，职业生涯规划是一个人对其一生中所承担职务的相继历程的预期和计划。

由以上职业生涯发展规划的定义，我们可以看到，生涯设计的目的绝不仅仅是帮助个人按照自己的资历条件找到一份合适的工作，实现个人目标，更重要的是帮助个人真正了解自己，为自己定下事业大计，筹划未来，拟订一生的发展方向。因此每个人都应当审时度势，为自己筹划未来。有了事业的目标，生活才有方向；有了事业上的追求，生活才有动力。对自己职业生涯的设计规划就是将自己的理想转化为现实的人生，把对未来事业发展的预期转变为明确的行动步骤。大学生正处在个体职业生涯的探索阶段。因而，学习职业生涯规划的基础知识，对今后的职业发展有着十分重要的意义。

3. 大学生职业生涯规划的发展阶段

当代的大学生大多数都处于18～24岁，主要任务就是探索自我，对专业和社会进行了解，选择适当的方向进行更多尝试和实践，寻找适合自己进一步发展的方向。其中，在大学的不同年级也有不同特点和任务。

(1)大一适应期。从高中到大学是人生的一个重要转换期。如何尽快适应大学生活，妥善安排好学习和生活，积累扎实的基础知识，建立良好的人际关系，让大学四年过得精彩而有意义，是大一学生最需要思考的问题。

(2)大二探索期。经历了大学一年级的适应和基础课程的学习以后，大二学生的核心任务就是对自身和毕业后的发展进行探索，开始明确并及时修正自己的发展方向，为毕业做准备。

在适应了大学生活后，大学生的兴趣和能力都开始慢慢展现。“知己知彼，百战不殆”，在开始对未来进行规划时，一是要对自身进行了解，对自身的兴趣、能力、价值观和人格特点进行探索；二是需要对未来的选择进行探索。每一个选择都会带来不同的生活方式，所以在做选择之前了解每个选择的相关信息是非常重要的。

对自身和选择进行探索的过程，也会促进个体有针对性地提高自身素质。通过参加学生会或社团等组织，锻炼自己的各种能力，同时检验自己的知识技能；开始尝试兼职、社会实践活动，最好能在课余时间从事与自己未来职业或本专业有关的工作，既可以了解这些工作也可以锻炼相关职业和专业能力。

总之，在大学二年级，大学生需要通过网络、个人思考和实践等多种途径对自身及感兴趣的发展方向进行了解，并有意识地扬长补短，提升自身综合素质和专业技能。

(3)大三决策期。大学三年级是大学生活的另一个关键期，很多学生正处于不知如何选择的尴尬境地，是继续考研深造还是为直接就业做准备？大学生们在这些选择中举棋不定、犹豫不决。

每个选择都会有得有失，重要的是不要被选择淹没，陷入情绪困扰之中；而是要先收集足够的信息，进行理性分析，做出最适合自身发展的规划，然后制定长期和短期目标，一步步达成目标。

除了做出规划，制定目标之外，大学生还要有足够的执行力，通过行动去实现目标。大学生需要不断积累实践经验和能力，提升收集工作信息的能力，学习书写简历、求职信，锻炼面试技能，并不断拓宽人际网络，学会有效利用各种资源。

(4)大四冲刺期。大四既是一个结束的时期，也是向新生活转换的时期，更是迈向新生活的重要冲刺期。到了大四应该为了目标尽最大的努力。首先要对前三年的积累做一个总结，检验自己已确立的职业目标是否明确，前三年的准备是否充分；然后有针对性地完成面临的任务，或者调整状态为考研做最后准备，或者通过各种途径提高求职技能，调动各种资源争取就业机会，等等。

同时，在大学生活结束前，还要留出时间完成承前启后的任务，对大学生活进行总结和整理；对未来生活进行准备，帮助自身顺利过渡到新的人生阶段。

三、职业生涯规划对大学生成才发展的意义

随着高等教育的普及，大学毕业生逐年增多，就业形势也愈发严峻。为了更好地解决这个问题，让经过十几年苦读的大学生们可以在毕业后找到合适的发展方向，就需要对他们进行职业生涯规划的教育和实践指导。具体来说，职业生涯规划可以在以下四方面促进大学生的成才发展。

1. 增进自我了解

“世界上没有两片相同的叶子”，更没有两个相同的人，每个人都是独一无二的个体，对自己有充分的认识才能更好地创造机会去实现自己的理想。职业生涯规划的第一个步骤就是要进行自我探索。通过自我探索可以使大学生认识到自身的兴趣、能力、价值观等个性特点，挖掘现有和潜在的资源优势，并对自己的综合优势和劣势进行对比分析，从而可以明确自己想干什么、能干什么、适合干什么、应该干什么。然后可以有针对性地为自己树立明确的职业发展目标与职业理想，并客观地评估目标与现实之间的距离，运用科学的方法、采取切实可行的步骤和措施，着力培养某些职业特质，不断增强职业竞争能力，从而实现自己的职业目标与理想。

2. 促进潜能开发

“有目标才有动力”，通过职业生涯规划和实践锻炼，帮助学生设立目标，分析目标与

现实之间的差距,找到努力的方向,可以激发学生的动机,使每个学生不同的认知特征、兴趣爱好、动机需要、价值取向和创造潜能都能得到尊重和体现,个性得以发展,最大限度地实现自我价值。

3. **适应社会需要**

有效的职业生涯规划,除了"知己"还要"知彼"。"知彼"就是要对社会、对世界进行探索,对社会有更全方位和更现实的了解,了解社会对大学生的需求,从而根据社会需求有针对性地对自身进行调整,学会正确处理个人和社会的关系,在社会中寻找个人恰当的位置,更好地适应社会的需要。

4. **实现个体价值**

美国人本主义心理学家马斯洛将人的需要由低到高划分为五个层次:生理需要、安全需要、爱与归属需要、尊重的需要和自我实现的需要。在低层次的需要满足之后,个体就会追求更高层次需要的满足。在现实生活中,大学生的职业生涯规划,不只是满足温饱和生存问题,还需要获得别人的赞赏、尊重,获得地位、荣誉,实现人生价值。进行职业生涯规划的最终目标就是达到个体的自我实现,实现个体价值。

【心灵启迪】

哈佛大学心理学家兼讲师哈利·勒文生对现代社会中成功者的品质与能力进行了研究。他的研究中介绍了 24 项无论是哪种成功人士均具有的一些特征。

1. 相信自己能获得名气与财富。
2. 跟别人多谈快乐的事,自己就真的快乐起来。
3. 有充分的决心与动机实现心愿。
4. 有足够的热忱提高工作效率。
5. 容易不满现状而设法改善。
6. 能证明婚姻美满可反映领导能力的高明。
7. 能设计一个为所在集体赢得较高荣誉的理想方案或目标。
8. 一周有三个晚上不休息,继续工作,反而更快乐,更有成就。
9. 遇到困难时,有兴奋刺激的感觉。
10. 知道自己所羡慕的某个人有吸引力的原因。
11. 目标明确,而且按部就班地去实践,去努力奋斗。
12. 把债务还清后才会感到快乐。
13. 拥有抽象思考的能力。
14. 观察任何事物时,也在训练自己深入观察的能力。
15. 能从各种不同性质的来源与经验中取得信息,并重新组合来解决问题。
16. 看到团体和事业的成功,会获得极大的满足而不计较是谁的功劳。
17. 当一个庞大的计划变更时,能忍受随之带来的强烈困惑。
18. 善于察言观色,能体会别人的感受。

19. 一切依靠自己，对批评以及和其他人的合作，不会感到受到威胁。
20. 和领导或同事有成熟和谐的关系，并因此认为没有反抗争辩的必要。
21. 在公共场合能应付自如，能对个人或人群自然交流。
22. 很有幽默感，而且能用它来消除紧张。
23. 随时准备工作，而且保持充沛的精力，很少力不从心。
24. 能完成一件工作，即使困难再大也能充满信心并坚持完成。

第二节 大学生的择业心理

职业生涯理论明确了个人职业发展的目标，可以使人找到适合自己的人生坐标，不断地发掘和拓展自己的潜能。但是大学生毕业后要找到一份满意的工作，开启完美人生的第一幕，仅了解职业生涯理论还是不够的。21 世纪对人才的基本要求除拥有深厚的知识外，还应拥有敢于冒险、善于竞争、善于合作、富于创造等品质，而这些品质都与良好的心理素质密切相关。

求职择业，是大学生即将结束学业，步入社会的前奏；也是充分发挥聪明才智，成就完美人生的开始。随着当今大学生就业压力的加大，心理素质已成为影响大学生择业的重要因素。目前，我国严峻的就业环境不仅要求大学生具有较高的知识水平和能力水平，而且要求大学生调整心态，培养健康的择业心理。但是当今一些大学生种种不良的心理误区和心理矛盾，严重影响着求职择业。

一、大学生择业的心理矛盾

几年的大学校园生活使大学生在知识、能力与人格方面有了显著的积极发展，他们有着强烈的就业意愿和积极的就业动机，期待着美好人生的开始。当前多样化的就业方式也为大学生就业提供了更多的机遇和更大的自由度。但是在就业过程中，许多大学生由于择业心理不成熟，难免在择业过程中出现心理矛盾。所谓心理矛盾是指面对两种或两种以上的动机、欲望、目标等，不知如何抉择而引起的紧张心态。过分强烈而持久的心理冲突会对大学生的心理健康和求职择业带来消极的影响，这是引起大学生心理失衡的重要原因。大学生择业过程中的矛盾心理主要有：

1. 就业观念滞后与时代快速发展的矛盾

在当前快速发展的时代背景下，我国的经济体制和劳动人事制度发生了很大的变化，社会为大学生提供了多样化的岗位和多元化的选择机会。然而，我国传统的劳动人事制度观念至今还在影响着某些大学毕业生的择业态度。一些大学生仍然倾向于毕业后到政府部门、事业单位和大的国企工作，不愿到私营企业就业。显然，一些大学生滞后的观念与快速发展的时代之间存在着矛盾。

2. 所学专业与未来工作的矛盾

不少大学生对自己的专业看得很重,在求职时,只要是与自己专业关系不密切的职业就不考虑,于是就产生了所学专业与未来工作的矛盾。这样做只能是人为地增加了自己的就业难度。在现实社会中,真正与所学专业完全对口的工作是不多的,许多大公司对专业看得很淡。这是因为大学教育更多的是学习能力的教育,是接受新事物能力的教育,是适应环境能力的教育。“天高任鸟飞,海阔凭鱼跃”,即使你所学专业与所从事工作相差较大,只要你有能力且能干下去,你一样具有极其广阔的发展空间。因此,毕业生完全不必为“学不能致用”而苦恼。

二、大学生择业的心理误区

除心理矛盾外,大学生还存在择业心理误区。心理误区是指人在心理上特别是认识和人格上陷入无出路而又不能自拔,且本人对此又缺乏意识的状态。就业制度的改革,使大学毕业生面临着巨大竞争压力,在心理上出现种种困惑和不适应,导致产生心理误区。大学生择业的心理误区主要表现有:

1. 期望过高

有些大学生在择业过程中对就业形势和用人单位的需求了解不够,完全按照自己的想象一厢情愿地谋求高薪高酬职位。如有的大学生认为自己在就业中具备种种优势:学习成绩优秀,政治条件好,学校牌子亮,专业需求旺,求职门路广,因而择业期望过于理想化,反而会与一些好的工作机会失之交臂。

【心灵启迪】

某名校大学生小玲,成绩一直名列前茅,在大学期间更是获得了多种证书。因此,她总认为自己一定能找到一份高薪高酬的理想工作。怀着这种想法,她根本不考虑某些不知名企业,把目标定位在影响力和实力都非常强大的知名企业,瞄准的职位也都是管理职位。然而,经过几次面试后,都未能成功被录用,于是她开始感到疑惑,对各大公司感到不满。家人都劝她,让她降低自己的就业标准,不能好高骛远。但她总认为一同应聘的人比不上自己,而自己也应该在知名企业工作。未来的出路到底在哪里?小玲陷入了矛盾之中。

2. 急功近利

一部分大学生受社会环境和所谓潮流影响,一味追捧热门,存在急功近利的心理误区,求职择业时只顾眼前利益,过分注重经济效益,讲究实惠,忽视个人未来的发展。这种急功近利的心理让很多用人单位反感,使得一些大学生虽各方面条件不错,却被用人单位拒之门外。

3. 盲目从众

盲目从众是指在求职中不考虑自己的兴趣、专业等特点,盲目听从或跟随别人的意见以及盲目寻求热门职业的现象。大学生正处于人格逐渐完善和成熟的阶段，缺乏个人主见，跟在别人的后面走，在就业过程中没有充分考虑自身的实际情况（如自己的专业范围、职业兴趣与事业追求、实际能力与综合素质等），不能客观分析就业形势和社会需要，盲目听从或跟随别人的意见以及盲目寻求热门职业。

4. 盲目攀比

攀比心理是指大学生在求职择业过程中不从自身实际出发，与他人攀比的心理。每名毕业生都希望自己的工作无论是薪水、福利都能比其他人好，这种想法是人之常情。但有些毕业生择业时对自我缺乏客观正确的分析，不考虑自身的条件、社会需要特点、职业发展及就业中的机遇因素，而是与同学攀比，特别是看到与自己成绩、能力差不多的同学找到令人羡慕的工作、获得可观的收入时，觉得自己找不到更理想的职业，很没面子。为了获得心理上的平衡，将自己择业的目标设计过高，其结果不是难以找到自己适宜的单位，就是茫然无知中与适合自己的单位失之交臂。这种状况对大学生以后的职业发展也是十分不利的。

5. 消极等待

大学生就业制度竞争让毕业生获得了在一定范围内直接选择职业和单位的机会。但有些大学生缺乏自我选择决断能力，不积极主动地为就业做准备，不敢或不愿去面对激烈的就业竞争，而是将希望寄托在家长、亲朋好友和学校身上，或者自认为拥有某些优越条件，坐等学校帮忙落实单位。具有这种心理的人一旦进入就业竞争的行列，往往无所作为，落聘的风险极大。

【心灵启迪】

小李刚从某高校毕业，但是他却和其他刚毕业急于寻找工作的大学生相反，平时从不主动参加一些公司的招聘会，也不主动去寻求工作机会，只是一味地消极等待。有次家人和朋友给他介绍单位，他才勉强去面试了一次，但是失败了，于是便更加心安理得地待在家里。小李心想：找不到工作又怎么样，反正父母养得起我。车到山前必有路，工作的事情不用着急。

6. 怨天尤人

在就业市场中，存在着某些专业、学校不易找工作的客观现实。因此，一些大学生在遇到求职失败时就容易出现各种不满情绪，比如有些同学怨天尤人，悲观失望，将自己求职中的一切问题都归结于就业市场不公平，而不是积极地总结经验教训，合理地调整目标，改变择业策略，以致给自己的整个求职过程都笼罩上了心理阴影。

7. 茫然失措

有许多同学在毕业、择业的时候，对职业目标、需要、价值观以及自身特点等没有客观、清醒、全面的认识，在就业时表现出茫然失措，不能主动、独立地获取职业消息、筛选目标、规划职业生涯，也不能解决就业中的问题，做出正确的决策。

三、大学生应培养健康的择业心理

强大的心理调适能力，健康的择业心理，对于大学毕业生顺利实现择业目标、保持身心健康发展都有重要的意义。为顺利实现就业，大学生除知识和能力方面的准备外，还应培养健康的择业心理。这对大学毕业生顺利实现择业目标、保持身心良好发展都有重要的意义。

1. 健康的择业心理有利于确立正确的择业目标

确立择业目标是自己对未来职业的定位问题。良好的择业心理可以使大学生在择业中客观地分析自我，客观地分析现实和社会的需求，从而确立正确的择业目标，找到自己的最佳位置。职业定位是否准确，首先取决于大学毕业生是否能正确认识自己；其次取决于大学毕业生能否以积极健康的心态去获得足够的、必要的择业信息；最后要看大学毕业生能否在准确分析信息的基础上做出决策。

2. 健康的择业心理有利于大学生顺利实现角色转换和适应社会

大学生毕业后走向社会，角色发生了改变，从一名学生转变为一名社会人，从而社会对他的要求也发生了改变。许多大学生就面临着社会适应的问题，出现心理应激现象。从某种意义上讲，充分的心理准备有利于大学生顺利实现角色转换，也有利于大学生就业后尽快适应职业，缩短社会适应期。

3. 健康的择业心理有利于大学生实现择业目标和职业成就

求职择业是一个选择与被选择的过程，在这个过程中，良好的择业心理使大学生能够冷静处理随时遇到的问题，使大学生正确面对竞争中的挫折与失败，防止消沉、颓废、沮丧、偏激的心态出现；也有利于大学生充分了解社会，客观评价自己，树立正确的择业观和成才观，使大学生热爱并献身于所选定的职业，并做出职业成就。

第三节　大学生择业中的心理障碍与调适

心理障碍是由心理压力和心理承受力相互作用，使人失去了应有的心理平衡的结果，它是指一切心理不健康的现象或倾向。大学生在择业中，出现的矛盾心理以及心理误区，如果不能得到及时的宣泄和疏导，则可能发展成为影响择业的不良的心理障碍。这种不良的心理障碍一旦形成，就会严重困扰大学生的日常生活、学习甚至择业。一般来说，大学生择业中常见的心理障碍有：

一、焦虑

毕业分配制度的改革，使大学生求职呈现出多元化的趋势，拓宽了大学生职业选择面。职业选择自由度越大，职业选择行为的责任越重，择业心理压力便越大。刚走出校门，没有社会经验的大学生对选择职业这一人生重大课题产生焦虑心理是正常现象。焦虑由心理冲突或挫折而引起的，是主观上预料将会有某种不良后果产生或模糊的威胁出现时的一种不安感，并伴有忧虑、烦恼、害怕、紧张等情绪体验。导致大学生产生焦虑的主要问题包括：担心不能实现自己的职业理想；找不到就业单位，不知未来向何处去；是否存在就业歧视；亲戚朋友对自己的职业选择不理解、不支持等。他们的主要症状是烦躁易怒、萎靡不振、食欲减退、失眠和不愿与人交流等。此时，焦虑不但干扰了大学生的正常的生活、学习和娱乐，还成为其择业的绊脚石。

【心灵启迪】

克服焦虑的心理，主要是更新观念，打破传统求稳的思想，树立市场竞争的新观念。市场经济就是竞争经济，生活在市场经济中，竞争恐怕要伴随一生。大学生求职过程就是竞争过程。有竞争必定会有风险和失败，确立了竞争意识，不怕风险和挫折，焦虑的心理必定会得到一定的缓解或克服。当然还应克服择业心切、急于求成的思想，这些思想容易使择业失败，失败的体验又会强化沮丧、忧虑的情感。大学生也应客观地分析自己，合理地设计求职目标，尽量减少挫折体验，增强求职的勇气，也会减轻心理焦虑的程度。

二、自负

自负心理使人过分夸大自我的能力，过多地看到自己的优势和长处，忽略了自身的弱点和不足。在自负心理的支配下，部分大学生的择业观念不正确，不能清醒地分析当前的就业形势和正确评价自身的能力和素质。在择业时，他们往往期望值很高，对用人单位挑剔，很难找到自己满意的工作。一旦产生自傲心理，很容易脱离实际，以幻想代替现实，使自己择业目标和现实产生很大反差。这种不切实际、好高骛远、缺乏自知之明的心理，对成功择业的影响较大。

【心灵启迪】

对于刚毕业，初入社会的大学生来说，自负是在择业的过程中常见的一种消极的心理反应。

某大学会计专业的大学生小刘，大四毕业后选择了进入社会工作。本来怀着满腔的热血，认为自己在校期间学习成绩优秀，定能找到很好的工作。但现实却不是这样，他面试了很多家公司都没有成功。原因无一例外，是他对工作环境、薪资、时间等要求过高，而公司对他也不怎么满意。

所以，对于刚毕业的大学生来说，要克服自负心理，形成合适的自我社会定位，才能在择业的过程中，将良好的主观愿望与客观实际情况结合起来，获得成功。

三、自卑

与自负心理相反，一些大学生在求职中常会产生自卑心理。面对改革的浪潮，看到人才市场的激烈竞争，涉世未深的大学生产生自卑心理是正常的，也是比较普遍的。自卑感是一种因过多地自我否定而产生的自惭形秽的情绪体验。产生自卑感的原因有很多种，包括生理方面、环境方面、家庭方面、社会方面等多种因素，但主要还是心理因素造成的。有的大学生或因自己专业知识、专业技能及综合素质不如其他同学，或因所学专业并不热门，或因求知屡次受挫，往往产生强烈的自卑感，并进而转化为自卑心理。比如，在择业中总是自己拿不定主意，过分退缩，对自己能胜任的工作，也不敢说“行”，总是说“试试看”，显得很没自信等。

自卑的心理来源于自我消极暗示以及他人对自己的不客观评价。自卑心理不仅容易使一些大学生悲观失望、孤僻不言、不思进取，还有可能影响到他们自身聪明才智的正常发挥。过度的自卑，还会带来心灵扭曲、精神萎靡，以及脆弱、失望、孤寂、沮丧等消极心理现象。

【心灵启迪】

有一名女大学生去一家中外合资公司应聘求职。她通过了一道道关卡，最后只剩下她和另一名男性求职者。经理是一位外国人，他在与这两名求职者的闲聊中极为随意地提了三个问题：“会打球吗？”男的说：“会。”女的答道：“打得不好。”（其实她在大学校园里是个不错的羽毛球选手。）

经理又问：“给你俩一部小轿车，限时一星期，有没有把握学会驾驶这辆车？”男的说：“有。”女的说：“不敢保证。”（其实她曾经学过开汽车。）

经理再问：“厨房里有的是蔬菜。你俩能不能给我做几样拿手好菜，我这人不挑食。”男的说：“没问题。”而她却腼腆地说：“做得不好。”（其实她的烹调技术不亚于一个三级厨师。）

面试结果可想而知。这名女大学生存在着自卑心理，不敢面对机遇，迎接挑战。

四、冷漠

冷漠指大学生在择业过程中，对导致就业失败的对象无法攻击，又无适当的替代对象可借攻击时，则强压愤怒情绪，表现了一种表面的冷淡和失去喜怒哀乐的表情，同时表现出一种对事物无动于衷的态度。具体表现为：一些大学生因就业失败而出现不思进取、情绪低落、情感淡漠、沮丧失落、意志麻木等反应现象。这种心理是一种消极的心理反应，是逃避现实、缺乏斗志的表现，与就业的竞争机制是不相适应的。

【心灵启迪】

对于在校大学生来说，应该充分意识到冷漠是一种消极的心理反应。在我们的学习生涯中，要明白自己是生活的主人和创造者，要善于全面地、科学地观察事物，从本质上去理解问题。要学会把熄灭了的理想和信念的火炬重新点燃起来，保持一颗热忱的心，乐观积极投身于各种活动中去，增加生活的乐趣。正如俄国诗人普希金所说的一样："假如生活欺骗了你，不要忧郁，也不要愤慨！不顺心时暂且忍耐；相信吧，快乐之日就会到来。"

总之，大学生在求职择业中出现种种困惑和不适应，是因为大学生面对求职环境的应对不良而引起，具有适应性障碍的特征。只要大学生主动适应就业环境，调适得当，这些心理障碍就会随着时间的推移而逐渐消失，不会造成严重的后果。

【心理测验】

看看你的职业性格

下面有60道题目。如果你认为自己是属于这一类人，便在序号上画个圈，反之，便不做任何记号。答题时以第一感觉为主，不需要做反复思考。

1. 我喜欢自己动手干一些具体的、能直接看到效果的活。
2. 我喜欢弄清楚有关做一件事情的具体要求，以明确如何去做。
3. 我认为追求的目标应该尽量高些，这样才可能在实践中多获成功。
4. 我很看重人与人之间的友情。
5. 我常常想寻找独特的方式来表现自己的创造力。
6. 我喜欢阅读比较理性的书籍。
7. 我喜欢把生活与工作场所布置得朴实些、实用些。
8. 在开始做一件事情之前，我喜欢有条不紊地做好所有准备工作。
9. 我善于带动他人、影响他人。
10. 为了帮助他人，我愿意做些自我牺牲。
11. 当我进入创造性工作时，我会忘却一切。
12. 在我找到解决困难的办法之前，我通常不会罢手。
13. 我喜欢直截了当，不喜欢说话婉转。
14. 我比较善于注意和检查细节。
15. 我乐于在所从事的工作中承当主要责任人。
16. 在解决我个人问题时，我喜欢找他人商量。
17. 我的情绪容易激动。
18. 一接触到有关新发明、新发现的信息，我就会感到兴奋。
19. 我喜欢在户外工作与活动。
20. 我喜欢有规律、干净整洁。
21. 每当要做重大的决定之前，我总觉得异常兴奋。
22. 当别人叙述个人烦恼时，我能做一个很好的倾听者。
23. 我喜欢观赏艺术展和好的戏剧与电影。

24. 我喜欢先研究所有的细节，然后再做出合乎逻辑的决定。
25. 我认为手工操作和体力劳动永远不会过时。
26. 我不大喜欢由我一个人负责来做重大决定。
27. 我善于和能为我提供好处的人交往。
28. 我善于调节他人之间的矛盾。
29. 我喜欢比较别致的着装，喜欢新颖的色彩与风格。
30. 我对各种大自然的奥秘充满好奇。
31. 我不怕干体力活，通常还知道如何巧干体力活。
32. 在做决定时，我喜欢保险系数比较高的方案，不喜欢冒险。
33. 我喜欢竞争与挑战。
34. 我喜欢与人交往，以丰富自己的阅历。
35. 我善于用自己的工作来体现自己的情感。
36. 在动手做一件事情之前，我喜欢先在脑中仔细思索几遍。
37. 我不喜欢购买现成的物品，希望能购买到材料自做。
38. 只要按照规则做了，我心里就会踏实。
39. 只要成果大，我愿意冒险。
40. 我通常能比较敏感地觉察到他人的需求。
41. 音乐、绘画、文字，任何优美的东西都特别容易给我带来好心情。
42. 我把受教育看成是不断提高自我的一辈子的过程。
43. 我喜欢把东西拆开，然后再使之复原。
44. 我喜欢每一分钟都花得要有价值。
45. 我喜欢启动一项项工作，具体的细节让其他人去负责。
46. 我喜欢帮助他人，提高他人的学习能力。
47. 我很善于想象。
48. 有时候我能独坐很长时间来阅读、思考或做一件棘手的事情。
49. 我不怎么在乎干活时弄脏自己。
50. 只要能仔细地、完整地做完一件事情，我就感到十分满足。
51. 我喜欢在团体中担当主角。
52. 如果我与他人有了矛盾，我喜欢采取平和的方式加以解决。
53. 我对环境布置比较讲究，哪怕是一般的色彩、图案都希望能赏心悦目。
54. 哪怕我明知结果会与我的期盼相悖，我也要探究到底。
55. 我很看重有健壮灵活的身体。
56. 如果我说了我来干，我就会把这件事情彻底干好。
57. 我喜欢谈判，喜欢讨价还价。
58. 人们喜欢向我倾诉他们的烦恼。
59. 我喜欢尝试有创意的新主意。
60. 凡事我都喜欢问一个“为什么”。

然后，请根据你在上面自测过程中画圈子的序号，在下面相同的数字上同样画圈。

R	C	E	S	A	I
1	2	3	4	5	6
7	8	9	10	11	12
13	14	15	16	17	18

……

接着,根据每一栏所画圈的多少将排在前三位的栏目上的字母填在下面。

第一:________________________________

第二:________________________________

第三:________________________________

(1)实际型(R)。实际型劳动者愿意从事"看得见、摸得着"的工作。喜欢使用工具,特别喜欢操作大型机器。他们做起事来手脚灵活、动作协调,但不善言辞,不善交际,在社交场合往往觉得很不自在,最不喜欢从事教育工作与接待他人的工作。

给人的印象:不合群的、实利主义的、谦卑的(避免抛头露面的)、循规蹈矩的、自然的、倔强的(不可变通的)、直率的、精神健全的、节俭的、坦诚的、有毅力的、缺少见识的、固执的、注重实际。

对应职业类型:实际型职业主要是指各类工程技术工作与农业工作。主要有:机械、汽车、飞机、土木、采矿等方面的工程师和技术员;机械操作、维修、安装、热处理工人,矿工、电工、木工、鞋匠等;公共汽车、出租汽车、工业卡车的司机;轮船、火车驾驶员;测绘员、描图员、消防队员等;农业机械师、牧民、渔民等。

(2)常规型(C)。常规型劳动者喜欢按计划办事,乐于完成指令性的任务。总希望知道别人期望他干什么,自己从不谋求领导职务。不喜欢冒风险,对复杂的人际关系问题不感兴趣。工作踏实,忠实可靠,遵守纪律。

给人的印象:小心的、缺乏灵活性的、有恒心的、遵守常规的、自我约束的、实际的、认真的、有条理的、拘谨的、被动的、顺从的、节俭的、有效率的、守纪律的和缺乏想象力的。

对应职业类型:常规型职业主要是指各类科室工作。主要有:会计、出纳、统计人员;打字人员;办公室人员;秘书与文书;商业教师;图书馆助理;旅游、外贸职员;邮递员;接线员;保管员;书刊销售员;财政专家;审计人员;人事职员等。

(3)事业型(E)。事业型劳动者喜欢竞争,敢冒风险,精力充沛,乐观自信,善于交际、能说会道,具有领导才能。喜爱权力、地位与物质财富。一般不擅长科学研究,对系统而复杂的思维工作很不耐烦。

给人的印象:精力旺盛的、好出风头的、乐观的、大胆的、兴奋的、自信的、讨人喜欢的、外向的、合群的、野心勃勃的、滔滔不绝的、盛气凌人的、风流的和贪得无厌的。

对应职业类型:事业型职业是指那些组织与影响他人共同完成组织目标的

工作。主要有:家具、杂货、艺术品、礼品、零售等行业的商人;农场、家庭用品店的经理;工程师;律师;市场和商业系统分析专家;银行、固定资产工作人员;工作关系指导、管理助手;供销人员、售货员;政府官员;无线电和电视播音员等。

(4)社会型(S)。社会型劳动者喜欢从事为人服务和教育他人的工作,喜欢参与解决人们关心的社会问题。热情慷慨,善于交际,关心他人,人际关系很融洽。总是在寻求与群众接触的机会,渴望发挥自己的社会作用。平时,比较看重社会义务与社会道德。一般缺乏技术特长,不喜欢从事需要运用劳动工具的工作。

给人的印象:向上的、乐于助人的、有责任心的、合作的、理想主义的、合群的、耐心的、八面玲珑的、友好的、仁慈的、善解人意的、慷慨的、有说服力的和温暖的。

对应职业类型:社会型职业主要指各种直接为他人服务的工作。主要有:社会科学、历史、体育等方面的教师、保育员、教育行政人员;社会科学、政治科学、社会学、历史学等方面的专家;政治工作人员、职业护士;社会服务指导,体育教练;食品、戏院、酒店、旅社的经理;房屋管理人员;发型师;牙科助手、福利人员等。

(5)艺术型(A)。艺术型劳动者喜欢在以写作、作曲、绘画、摄影、建筑等各种艺术形式表现自己的环境里工作。乐于创造新颖的与众不同的东西,渴望表现自己的个性。比较敏感,易动感情,喜欢独立工作,而不过多关心社会纠纷。一般对单调的或经营性的工作不感兴趣。

给人的印象:复杂的、不切实际的、直观的、目无法纪的、不守常规的、感情冲动的、有独创性的、善于表达的、独立的、敏感的、理想主义的和开放的。

对应职业类型:艺术型职业主要指各类艺术创作工作。主要有:艺术、音乐、戏剧、外语、文学、舞蹈等方面的教师;歌唱家、舞蹈家、乐队指挥等;编辑、广播节目作者;艺术、家具、珠宝等行业的设计师;文学、艺术方面的评论员等。

(6)探索型(I)。探索型劳动者乐于解决抽象问题,喜欢运用词、符号和观念进行工作。非常好奇,急于了解周围的未知世界。宁愿思考问题而不愿动手去处理问题,喜欢独立的和富有创造性的工作,而不喜欢从事社会性的和重复性的活动。通常不愿意受人督促,也不愿意督促别人。知识渊博,为自己的学识和才能感到自豪,而对自己的领导能力缺乏信心。

给人的印象:分析型的、独立的、理性的、细心谨慎的、有智慧的、冷漠的(沉默寡言的)、不满的(善批评的)、内向的、孤独的、复杂的、悲观主义的、不摆架子的、好奇的、精确的和不合群的(不讨人喜欢的)。

对应职业类型:探索型职业主要是指科学研究和科学实验工作。主要有:物理、化学、数学、生物学、动物学、植物学、经济学、人类学等方面的专家和助手;化学、飞机、电子、冶金、无线电和电视等方面的工程师和技术员;飞机驾驶员、电子计算机操作人员等。

【活动天地】

"撕思人生"

每一个学生裁剪出一张长方形的纸条，这张纸条叫作时间馅饼，代表人一生的时间。然后请学生先后把代表以下时间的一定长度的纸条亲手撕掉。

25 ~ 60 岁的工作时间、0 ~ 现在年龄已经过去的时间、60 岁以后的退休时间、以后继续读书的时间、每年寒暑假时间、每学年的几十个双休日时间、睡觉时间、吃饭时间、看电视时间。剩下的短纸段代表现在的学习时间。

此游戏让学生体验感悟到学习时间的短暂，对激发学生发愤读书的紧迫感有一定的作用。

第七章

玫瑰花蕾悄然开——大学生恋爱心理

名言哲语

相貌的美丽,只是爱情的一个因素,但心灵与思想的美丽,才是崇高爱情的牢固基础。

——契诃夫

爱的需要涉及给予爱和接受爱,我们必须懂得爱,必须能教会爱、创造爱、预测爱。

——马斯洛

本章导读

爱情是人类最美丽的情感,也是世界上最复杂的情感现象。每个人都对爱情充满了憧憬。爱情是什么?爱情是人际吸引最强烈的形式,是身心成熟到一定程度的个体对异性个体产生的具有浪漫色彩的高级情感。而性是与生俱来,非常自然的事,是人生不可分割的部分。但大学生的恋爱和性心理都不是很成熟,容易走入恋爱和性心理的误区。爱的琼浆需要由恋爱双方共同酿造,需要理性与智慧。由此,培养健康的恋爱与性心理尤为重要。本章将带你走进健康的恋爱和性心理课堂,让你了解大学生恋爱的特点和所面临的困惑,帮助你树立正确、健康的恋爱观和择偶观。

第一节　大学生恋爱心理

你知否,有这样一种魔力?
它能使两个人心心相印,

能使他们两人共同呼吸，
能使这对人儿匹配成亲，
他们在红玫瑰花中焕发异彩，
他们藏在柔软的青苔中如被单裹身。

——《和谐》(节选)

这首诗中“魔力”指的是什么？那就是爱情。爱情是一个人对另外一个人所持有的态度，包含有突然的、无法解释的、强烈的感情和共同的亲昵行为，它是基于相似的态度、价值观与个人特质等因素基础上的最高水平的人际吸引，也是两颗心相互向往、吸引、达到精神升华的产物。心理学家认为，心理健康的指标之一是存在幸福感。婚恋的成败影响着人们的健康和幸福感，婚恋的幸福会带来一个人才智的充分发挥，婚恋的不幸会给人们的成长带来阻碍或压力。因此，树立正确的恋爱观，对大学生的健康成长和成才是十分重要的。

一、大学生恋爱的驱动力

恋爱是指异性之间在环境、身体和心理等因素交互作用下，发生的互相倾慕和爱情培植的过程。只有当一个人的生理和心理发展到一定阶段时，才会对爱情产生追求。也就是说，恋爱是大学生心理发展和生理发育的结果。

1. 性生理的发育

19 世纪末 20 世纪初，英国著名作家霭理士(Havelock Elis)在他的《性心理学》中对爱情进行了生物学和心理学总结。他认为：恋爱的发展过程中可以说是双重的，第一重的发展是由于性本能向全身放射，第二重的发展是由于性的冲动和心理因素发生了混合。他的论述证明，爱情是在特殊的生物基础上发生的。

在青春期，性机能的迅速发展和成熟，引起了青年男女生理上的重大变化。性生理的成熟为大学生恋爱提供了生理基础。据现代医学科学研究，初步确定人的爱情与三种激素有关，一是多巴胺，二是苯基乙胺，三是内啡肽。实验证明一个人如果遇见梦寐以求的对象时，就会分泌出大量爱情物质(性激素)，导致心跳加速，瞳孔放大，手心出汗，口干舌燥，便会一见钟情。随着第二性特征的出现，青年男女对性知识的兴趣明显增加，渴望了解有关异性方面的知识。随着生理逐渐发育完成，男女青年就会从内心深处感受到异性吸引的存在。因而，总是想以直接或间接的方式接近异性，探求异性的秘密，或者以各种各样的方式引起异性的注意，对异性发出好感表示，并希望得到异性的爱。

在当前的大学校园中，大学生性生理和性心理都趋于成熟，异性之间的相互吸引力已日趋明显。这些因素促使大学生把恋爱提上日程。总的来说，当代大学生恋爱的主流思想是健康的，他们注重精神生活的享受，敢于追求爱情。在恋爱过程中，保持端正的态度，并能对感情进行一定的思考。但也有一些学生，在恋爱观态度上存在一些问题，常常陷入误区，无法自拔。

【心灵启迪】

恋爱固然是一件美好的事情，但不得不说的是，处于恋爱关系中的两人，应当正确认识恋爱与性的关系，严格划清恋爱和结婚的法律与道德界限，以便正确地处理好两性关系。从爱情方面讲，爱情是纯洁无瑕的，绝不能把性行为与恋爱捆绑在一起，也绝不能用性欲来亵渎、污染双方纯洁的爱情。另外，对性行为不予控制、过度不自律所造成的后果更是对爱情的损毁。这对于爱情发展有着巨大的危害，也有悖于爱情的本质内在；从个人方面讲，在恋爱过程中，双方应该强调自重、相互尊重，克制自己的生理本能，从而达到自律、自觉的境地；从法律和道德方面讲，性生活是法定夫妻的权利，绝不是任何男女都拥有的权利，婚前性行为作为恋爱阶段的越界行为，是不受到法律保护的。

2. 性心理的发展

(1)性心理的发展阶段。男性的遗精和女性的月经标志着性机能的逐渐成熟。男女开始经历性意识的萌动、对性的好奇探索、对异性的爱慕等一系列心理过程。青春期性心理发展大体上分为异性疏远期、异性接近期和异性恋爱期三个时期。

1)异性疏远期。异性疏远期也称为性发育早期。处于这个时期的大多是 12 ~ 13 岁的少年。当第二性征出现时，这些少年内心深处产生了春情萌动的朦胧感觉。他们对性知识、性行为一知半解，对两性关系似懂非懂。他们认为异性的生理差异与男女之间的关系非常神秘，在与异性的交往中，就会显得羞涩与不自然。在他们心中，好像潜藏着无数的秘密。虽然内心中有相互吸引之力，却在表面上表现得相互疏远。

2)异性接近期。进入青年期之后，随着个人阅历的增加以及性生理的成熟发育，青年们向往异性的朦胧感进一步加强，羞涩感逐渐减少。他们不只渴望了解异性，更渴望接近异性。但在这个时期，他们想接近的往往不是特定的某个异性，而是对异性存在泛化的憧憬和爱恋，且注意的对象相对容易转移。男性进入青春期的年龄要比女性晚些，因此，男性对异性的好感要晚于女性。此时男女之间的爱慕还只是异性间的吸引与好感，不能称为恋爱。这个时期具有一些明显特征，如异性之间的陌生感消失、两性的畏惧感降低，强烈的相互吸引和接近，会采取接近异性的曲线方式；喜欢与异性在一起活动，想方设法成为异性眼中有吸引力的人。

3)异性恋爱期。进入青春后期，随着性生理完全成熟，性心理的逐渐成熟，自我意识、思维和人格都在积极开发。生活领域变得更加广泛，他们对爱的理解有了更深的认识，对恋人的寻觅更加迫切，对异性的态度更加客观。他们不再满足于异性泛化接近和友好，将恋爱对象集中到某一特定的异性，更喜欢与心爱的对象约会，并从集体活动中脱离。由于社会文化的影响，男性的爱在大胆、豪爽和热情的表达方面更加活跃；女性更含蓄、深沉、略带羞涩和矜持。通过频繁约会和交谈，了解对方内在个性、价值观和家庭情况，不断增强双方的感情，寻求内外和谐，他们经由恋爱逐渐走向婚姻。

【心灵启迪】

弗洛伊德的心理发展理论

按照力比多投射的身体部位，著名心理学家西格蒙德·弗洛伊德把性心理发展分成五个阶段。

1. 口唇期(0～1岁)。在这个阶段,个体主要通过吃奶和吮吸等口唇动作获得快感,故被称为口唇期。研究表明,若这个时期个体口腔活动相对自由、不被限制,那么长大后性格更偏向慷慨、开放和乐观;反之,若这个时期的个体口腔需要受了挫折,那么未来的性格可能倾向于依赖、退缩和悲观。

2. 肛门期(2～3岁)。弗洛伊德认为,个体在这个时期的快感来源通常是肛门的排便行为。这个时期也是对幼儿进行便溺训练的最好时期。在此阶段,母亲的情绪气氛与个体的性格养成有着很大关系:当母亲过于宽松的时候有可能让幼儿养成浪费的习性;而母亲过分严格的训练有可能让幼儿形成吝啬、顽固的性格。

3. 性器期(3～6岁)。弗洛伊德认为,在这个时期儿童会出现恋母情结或恋父情结等特殊现象。正常情况下,这种恋母情结或恋父情结能够使儿童对同性父母产生认同感,从而吸取他们的态度、行为和特质,进而发展出相应的性别角色。

4. 潜伏期(6～12岁)。儿童进入潜伏期后,他们的兴趣逐步转向外部,开始注意外界事物并发展各种应付外界环境所需的知识以及技能。

5. 生殖期(12岁～)。生殖期起于青春期,贯穿整个成年期。一般来说,男孩从13岁开始,而女生则是从11岁开始。随着生殖系统的逐渐成熟,性荷尔蒙分泌增多,性本能复苏,出现这种变化的主要目的是经由两性关系实现生育。在这一阶段,大多数心理能量集中用在形成友谊、生涯准备、示爱以及结婚等活动中,从而实现生儿育女的最后目标,得到成熟的性本能的满足。

(2)大学生性心理发展的特点

1)性意识的强烈性与表现上的文饰性。由于性觉醒的内部冲突起主导作用,从而引起了男女大学生的两性交往的情感体验,他们希望能够吸引异性、接近异性。在纷乱朦胧的心理变化中,性意识逐渐强烈和成熟起来。在日常生活中,大学生十分重视自己在异性心目中的印象、对方对自己的评价和看法。他们喜欢在异性面前展现自己,以达到吸引异性注意力的目的。但是在与异性交流接触时,常常会以试探的方式进行,表现出冷漠、拘谨、羞涩,或者表面上对异性表现出无动于衷、刻意回避、不屑一顾的样子,实际上在敏锐地注意着异性的心身变化和反应,渴望男女之间的亲密关系。

2)性心理的本能性和朦胧性。当代大学生的性心理,基本上还是因生理发育成熟带来的本能作用,对异性的好感和爱慕之意是情不自禁的。但这种萌动却是似懂非懂的,之间仿佛隔着一层朦胧的面纱。出于对异性的吸引,他们表现出对异性的兴趣和关注。在性的刺激作用下,产生性心理反应,如性幻想、性兴奋、性梦等。

性心理的本能性和朦胧性对于大学生而言是一种客观现实。一方面,这是大学生性成熟的一种正常自然现象;另一方面,这是生理因素、心理因素和社会文化背景因素交互作用的结果,产生这种心理现象本身并无不道德和不纯洁之处,也无须有可耻心和罪恶感。

3)性心理的动荡性和压抑性。大学生处于青春期,也是性能量较旺盛的时期。由于大学生还不具备成熟的性心理,也未形成正确和固定的恋爱观和道德观,对于各种性现象,不具有完善的认知评价体系,自控力较弱,因而大学生的性心理易受外界的不良影响而动荡不安。同时,社会性规范以及性道德的约束力,使得大学生的性心理发展处在多种矛盾的相互作用中。有的大学生对性冲动过分否定和压抑,使性能量得不到合理释放、疏导和升华,从而引发性压抑。

4)男女性心理存在差异性。在内心体验上,女生有时会惊慌、不知所措和羞涩,男生更多的是新奇、神秘和喜悦。在对异性感情流露上,女生常常表现得深沉而含蓄,男生表现得较为热烈和外显。在对性的表达方式上,女生往往采取暗示的方式,男生大多较为主动。另外,在视觉刺激下,男生易唤起性冲动,女生则需要通过触觉、听觉刺激来引起性兴奋。

【心灵启迪】

某重点大学大三学生小李,因和女友分手而日渐消沉。小李与其女友小王在大一时在同一个社团中相识,关系逐渐升温,慢慢成了令身边的朋友羡慕的一对情侣。但自从大二开始,两人之间的问题日益明显。小李坚信既然是情侣,那就要每天都在一起,而小王却觉得,虽然两人是情侣关系,但毕竟每个人都有自己的生活,所以应该给对方一定的私人空间。两人的分歧越来越严重,有时小王因有事无法与小李见面时,小李还会偷偷翻看小王的手机。日复一日,大三上学期的某一天,又一次激烈争吵后,小王终于忍无可忍,向小李提出了分手。分手之后,小王发现虽然心中会有些许不舍,但生活确实轻松了不少,不用再为了两人的关系而费尽心思。而小李就不这么乐观了,他变得异常消极,失去了学习与生活的动力。慢慢地,他的学习成绩出现明显下降,这又加剧了内心的痛苦。

二、大学生性心理的问题与调适

大学生性心理的发展总的来说是正常的、健康的,大多数学生在性发育和发展过程中能愉快地接受自身的性征变化,能够自觉地按照社会文化规范的要求,调整和控制自己的性欲望和性行为。大学生的性问题大多只是发展性、过渡性的问题,随着个体的成长和完善能够自然得到解决。但是有些问题不会自然消失,而且这种冲突和矛盾如果长期得不到解决,就会导致心理健康问题。

1. 大学生常见的性心理困扰

(1)性冲动。性冲动是在性诱因的刺激下,性兴奋强度逐渐增加并希望付诸行为的一种心理体验,它是性本能的一种表露。在大学生中,性冲动是普遍存在的现象。

大学生性冲动的诱因存在着很大的个体差异和性别差异。一方面是对性冲动抱有批判、否定的态度;另一方面是性的自然冲动,伴随着性的成熟和性兴趣的日益强烈,性冲动更加明显。因而,大学生常常处于一种兴奋与自责、激动与不安交织的矛盾状态。如果不能正确认识和适当缓解性冲动,会产生心理困扰。

(2)性幻想。当个体对异性有强烈的交往渴求,但不能直接获得时,就可能产生与性有关的心理体验,如幻想与渴望交往的异性拥抱、接吻、约会,甚至发生性关系等。性幻想能够在一定程度上释放个体的性能量。

(3)性梦。人在睡梦中梦见与性对象发生性接触的现象,称为性梦。通常认为,性梦与性激素达到一定水平、睡眠中性器官受到内外刺激,以及潜意识的性本能活动有关。人们通过梦的方式部分达到白天被社会规范限制的性冲动的满足,性梦可以伴有女性性兴奋、男性遗精等现象,能够缓解性紧张,这都属于正常的生理反应。

性梦是一种普遍、正常的性心理现象。一些大学生由于缺乏对性梦知识的了解,认为自己有了这样的经历是不道德、肮脏,甚至是罪恶的,因此会产生内疚、紧张、焦虑感,更有甚者会为此感到自卑,认为别人会因此瞧不起自己,自尊心由此降低等。

(4)手淫。手淫,又称性自慰行为,是指用手或其他物品刺激性器官而获得性快感的行为。

手淫行为在青少年中较为普遍。现代医学认为,适度手淫不会对身体造成伤害。手淫有助于人们释放性冲动,是一种健康的替代活动。有些大学生可能长期手淫过频,内心充满焦虑,其原因很复杂,分析其心理原因,大多是通过手淫方式来缓解生活中无法解决或者无法抗拒的压力。因此,对手淫引起的焦虑问题的解决,需要帮助个体积极应对生活中面临的实际问题,而不是一味逃避。

【心灵启迪】

小赵,男,20岁,某高校大二学生,性格开朗,没谈过恋爱。自述脑子里经常想女生,知道这样不好,又压抑不住自己内心的感情。在休息时,一闭眼满脑子都是女生。睡觉时,做梦梦到的画面全部都是自己与女生亲密接触的场景。他对自己的这些幻想行为感到十分窘迫,难以启齿,每天恍恍惚惚。渐渐地,他变得沉默寡言,独来独往。

2. 大学生性心理问题的调适

(1)科学地理解性,树立正确的性观念。性是人类的自然属性,是人性的一部分。纵观人类的历史,对性的认识也发生种种变迁,时代背景不同、文化传统不同,对性的认识也不同。由于人类是生活在社会中的群体,所以无论何时对性的理解,都不能脱离生理、心理和社会三个层面。要学习用社会性别的视角看待两性问题,即性不仅是生理层面,社会层面的性对人的影响更大。

(2)合理释放性压力,展示健康的性魅力。通过适当的性幻想、性梦、性自慰等途径释放性冲动带来的压力是可行而正当的,但并不是必需的。大学生还可以通过更积极地性转移和性升华来释放性压力。例如,可以利用业余时间学习、体育锻炼、唱歌跳舞、文学写作等自己感兴趣的方式来分散对性的注意,转移性能量,或者通过男女正常的交往取得情感的平衡。

(3)坚持性纯洁。狭义的性纯洁是指保持童贞,只和准备共度一生的人,并只在婚姻关系下发生性关系。从信念来说,性纯洁是自尊、自重和对他人最深敬意的表现;从时间来说,性纯洁是一种一直坚持到结婚的决心。保持性纯洁不仅对大学生现在有好处,对大学生的未来婚姻和家庭也具有深远的积极影响。

三、健康的恋爱心理因素

莎士比亚曾对人类爱情这样描述:“爱情不是花荫下的蜜语,不是轻绵的眼泪。更不是死硬的强迫,爱情是建立在共同的基础之上的。”爱情作为人类的一种高级情感,受人的遗传和后天因素的影响和制约。遗传是指人的生理因素—性本能,后天因素是指建立在共同基础上的情感。因此,构成爱情心理的因素是多方面的。

1. 异性之间的相互倾慕

恩格斯说:“爱情是人们彼此之间以互相倾慕为基础的关系。”因此,男女两性的互相倾慕,是产生爱情的内在的心理因素。它是男女之间由于相貌仪表的喜好,思想意识的一致,理想信念的相投,性格气质的相容,兴趣爱好的相近等因素而发生的心理共鸣,达到精神上的交融与和谐,使双方产生的一种特殊的兴奋、愉悦、倾慕、眷恋之情,从而使得男女二人都会产生“一心同体”之感。

【心灵启迪】

德国哲学家马克斯·谢勒认为男女爱(异性爱)的极致为“一体感”,事实上亦是如此。提及“一体同心”的典型例子,钱锺书与杨绛的爱情,令无数人动容。在他眼中,她是最贤的妻,最才的女;在她眼中,他是最真的夫,最博识的学者。两人可谓天作之合。志趣相投的婚姻,不会孤单。钱锺书过世后的15年,杨绛一直在延续着他们的笔墨,在她的文字里,在她的生活里,钱老从未离开。这是多么令人感动的故事,杨绛已完全将钱锺书融入自我当中,这是灵魂之伴侣。

2. 共同的人生观

共同的人生观表现为思想感情的一致,有共同的思想和志向,有共同的人生态度,只有如此才是产生真挚的爱情关键。相似的价值观和人生观能够使恋人在相互承认互相适应中得到尊重的满足,因而一对恋人,只有在理想志向、思想感情以及对待人生的态度上取得和谐统一,才能产生爱情的共鸣,从而使爱情得到巩固和发展。如果双方在为人处事、思想感情、人生态度、兴趣爱好等方面都达不成共识,这样的爱情很难经得起考验。时间一长,就会产生隔阂,导致关系破裂。因此,要想得到一份稳定的爱情,必须找一个和自己有共同的人生观、共同志向的人。

3. 心理相容

一见倾心不一定是真正的爱情。要达到相互间全面了解,思想观念的和谐与统一,必须要经历相当长的一段时间,才能够客观衡量双方的感情。因而,真正的爱情并非短时期能够达到的。协调恋人之间的最好方法是心理相容,包括心理和谐和心理互补。心理和谐是双方的心理特点和思想感情等各个方面的充分了解与适应。一对恋人在一起,如果感到很美好、快乐和幸福,那么就说明他们之间心理和谐的程度比较深。恋爱的最终目的是婚姻,而心理相谐则是婚姻幸福的前提。

此外,心理互补是融合双方的情趣、个性、爱好、习惯等的重要手段,用自己的优点来影响对方的缺点,用对方的长处来弥补自己的不足,双方共同努力从而达到和谐,使爱情得到完善和升华。

4. 忠贞与互敬

爱情是心与心的真诚相待,忠贞不渝一直是爱情的主旋律。忠贞是恋爱成功的基础,也是婚姻幸福的前提条件。真正恋爱并最终走向婚姻的人,是不会因为彼此的能力的大小、职位的高低这些外在的因素而影响感情的发展。传统封建思想的“男尊女卑”“夫唱妇随”和“极端大男子主义”对于真正的爱情有很大阻碍,违反了人格中互尊互敬原则。

从心理学上来说,只有专注才能获得充分的感受。正如学习需要专心的态度,爱情也需要专心,否则可能会破坏人们对爱的感受。保加利亚心理学家瓦西列夫在《情爱论》中说:“爱情对象的选择是对熟悉的众多异性中某个人的具体偏爱,是对这个人的价值理想化。没有一个人会同时深深地、忘我地、热烈地爱上两个或三个人。那必然会导致心理动荡,使人面临困难的抉择,分散感情的洪流。爱情首先要求一个人将注意力集中在一个对象上,要求感觉的和谐完整。”

四、大学生常见的恋爱心理问题与调适

1. 爱情的误区

(1)友谊与爱情混淆不清。在大学里,异性同学交往过程中既可能建立纯洁的友谊,也会产生诚挚的爱情。大学生正处于少年与青年的过渡期,对于异性的尊重、依赖、喜欢与包含性意味的朦胧爱情还没有出现明确的分化,因而常常会分不清友情与爱情的关系。那么友谊与爱情的关系究竟是什么?

友谊不等于也不是必然在异性间发展为爱情,两者有着明显的区别:①爱情是建立在性爱的基础上的一种渴望对方成为自己终身伴侣的强烈情感。爱人之间是亲密的,这种亲密不仅指特殊的身体需要,并且有感情上的相互依赖。而友谊是以共同的志趣、纯真的感情为基础的相互敬慕之情。友谊不管有多么深厚,都不存在性欲的意念。②爱情是两个人之间的私密感情,它不允许第三者涉足其间。在爱情的世界,只有他们两个,执着专一。而友谊比爱情具有广泛性,不排斥他人,可有多个对象。③友谊是不分年龄、性别的,而爱情一般发生在年龄相仿、相近的男女之间,这是因为爱情受到生理、心理条件的制约。④爱情是全面交往的结合,友谊则可以是某一方面的。产生爱情的双方,彼此之间要求做全面的认识和容纳,在各方面关心对方,而友谊则不同。

有心理学家提出了区别友谊与爱情的五个指标:①支柱不同,友谊是理解,爱情则是情感;②于地位不同,友谊是平等,爱情则是一体化;③体系不同,友谊是开放的,爱情则

是封闭的;④基础不同,友谊是信赖,爱情则是不安;⑤心情不同,友谊产生充足感,爱情则充满欠缺感。爱情往往是从异性友谊发展而来的,但异性友谊发展成为爱情,还需要很多特殊条件。

【心灵启迪】

如果有一天你突然对异性朋友的容貌、服饰或身体姿态产生极大的兴趣,总希望他(她)出现在面前,总想避开朋友和熟人与他(她)单独在一起,彼此的分离令你感到思念或焦虑、不安,以上种种迹象表明,爱的情感已开始在你的心中慢慢滋长了。

要想区分对方是否产生了爱情,可以仔细观察他(她)对自己的关心是否有特殊的感情成分,对方对你的态度、行为与对其他和你同性的同学是否有明显的区别,如果没有,则应赶快从感情期待中走出来,否则会给自己带来不必要的烦恼和痛苦。此外,在和异性交往时要保持一个合适的距离,在友谊与爱情之间画出一条明显的界线来,如果对方不是你期待中的恋人,一定要注意避免过于亲密的交往,以免使自己陷入尴尬、他人受到伤害。

(2)单相思。瓦西列夫说:“爱情总是在寻求回声、交流和回报的,没有回报的爱情是最痛苦的个人悲剧。”单相思就是这样一种深沉、无望的感情悲剧,当事人的倾慕之情因苦于不被对方知晓或接受而陷入一厢情愿式的渴望当中。大学生正处在易沉湎于幻想的青春期,内心充满对浪漫爱情的渴望,但又不善于自我控制和调节,很容易对某一位异性产生单相思。

单相思大致包括以下三种情形:一是倾心于对方却羞于表白;二是向对方表白心迹遭到拒绝仍不死心,一味追求;三是误解对方言行的含义,错把友谊当作爱情。单恋者沉浸在爱的幻想中,固然能体验到某种虚幻的快乐,但更多的是体验到情感的苦涩,甚至会导致强烈的内心冲突。部分单恋者因过于痴情和压抑自己,最终导致心理失衡,产生精神萎靡、喜怒无常、注意力分散、消极厌世等现象,极大地影响自己正常的学习、生活和身心健康。

形成单相思的原因很多,主要有以下几个方面:①过分敏感。对对方的行为和言语过于敏感,以致错误地理解对方正常的行为。②喜欢幻想。对爱情常常陷入虚幻的憧憬与向往中,很容易因一些偶然的因素激发起对某个人的强烈眷恋。③对爱情理解有误。认为爱仅仅是投入,不要承诺,无须回报,不顾一切的精神恋爱才是最伟大的爱。④对方的信息含糊。发出信息的一方在行为方式上存在一些过于含糊的信息,有的甚至自己都没有觉察到,而给接受的一方造成误解。⑤过于胆怯、羞涩。初涉爱河,内心难免存有胆怯和羞涩,加上情爱的神秘感,使得这种羞怯心理也就更加强烈。

从单相思的阴影中摆脱出来,需要注意以下两方面。

第一,冷静地对待自己的炽热爱情。学会认真观察和准确分析,不要将对方的言行举止融入自己的主观需要,从而为自己制造出爱情的假象。只有客观地看待对方的言行举止,科学地判断自己所需,勇于承认自己主观臆想,才可能成功地转移自己的感情。

第二,克服自卑羞涩的心理,要敢于并善于表达自己的感情。一个人的感情可以在实际交流中自然地流露出来。如果过于压抑自己,羞于表达,把自己的感情永远埋藏在内心深处,就只能空留一份遗憾。实际上,把自己的爱向对方表白无外乎两种可能。一种是被拒绝,虽然会带来一定的痛苦和失落,但不必再为一份不可能的感情而魂牵梦绕,整理好心情,还会继续下一段感情;另一种可能就是被接受,款款深情终于得到回应,自然欣喜。需要注意的是,当向对方表达自己的感情时要把握好时机。如果彼此还不是很了解,甚至都无法确定自己的感情就轻率地表白,反而会引起对方的反感。

(3)三角恋。三角恋是指一个人同时与两个异性发展恋爱关系的一种现象。在寻找爱情的过程中,有些人难免陷入"三角恋"的旋涡。三角恋的发生大多包括两种情况:一是恋爱的一方几乎同时与两个或两个以上的异性有着恋爱关系;二是双方确立恋爱关系后出现第三者。无论是哪种情况,都会伤及双方甚至多方,使当事人的情绪受到严重的冲击。因此要采取积极的措施,尽快摆脱这种尴尬的局面。

我们要清楚爱情具有选择性和排他性。真正的爱情应该具有专一性,而不是多向性的。人具有两种倾向性。一方面,他要求爱情是专一的;另一方面,他又会对不同的人产生好感。因此要想得到专一稳定的爱情,应当对自己的感情进行衡量,分清楚好感与爱情的关系,尽早做出取舍,慢慢淡化与第三方的感情联系。爱情具有选择性。如果在同一时期,与几个不同的对象都有了较为密切的交往、形成了恋爱关系后再进行选择,就混淆了排他与选择的界限。

爱情只能产生于两个人之间,三角恋情最终只能成为一个悲剧。假如只是被动地陷入三角恋情的旋涡,要认真考虑一下,这段感情是否值得继续?三角恋情不仅伤害感情,而且会耗费大量的时间和精力。因而,要及时终止与对方的恋爱关系,以免对自己的感情带来更大的伤害。

(4)失恋。有恋爱就有失恋。失恋是大学生在校期间最严重的挫折之一。恋爱关系的中断,一下失去最亲密的人,对一个人的心灵会造成惨痛的打击。失恋会引起一系列的心理反应,如焦虑、抑郁、痛苦、冷漠、颓废等。有的大学生能够调控好自己失恋之后的情感和行为,逐渐从失恋的痛苦中解脱出来,有的却在痛苦的深渊中不能自拔,如果不能及时地排除和转移不良的情绪,就可能会导致抑郁、自卑,甚至出现报复或者自杀等极端行为。

导致大学生失恋,并出现心理障碍的原因是多方面的:①恋爱关系本身的不稳定性。由于恋爱是建立在相互选择的基础上的,因而是不稳定的。恋爱双方若不能把感情升华到一定的程度,终会出于一些原因而使恋爱关系无法维系。②社会干扰。由于不良的社会舆论与风俗的压力或来自家庭关系的阻挠,这些是导致失恋的社会因素。③人格发展不健全,情感认知评价有偏差、爱情观念有误区、缺乏爱的能力,可能是导致失恋的主观因素。④双方的个性、价值观、生活习惯有较大差异。

【心灵启迪】

小王,女,20岁,汉族,大二学生,独生子女,学习成绩一直很好。其父母关系和谐。无人格障碍和其他神经症性障碍,无家族精神疾病历史。两个月前,男友提出分手，并且开始与另一女生亲密来往。她很伤心，渴望摆脱这种悲伤压抑的心情，希望咨询师帮助她摆脱这种状态，开心快乐起来。她说：“我和前男友相恋一年多了。两个多月前，他提出分手。有一天，我发现他与另一名女生来来往往，关系很亲密。当时看到他们两个，我真的是无地自容，想找个地缝钻进去，非常伤心。我从此后不能专心学习，不愿与人交往。有时候正在学习时，回忆起往事就会伤心落泪，又怕别人笑话我。有时候后悔是不是自己做错了什么，一定是我对他不够好，他才离开我的。”

那么，如何摆脱失恋的心理阴影呢？

1）改变对恋爱的错误认知。面对失恋的打击，不同的人出现不同的反应，原因首先在于不同的人看待问题的方式不同。要减少失恋对一个人的负面影响，最主要的是排除一些对恋爱不合理的观念，比如“爱情是人生的全部”“爱情是永恒的”“失去爱，一切都没有了希望”“失恋是人生的重大失败”“再也不会遇到比他（她）更好的人”“失恋说明我无能、没有魅力”，等等。失恋者应换个角度看问题，爱情在人生中占有非常重要的地位，但是爱情并不是生命意义的全部，只为爱情而活着的生命会显得苍白；应看到爱情的脆弱性一面，恋爱既可能成功，也会遭遇失败；一次失恋不等于整个爱情生命的结束，人还会再恋爱；失恋只是一种选择的结果，每个人的欣赏角度不同，不同的人对于恋爱对象的心理需求各有侧重，不被选择并不等于一无是处。

2）了解“失恋过激反应”的心理机制。人们对现实的感受，往往并不等同于现实。心理学家契可尼通过实验证明，一个人的记忆有这样一个奇特的方面，它对已完成的事情极易忘却，而对中断了的、未完成的事情却总是记忆犹新，这被称为“契可尼效应”。没有结果的恋情让人刻骨铭心，回味无穷，从心理学上解释，也许是因为它是未完成的、不成功的。如果你懂得这一心理学常识，也许对于没有结果的爱就不会那么执着和念念不忘了。

3）多为对方着想。对于伤害自己的人怀有仇恨，这是每个人本能的反应，这也是失恋者无法从痛苦中走出的关键原因。我们应失恋不失态，失恋后不要穷追不舍、纠缠对方，甚至产生报复心理。谁都有选择爱的权利和拒绝爱的权利，既然是你所爱，就应设身处地为对方着想，让人家做选择。告诉对方，尽管你很痛苦，既然对方觉得这样更幸福，你就尊重他的决定，并祝他幸福。报复和仇恨并不能挽回已经失去的爱情。失恋时，我们要使自己的心态更加平衡，对他人怀有宽容的态度，这样也能让自己释怀。

4）适当运用心理保护机制，消除“爱情固执”心理。因为爱一个人，会觉得对方是最适合自己的。如果失去了就会倍感惋惜，甚至有时候明明知道对方不爱自己了，但仍然一往情深地爱着对方而不能自拔。针对这种心理，应适当运用“酸葡萄效应”，多想想对方的缺点，打破把对方过于理想化的倾向，以修补心灵的创伤。常言说得好，“塞翁失马，焉知非福”，失恋虽然让你失去了一次机会，但却让你进入了一个充满新机会的世界。人有一种在感情上进行自我恢复和再次示爱的能力。当你能够平静地接受现实，重新寻找恋爱对象时，你就会惊奇地发现，生活中还有更加适合自己的人。许多失恋后再次获得幸福的人，都有类似的体会。

【心灵启迪】

人们常说，爱上一个人可能只需要一秒，但忘记一个人可能需要一生。忘记一个人，尤其是一个自己曾用心深深爱过的人，真的很难。可是，很多人在失恋后为了走出感情的深渊，拼命强迫自己要忘记对方。其实，忘记一个人并不是将他从自己的记忆中全部抹去，而是换一种方式来回忆。这种方式既是对过去的肯定，也是对失去的泰然，更是对曾经伤害过自己的人的一种宽容与释怀。在很多时候，人们难以忘怀的并非是人本身，而是在过去的感情中自己受伤的处境和失败的角色；他们总是发觉自己在回忆过去、想起对方，可更多的却是反复地强调对方在感情上对自己的伤害；他们一次次强调自己要忘记对方，而潜意识中是希望能够忘记自己感情上的落魄和失败。当一个人决定要结束一段感情时，请不要刻意强迫自己去忘记，而是尝试着在心中保留一个位置。同时，不要总是去否定过去、负面看待自己的感情，而是要学会肯定自己、肯定过去，让过去成为自己生命中的一部分。失恋后的人要更懂得爱，对于不再属于自己的爱情，更需要放开胸怀，因为轻轻地放下是一种难得的修养。

5)转移自己的注意力。失恋后之所以难以摆脱恋情的困扰，是因为你还把自己放在昔日与恋人的美好回忆情境中，因此要学会将自己的情感与注意力适当地转移到失恋对象以外的人或事上。如清理掉与其相关的物品，避开你们以前常去的地方。同时，扩大人际交往，积极参加学校的各种娱乐活动，投身于大自然，在自然的怀抱中得到抚慰。

6)适当地发泄情绪。不要把失恋的痛苦压抑在内心深处，一个人慢慢品味。寻找合适的途径把痛苦、难堪和绝望的情绪发泄出来，以减轻心理的负荷。找个没人的地方痛哭一场，或找朋友或亲人倾诉你的痛苦，得到他们的理解、关心和支持；或者通过心理辅导老师的帮助，宣泄苦闷，重新建立起心理平衡。

【心灵启迪】

吃过晚饭后，一位哲学家到郊外散步，看到一个人在伤心地哭泣。哲学家问他为何如此伤心，那人回答："我失恋了"。

哲学家听后，并连连拍掌大笑道："糊涂啊糊涂！"

失恋者止住哭泣，非常气愤地质问："你有学问，就可以如此嘲笑别人吗？"哲学家连忙摇头道："非我取笑你，实是你自己取笑自己啊。"

见失恋者不解，哲学家接着解释说："你如此伤心，可见你心中还是有爱的；既然你心中有爱，那对方就必定无爱，不然你们又何必分手？而爱在你这边，你并没有失去爱，只不过失去一个不爱你的人，这又有何伤心呢？我看你还是回家去睡觉吧，该哭的应是那个人，她不仅失去了你，还失去了心中的爱，多可悲啊！"

失恋者破涕为笑，他向哲学家鞠了一个躬，然后转身离去。

(5)网恋。随着互联网的发展,上网已成为许多大学生生活的一部分,网络化情感——网恋的出现也不再是什么新鲜事。网络确实给生活增添不少绚丽色彩,给人们提供了一种全新的社交途径和机会。在网络上似乎更容易找到一些朋友,进行深层次的真诚交流,这也正是人们所期盼的这份感情,因而网恋显得更为美好。的确有一些人通过网络结识和相恋,从而找到了理想的伴侣。然而,网络毕竟是一个虚拟的世界。对于社会经验不足的大学生来说,如果没有相应的精神准备及良好的心理素质,是非常容易受到伤害的。因此,对网恋保持正确认识及进行理性分析是相当必要的。

人们可以在网上虚设一个自我,从而得到在日常生活中没有得到的一种自我满足或者爱情。这对于能够控制自如地进行现实人格和网络人格转换的同学来说或许是一种解脱现实压抑、调节心理平衡的方法。但是,有些人过分沉醉于网络的两人世界,在与现实世界隔离、缺乏真实人际互动的情况下,又无法将网上人格与现实生活中的人格灵活转换,就会妨碍心理的健康发展,造成自己人格分裂或其他障碍。

此外,网络上鱼龙混杂,许多人隐姓埋名、乔装打扮,使得"乱花渐欲迷人眼",大学生易轻信别人,很容易被网友利用、玩弄感情或劫财劫色。近年来,有一些人利用网恋实施犯罪的新闻屡见不鲜,必须引起热衷于"网恋"的大学生的高度警觉。

2.培养健康的爱情心理

心理学家根据恋爱中对爱情的追求,把爱情分为健康和不健康的两大类。健康的爱情表现在:①将爱情给予对方比向对方索取爱情更使自己感到欢欣,并以对方的幸福为自己的满足;②不过分痴情,不咄咄逼人,不显示对爱情强烈的占有欲,能够充分尊重对方;③彼此仍保持独立的个性。

不健康的爱情表现在:①过高地评价对方,将对方的人格理想化;②过于痴情,一味地要求对方表露爱的情怀,这种爱情常有病态的夸张;③对对方缺乏体贴和怜爱,只表现出自己强烈的占有欲;④过于偏重对外表的追求。

真正的爱情是知、情、意的统一,它受理智的支配,包含着尊重和包容。爱对方意味着尊重对方的独立人格,如果对方被局限在你的周围,处处按照你的意愿行事,就等于扼杀了他的自我,他的个人将了无生机,最终,爱也不复存在。爱情容不得半点压迫和颐指气使,需要尊重对方的独立人格,尊重对方的选择,尊重对方的个人隐私,尊重对方的发展。同样,恋爱中也要保持自己的独立性,要有独立的价值观,有自己的生活空间,有自己的追求和发展,让自己更加充实、丰富,爱情才会充实长久。

健康的爱是一种主动的活动,而不是被动的情感,正如弗洛姆在其名著《爱的艺术》中所讲的那样,爱是给予而不是一味地索取。爱给予了什么?他给予另一个人的是他生命的活力、他的欢乐、他的志趣、他的幽默、他的知识、他的理解,他使另一个人富有起来,通过提高他自己的生命感,也提高了另一个人的生命感。他并不为接受而给予,给予本身就是极大的欢乐。爱需要两个人真正地关心对方,走进对方的内心世界,以对方的快乐为自己的快乐。爱情的最大欢乐,就在于两个人的相互充实,彼此交换、吸取更好的东西,并一道去认识和发现更新、更美的事物,然后,彼此奉献出更好的东西。如果一个人内心是干枯的,没有爱可以付出,健康的爱就缺少了前提。

3. **培养爱的能力**

爱的能力不是与生俱来的，也不能随着生理成熟自然形成，而是在社会生活中逐渐成长起来的。这种能力包括：①接受和表达爱的能力。包括施爱的能力和接受爱的能力。心中有了爱，在理智分析之后，要敢于表达、善于表达。面对别人的施爱，能及时准确地对爱做出判断，并做出接受、谢绝或再观察的选择。②拒绝爱的能力。对不愿意或不值得接受的爱应有勇气加以拒绝。拒绝爱要注意两个方面：一是要果断、勇敢地说"不"，因为爱情来不得半点勉强和将就。如果优柔寡断或屈服于对方的穷追不舍，发展下去对双方都是不利的。二是要掌握恰当的拒绝方式，珍重每一份真挚的感情是对他人的尊重，也是一种自爱。③发展爱的能力，培养爱的责任。苏联著名教育家马卡连柯说："爱的力量只能在人类非性欲的爱情素养中存在。他的非性欲的爱情范围愈广，他的性爱也就愈为高尚。"发展爱的能力，并不是非要具体到对某一异性的爱，可以是更广泛意义上的爱。我们的亲人、同学、朋友、祖国和人民，都值得我们去热爱。发展爱的能力，就是要培养无私的品格和奉献精神，要培养善于处理矛盾的能力，有效地化解、消除恋爱和家庭生活中的矛盾纠纷，为恋人负责，为社会负责，才能创造出幸福美满的婚恋。

第二节　培养健康的恋爱观和择偶观

爱情是人生的一大课题，大学生已经进入了恋爱和择偶的年龄阶段，恋爱和择偶是大学生不可回避的一个重要问题。大学生由于家庭、社会等生长环境的不同，形成了各种各样的恋爱心理，在不同的恋爱观和择偶观的指导下，出现各种恋爱行为。大学生的心理还没有成熟到能深刻理解恋爱和择偶的意义，在这一过程中会产生一些心理问题。因此，对大学生进行正确的恋爱观和择偶观的教育是有必要的。

一、大学生恋爱和择偶所需条件

大学生的恋爱观是指大学生对恋爱问题的基本态度和看法。大学生的择偶观是大学生对择偶问题的基本态度和看法。

对于大学生来说，虽然他们的性生理发育已经基本成熟，但他们的社会阅历还相对缺乏，人生观和价值观还不够稳定，心理发育还相对滞后，还没有独立的经济基础，学识基础也不够牢固。大学生希望得到爱情，但未必了解爱情，也不能保证可以把握爱情。因此，理性地认识大学生恋爱和择偶所需条件，具有非常重要的现实意义。

1. **大学生恋爱和择偶的前提条件**

大学恋爱和择偶的前提条件是相对牢固的文化知识。大学阶段是人生发展的黄金时期，学习一定的文化知识，掌握相应的专业本领是当务之急，顺利完成学习任务是大学生的首要工作。要顺利地完成这一繁重的任务，需要花费大量的时间和精力，还要具有顽强的毅力。因此，在学校，大学生的时间和精力不能过于分散，需要在打下牢固的文化基础知识以后，再考虑恋爱等学业以外的活动。如果感到学业基础不够牢固，甚至感到学习压力特别大，学习起来非常吃力，那就说明恋爱的条件还不成熟，则需要先抓学业。对于学业基础不够牢固的恋爱，也会对个人学业造成不利的影响。情况严重者，则会引起情绪上的波动，造成厌学、逃课，甚至辍学等严重后果。因此，判断大学生谈恋爱时机的一个重要的条件，就是分析他是否具备了相对牢固的文化知识。

2. 大学生恋爱和择偶的必备条件

大学生恋爱和择偶的必备条件是心理发展相对成熟。当代大学生具有不稳定的情绪，这反映出他们不成熟的心理状态。通常，不成熟的心理表现为做事冲动、困惑、迷茫、焦虑、失落等。大学生挫折承受能力较弱，缺乏对自我客观正确的评价，这也说明了他们的心理发展不成熟。大学生心理发展的不成熟性，决定了他们对恋爱时机把握的不准确性，以及他们对恋爱观和择偶观的不稳定性。大学生在心理发展不成熟的情况下谈恋爱，很容易将爱情简单化、理想化、片面化和浪漫化，并由此造成一些令人担忧的问题。因此，当代大学生恋爱和择偶的一个必备条件就是心理发展要相对成熟。

3. 大学生恋爱和择偶时机成熟的标志

大学生恋爱和择偶时机成熟的标志之一是他们的人生观已经相对稳定。作为大学生，他们的人生观虽然已经基本形成，但是大多数人还处于不稳定状态，容易受到外界的影响。一个人的人生观决定着他的恋爱观和择偶观。也就是说，一个人有怎样的人生观，就会形成怎样的恋爱观和择偶观。然而，形成正确的恋爱观和择偶观，是需要稳定的人生观的指导的。不稳定的人生观，将会带来不正确的恋爱观。如果大学生的人生观还不稳定，他们对爱情的理解和认识，就会存在片面性。他们对人生道路的选择以及人的本质理解，对爱情与道德、爱情与工作、爱情与朋友的关系等问题，难免缺乏科学的认识。对于恋爱行为将要承担的道德要求、他人义务、社会责任等，也都缺乏一定的思想准备和心理承受能力。因此，人生观相对稳定成为当代大学恋爱和择偶时机成熟的重要标志之一。

4. 大学生恋爱和择偶的社会基础

大学生恋爱和择偶的社会基础是社会阅历相对丰富。恋爱不仅是个人问题，也是社会问题。恋爱是大学生人生中的一件大事，关系着后代的繁衍和社会的发展。具备一定的社会阅历，对大学生的健康成长和恋爱实践是十分必要的，也是非常重要的。大学生社会阅历少，经常充满理想主义和浪漫主义色彩，抵御社会不良文化影响的能力差，挫折承受能力弱，分析问题、处理事情常常不联系实际，对恋爱对象和爱情结局抱有过高的期待，对爱情的分析和判断容易出现偏差，容易感情用事、缺少戒备心理、容易上当受骗。所有这些情况，都与大学生的社会阅历欠缺息息相关。因此，当代大学生恋爱的社会基础是具备一定的社会阅历。

【心灵启迪】

女生小华，来自大城市，长得很漂亮。小华刚进入大学的时候，就受到了不少男生的热烈追求,而小华也来者不拒,她的男朋友换得异常频繁,有时甚至一个月不到就换一个男朋友。当遭到别人调侃时,她也不以为意,反而行事作风更加高调。

她的好友劝告她不要再这样继续下去了,她却毫不在乎,还骄傲地说:"女生就是要有男生追,才能显示出女性的魅力。这么多的男生追求我,正好说明了我的魅力很大。要不然大学能给自己留下什么美好的回忆呢?"

小华谈恋爱的目的,只是为了填补心灵的空虚,把爱情当作游戏,殊不知把爱情当游戏的人,最终会被爱情游戏。把爱情当成游戏的态度实际上是对自己情感不负责的态度。爱情是一种复杂、圣洁、崇高的情感活动,是相互倾慕、情投意合、由衷的热烈相爱之情,来不得半点勉强凑合。一个人在决定恋爱之前,要树立正确的恋爱观,对爱情忠贞不渝。小华同学"女生就是要有男生追,才能显示出女性的魅力"的观点是错误的,也是极其不自信的。另外,小华应该先学会爱自己,爱自己的重要表现就是自信,即对自己有信心,能欣赏自己。一个女性的自信应该来自内心对自己的肯定,而不应该以追求自己的男性数量的多少来判断。

二、健康的婚恋观和择偶观

如果大学生找到心仪的恋爱对象,就要树立正确的恋爱观和择偶观,保持健康的恋爱心理,必须遵守恋爱的道德。在处理恋爱问题时,要对自己负责,更要对对方负责、对家庭和社会负责,将爱情与义务、责任结合起来,真正做到爱情与道德的统一。

1. 保持正确的恋爱动机

恋爱不是为了安慰解闷,寻找刺激,更不是单纯地为了满足性需求,而是为了寻找志同道合、白头偕老的终身伴侣。选择恋爱对象,是一个复杂的过程,需要考虑家庭、文化、个性、思想等多方面的因素。但是,共同的品德和情操以及共同的理想和志向是最根本的因素。恋爱动机的好坏,直接关系到恋爱能否成功,关系到爱情能否地久天长,关系到家庭能否稳定幸福。有了良好的恋爱动机,才能在恋爱过程中逐步形成爱情的心理结构,才能建立起经得住一切考验的纯洁爱情。大学生作为社会的栋梁,其恋爱观和择偶观应该是有理想、有道德、有义务,以及事业和爱的有机结合。

2. 高尚的品德,健康的交往

在大学生爱情发展的过程中,只有注重养成良好的恋爱品行,以高尚的品德和健康的方式进行交往,才能使双方不断发现新的引人入胜的东西,推动双方成为更为完善的人。理智的向导是爱情的灵魂,文明的恋爱品行是大学生的风貌体现。纯净真实的恋爱是对恋人才情气度、心灵智慧的由衷折服,是两个人彼此欣赏、相互倾慕,是为能拥有"不加期限"的长相厮守而一起拼搏的心灵默契。如果自由放纵两性关系,必然会导致严重的后果。如果将爱情和性欲的满足画等号,就是亵渎纯洁高尚爱情,一味地放纵爱的烈火,最终只能将爱情埋葬。

3. 忠贞不贰,不三心二意

忠贞是爱情成功的基础,也是爱情心理结构的一个基本的重要的心理因素。青年男女的爱情应是挚笃专一,忠贞不贰,绝不能脚踏两只船,三心二意。爱情不允许有任何第三者加入,爱情包含的特有情感和义务只能存在于恋爱双方之中。男女双方一旦确定了恋爱关系,就要经得起困难、挫折的洗礼,经得起时间和空间的考验。青年男女的爱情本身包含着性爱的成分,性爱具有排他性,这是符合现代人类社会的伦理原则的。对待爱情忠贞,不仅是真正的爱情的重要标志,也是一种美德。忠贞能够使男女双方感情互相交融,彼此心心相印。

4. 尊重对方情感,履行相同义务

尊重是爱情的心理结构中的一个不可缺少的心理因素。一对恋人之间的互相尊重是恋爱成功的重要心理条件。在建立和发展爱情关系的过程中,恋爱双方不能把自己的意志强加于给对方,应该尊重对方的情感和人格,履行相同道德义务,保持平等相处的关系。每个人都有爱与被爱的权利,有选择各自爱人的权利。当一个人确立恋爱关系时,必须出于双方共同的意愿,彼此相爱。任何一方都不能采用强迫或诱骗的手段,使另一方接受自己的爱,即使这种爱慕是纯洁的,也不能强求对方违心地接受。一旦双方确定了恋爱关系,就要做好共同承担所有义务和责任的思想准备。

5. 处理好爱情与学业的关系

爱情是人生发展的重要部分,但不是人生的全部,它应该服从于事业。没有事业的爱情迟早会枯萎,如同在沙漠中播种,缺乏坚实的根基和土壤。学业是事业的基础,事业是人安身立命的根本,爱情只有同事业结合起来才有旺盛的生命力。因此,目前,大学生应该摆正爱情与学业的关系,将学业放在第一位,不能把宝贵的时间都用于谈情说爱上而放松学习。实际上,有着共同奋斗目标的爱情就会成为推动事业的巨大心理力量,成为促进事业的催化剂。真正的爱情对于推动事业的前进有重要作用。

【心灵启迪】

周恩来和邓颖超的爱情,为什么能数十年如一日,那样忠贞不渝,那样历久弥坚?哲学家黑格尔的话或许可以用来作为回答。他说:"爱情是男女青年共同培育的一朵鲜花,倘若把它囿于'个人私生活'的狭小天地就要枯萎凋零,只有使它植根于'为人类幸福而努力奋斗'的无垠沃壤中才会盛开不衰。"周恩来和邓颖超几十年革命生涯的沃壤,加上他们用自己精心总结的夫妇生活中的"八互"(互敬、互爱、互信、互勉、互助、互让、互谅、互慰)精神栽培,才使他们的爱情之花盛开不败,而且愈开愈鲜艳。"模范夫妻"的称号,他们是当之无愧的。

三、健康的婚恋择偶行为的养成

"婚姻是爱情的坟墓"这种观点有失偏颇,但夫妻双方必须要认识到婚姻和爱情的确有很大区别。心理学家弗洛伊德曾说:"不管婚姻是由他人撮合,还是由个人选择,一旦决定结婚，这种意愿行为就应该保证爱的持久。”也就是说，婚姻是爱的意愿，结婚实际上等于对爱情发布誓言，宣誓要终生爱此人。因此，鉴于婚姻与爱情的区别，婚姻与爱情相比需具备不同的心理素质。

1. 要有责任感

爱情是自由浪漫的畅想曲，而婚姻却是责任与义务的代名词。对于太幼稚的人来说，结婚是负担。结婚要讲伦理，负责任，要有很强的实际生活能力。结婚意味着必须忠实执行契约，不能仅凭感情用事，意味着两个人要对自己及对方的人生负责。

2. 利他的心理

据心理学研究得到的结论，任何一种利他行为，追根究底都是有自我报偿的结果。婚姻中最忌自我中心主义。通过利他行为，我们可以缓解紧张、焦虑、犹豫带来的不良情绪，有力推动双方感情向预期方向发展。有人说，两个人的感情就是银行，存入得越多，获得的回报也就越丰厚；反之，感情的透支者将不能继续。爱的真谛不是等价的换取，也不是简单的牺牲，而是主动的给予。人类的视线总是从自我关注到投向外部，人类爱的轨迹也是从接受父母的爱到分享恋人之爱，最后向子女施爱。爱情中的利他心理是心理成熟的标志。

3. 要有务实的精神

婚姻是进入社会现实，恋爱是一种浪漫的心理行为。正如一首打油诗所说：“琴棋书画酒诗花，当年件件不离它；而今七事皆变更，柴米油盐酱醋茶。”所以你若带着责任和义务走进婚姻，那么婚姻就会向你展示无限魅力。真正的爱情，并不意味着把爱的呓语挂在嘴边，而是通过生活和事业上的关心，照顾和帮助等表现出来。

4. 懂得尊重与信任

夫妻之间的相互尊重和信任对于保持婚后爱情，建设和谐婚姻非常重要。说到相互尊重，古人梁鸿与孟光就是夫妻由相互尊重达到相亲相爱的典范，为我们留下了“相敬如宾”和“举案齐眉”的成语典故，不愧为后世夫妻效仿和学习的榜样。

【心灵启迪】

对如何选择爱人的问题，有则《大麦穗》的希腊寓言故事讲得十分透彻。故事说古希腊有位青年面对几个漂亮姑娘，不知道选谁为妻，于是便向一位飘逸如仙的老人请教。老人望着一片麦田说：“你从这头向那头穿过去，选出一个最大的麦穗给我，但是不许走回头路。”青年点头走进麦地，走了几步他看见一个大麦穗，便摘在手里；又走了几步，看见一个更大的，于是丢了第一个摘了第二个；又走了几步，看见一个更大的，他又丢了第二个摘第三个。此时他忽然想也许前面还有更大的。于是他连第四个也没有摘，一直往前走，果然碰到一个很大的，青年心中暗喜，便一直朝前走，然而他发现麦穗越来越小了，他又不敢往回走，只得往前走，直到走出了田地，他也没有摘到一个大麦穗，青年空手而归。老人笑着对青年说：“小伙子，做事不可挑三拣四，找姑娘更不能犹豫不决。世上没有最好的，只有最适合自己的，那才是最好的，与你有缘的，否则你就会像今天一样两手空空。”青年听了恍然大悟，他深深向老人鞠了个躬，高高兴兴地去找适合他的那个姑娘。

明末思想家李卓吾在他的作品《初潭集》中写道：“夫妻，人之始也，有夫妇然后有父子，有父子然后有兄弟，有兄弟然后有上下。夫妻正，然后万事万物无不出于正矣。”可见，婚姻是人一生中极其重要的一个里程碑性的转折，我们必须用严肃而认真的态度对待婚姻。人们在恋爱时，应该像雄鹰一样的高瞻远瞩，睁大眼睛去认真选择自己的最爱。结婚之后，就应平心静气，对婚姻中的问题，不要太计较，应该用智慧和耐心去经营，要使婚姻处于一种和谐、互补、理解和相互容纳的良好状态。

总之，大学生在爱情的道路上，不仅要有正确的认识，还要遵守社会道德，培养高尚的品行。通过爱情，使双方互勉互进、互帮互学、互敬互爱、互信互尊，朝着共同的目标，比翼双飞。

【心理测验】

看看你的恋爱态度

在恋爱过程中，不同的人表现出来的行为和持有的态度是有区别的。请根据下列试题，做出“是”或“否”的回答，以便从中找出自己对待恋爱的态度。

1. 你是个急性子的人。
2. 冷色系和暖色系的颜色相比较，你更喜欢暖色系。
3. 不喜欢听别人的意见。
4. 现在或过去有“脚踏两只船”的情况。
5. 经常换发型。
6. 喜欢追求刺激。
7. 即使失恋了也恢复得很快。
8. 到目前为止交往过的男(女)朋友不超过3个人。
9. 食欲经常很旺盛。
10. 有恋人后，就会以恋人为生活的中心。
11. 上课时，就算是没有把握也会主动回答问题。
12. 如果有不高兴的事，睡一觉就会忘掉。
13. 虽然机会很小，但是喜欢上了也没有办法。
14. 能较多地考虑对方的心情。
15. 认为友情发展到爱情的概率很小。
16. 几乎都是我向异性进行表白。
17. 认为在与恋人的交往中，认为性生活是否和谐非常重要。
18. 认为恋爱是没有理智的。
19. 喜欢生日宴会等。
20. 在四个季节中最喜欢夏天。

评分标准:如果回答“是”,计1分;如果回答“否”,计0分。首先根据是否列出每个小题的得分,然后计算出总分。

评分解释:

16分以上:在恋爱中,你属于很积极的类型。只要喜欢就勇敢地去表白,认为首先要向对方表达自己的想法,然后才能了解对方并进一步交往,所以表现得很积极。

11~15分:在恋爱中,你属于比较积极的类型。但只是思想积极,在行动上却常望而却步。这时朋友的支持是很重要的,因为本来就有积极性,所以在受到帮助和鼓励时会付诸行动。

6~10分:你可能爱管别人的事,你对别人的恋爱能给出积极的、有效的建议,但是一到自己身上就变得很消极。例如,朋友向你说他的恋爱故事时,你能给他各种建议。但对于自己的恋情,即使朋友给你提了建议,也往往不能接受。

5分以下:在恋爱中,你属于过于消极的类型。不会向对方表白自己的爱慕之情,即使开始交往也不会主动地给对方打电话,也不会表现出喜欢的样子。如果总是过于消极,对方讨厌你的可能性就很大。

【活动天地】

男生眼中的女生和女生眼中的男生

男生眼中的女生(男生填写)

1. 你认为女生最吸引你的三项特质,依次用1、2、3标出。

温柔、漂亮、贤惠、热情、真诚、稳重、聪明、勤奋、有学识、身材好、有修养、好运动、有主见、活泼、外向、沉稳、内向、善于打扮、穿着得体、爱好相似、家庭背景好、家庭背景相似

2. 简单描述你讨厌什么样的女生。

女生眼中的男生(女生填写)

1. 你认为男生最吸引你的三项特质,依次用1、2、3标出。

刚毅、潇洒、体贴、热情、真诚、稳重、聪明、勤奋、有学识、身材好、有修养、好运动、有主见、活泼、外向、沉稳、内向、精于装扮、穿着得体、爱好相似、家庭背景好、家庭背景相似

2. 简单描述你讨厌什么样的男生。

统计并公布调查结果,对结果进行讨论。

(1)女生为什么看重男生的这些特质,对男生有哪些启示?

(2)男生为什么看重女生的这些特质,对女生有哪些启示?

第八章

做网络的主人——大学生网络心理

名言哲语

成功的过程就是战胜挫折的过程。

——拿破仑·希尔

故天将降大任于是人也,必先苦其心志,劳其筋骨,饿其体肤,空乏其身,行拂乱其所为,所以动心忍性,曾益其所不能。

——《孟子·告子下》

本章导读

正如伯顿所说:"凡上帝有一座庙宇的地方,魔鬼也会有一座礼拜堂。"处于青春期、求知欲旺盛、好奇心强、追求时尚、乐于接受新事物的大学生,凭其聪颖的头脑、敏锐的思维,在充分享受着计算机网络所带来诸多方便与快捷、乐趣的同时,由于自控力有限,也正在经受着由这个虚幻与真实并存的网络世界所带来的种种心理困惑。

第一节 认识网络

一、互联网的发展

互联网是一种崭新的信息技术,它把人们带进了一个真正的信息时代。通过网络,人们不仅可以了解社会动态、学习知识、购物,而且还可以通过网络结交朋友、群体聊天、玩游戏，甚至开会等。互联网正在改变着人们的生活方式、学习方式和工作方式等方方面面。

与其他媒体相比，互联网具有传播速度快、信息量大等特点。互联网还具有双向性和多向性，人人可成为信息的接受者和发送者。互联网的内容丰富，但良莠不齐，其超出想象的刺激性和娱乐性，又极易使人上瘾，对大学生群体具有特殊的吸引力。

目前，互联网已经成为许多大学生学习和生活的重要组成部分，因而互联网对其身心发展产生着重大影响。据市场调查统计，48%的上网者阅读时间少于从前。研究发现，互联网的使用会造成网民“社会卷入”的减少以及心理幸福感的降低，表现出孤独感和抑郁感的增加。长期痴迷上网，可能导致各种网络疾病。

大学生始终站在时代的前沿，他们是新生事物的促进派，代表事物的发展方向。在互联网大潮时代，作为“弄潮儿”的大学生自然也不甘落后，互联网正在成为其生活的重要组成部分。

大学生具有创造性强、接受新鲜事物快等特点，但由于喜欢娱乐、追求刺激、涉世不深、自我控制力较弱，这些特点不但使他们成为互联网的极大受益者，也容易使他们沉迷于网络，在心理健康方面受到很大的负面影响。对大学生来说，互联网就是一把双刃剑。

二、互联网络的特征

网络之所以被现代社会称为“第四媒体”，是由于其具有许多不同于传统媒介传播的特点，主要表现在以下几个方面。

1. 快捷性

网上信息浩瀚，将人类的一切优秀文明成果链接在一起，当需要某种信息，只要输入关键词，在鼠标点击的瞬间，网络就能够将信息进行高效处理，满足我们的需求；并且我们足不出户就可知晓国内、国际大事，甚至可以工作、开会等，省时省心又省力，有效提高了生活效率。

2. 开放性

网络的超级链接，超越了时空限制，信息畅通无阻，使“地球村”变成了现实。在丰富的信息资源面前，每个人不仅可以通过各种方式选择自己所喜欢的信息和内容，还可以通过网络提供的平台充分发表自己的观点与评论。全球随时随地都可以相互联系交流，资源得以广泛共享。正如《互联网简史》一书中所表明的：“互联网的关键概念在于，它不是为某一种需求设计的，而是一种可以接受任何新的需求的总的基础结构。”

3. 互动性

在网上，人与人之间是互动式联系的，所发布的信息能够得到迅速反馈，相对信件、书报等来说及时得多。大家都可参与媒体的传播活动，同媒体传播者进行交流沟通，只要信息一发送，总能得到迅速回复，成为媒体的一部分，维护了自尊，提升了自信。

4. 平等性

只要能够掌握了搜索引擎的使用方法，通过网络，每个人都可以在任意地点、任意时间平等地向任意人学习，驱除了我们由于社会经济地位不平等带来的享用资源不公的现实，尤其是自“网上盲道技术”研制成功后，盲人、老人、小孩等也亦可通过键盘、鼠标等来操作“读图片”，顺畅获取信息，真正意义上开拓了“海阔凭鱼跃，天高任鸟飞”的新天地。

5. 虚拟性

网络情境能逼真地模拟现实，却又不是现实，这样人们可以感知到许多现实中无法体验的真实存在，为创新意识搭建了优良平台。

6. 匿名性

每个人都可以在网上注册，运用网名上网，大胆崭露自身独特的个性，极大地满足了不同层次人群的心理需求。

网络作为一种新型的信息传播通道，其发展速度是超常规、跳跃式的，可谓瞬息万变，一日千里，并深深地影响着人们生活的各个方面。

三、互联网对人类的影响

互联网的发展，对人类的影响是多方面的。

1. 互联网是一把双刃剑

英国历史学家阿诺德·汤因比（Arnold J. Toynbee）说：“技术每提高一步，力量就增大一分。这种力量可以用于善恶两个方面。”历史也证明了，“技术是一柄锐利的双刃剑”。

人们把互联网作为从事社交活动的工具。通过QQ、微信、电子邮件等方式，能够和同事、朋友、家人进行沟通，或者在虚拟社区、聊天室和网络多人游戏中与他人组成团队，这在一定程度上增加了人们与他人之间的沟通与交往。

互联网的使用能使网民从时间和空间的限制中解脱出来，从疾病、社会称许效应中解脱出来，网络还允许网民基于自己的兴趣加入感兴趣的群体，而不是机械安排，从而会产生更多更好的人际关系。

网络虚拟群体允许人们以匿名的方式与其他人交流，这样人们可以把原来受社会称许效应影响而不能说出来的情感表达出来，同时还可以找到很多和自己在行为与想法上相似的个体，从而使人们产生群体的归属感，增强自我接纳。

互联网在带给人类巨大好处的同时，其负面效应也影响着人类的生活。研究证明，网络会使人变得社会孤立，并与真实的人际关系切断开来。此外，互联网还会带来一些社会问题，如网络犯罪、传播色情信息、网络文化侵略、破坏国家安全等。

2. 网络人际关系

网络人际关系就是网络社会中的人际关系，简称网际关系。具体来讲，就是以网络和数字符号信息为中介，在超文本多媒体链接中实现的“人—机—人”互动基础上形成的人际关系。作为易感人群的大学生，网络人际交往给他们的生活方式、价值观念带来了前所未有的改变。

网络人际交往主要具有如下几个特点。

（1）交往主体具有平等性。网络给人们提供了一个平等自由的世界。无论在现实生活中的身份有多显赫，但到了网上还是一个普通的网民。这说明了网络交往对于大家来说，都是平等的。

（2）交往角色具有虚拟性。用户只要填写一下QQ、微信、E-mail等的注册表或者登记表，就可以得到一个相应的身份，并能够通过这个身份在网上与人进行交流。类似网络这种虚拟的角色，会使得交往的双方都没有任何的心理负担。

（3）交往过程具有弱规范性和弱社会性。在现实人际交往中，人们十分看重交往者的相貌、身份、地位、职业、财富等交际主体的社会特征和社会地位，在网上的人际交往中可以全然不顾。像这种弱规范性、弱社会性的网络人际交往，容易使一些人暂时摆脱现实社会诸多人际关系的束缚和行为的约束，甚至放纵自己的道德行为规范，因而也可能导致非人性化的倾向。

（4）交往心理具有隐秘性。虽然网上人际交往可以通过文字来传情达意，但这种文字交流大多是经过刻意加工的信息，交往的心理也是经过包装的。无论是多长的交往时间，人们之间也很难明白对方的“真心实意”。

（5）交往动机具有多样性。大学生网上交往的“主旋律”是认识朋友，尤其是进行异性间的情感交往。在网上交往中不仅存在着异性效应，而且表现得尤为明显。希望在追求休闲娱乐和心理享受的同时，也能抱有相亲觅友和交流感情的目的。

第二节 大学生常见网络心理障碍

一、网络心理障碍

近年来，青少年互联网普及率继续攀升。青少年群体的网络使用行为对网络娱乐的发展，网络文化的走向，以及手机上网的推广都有着重要的影响。青少年作为网络活动的主体，他们的网络心理障碍问题已经引起了社会各界人士的重视。

网络心理障碍是指因无节制地上网导致行为异常、人格障碍、交感神经功能失调。大学生网络心理障碍大多数表现为感情上迷失自我、角色上混淆自我、道德上失去自我、心理上自我脆弱、交往上自我失落。随着青少年网民数量的逐年递增，“青少年因特网中毒”已成为日益严重的社会问题。

二、大学生常见网络心理障碍类型

（一）网络畏惧

网络畏惧，是指个体由于担心计算机带来由不可预料、不可确定因素而导致的无所适从的心理或生理的一种强烈的情绪反应。网络畏惧心理障碍包括三种类型:其一,因不懂网络技术操作而产生的畏惧。网络作为一种新的科学技术,虽然是普及教育,但在具体操作上还是较为复杂。部分来自偏远地区的学生进入大学后面对色彩斑斓的网络界面,害怕自己学不会或学不好计算机操作,而被他人嘲笑为无能或赶不上他人而落伍,于是对网络开始产生畏惧。其二,因网络技术的快速更新而产生的畏惧。一些熟悉网络的大学生,因担心自己跟不上网络的快速发展,害怕自己掌握不了新的网络技术而被淘汰,也会对网络产生畏惧心理。其三,因关于网络的负面报道过多而产生的畏惧。一些自觉性比较强的大学生,由于在现实生活中接收到很多关于因网络而产生不良影响的报道,担心接触网络会影响自己正常的学习与生活,从而产生畏惧心理,远离网络。

(二)网络迷恋

网络迷恋是指由于个体长时间的沉溺于网络游戏、上网聊天、网络技术、网上猎奇,造成对网络的过度依赖和迷恋,导致个人生理受损,正常学习、工作、生活及社会交往受到严重影响。网络迷恋心理障碍包括以下几种类型。

1. 网络色情迷恋

网络色情迷恋,是指个体沉迷于网上的色情图片、色情影像、色情笑话以及色情文学等。有专家指出,每周花费11个小时以上用来漫游色情网站的人就有网络色情成瘾的嫌疑。大学生具有猎奇心理,对异性的神秘感伴随生活中的压力与挫折、心理空虚、自控能力差等因素,极易陷入网络色情泥潭。

2. 网络交际迷恋

网络交际迷恋,是指个体利用各种聊天软件以及网站开设的聊天室不断结识网友,并与网友长时间无节制的聊天。对网络交际迷恋者而言,网络交友是他们生活中最重要的部分。

"'网'内存知己,天涯若比邻"。但是,网上交往,不见人性全貌,只用语言阐释灵魂,虚假性高,当网络自保意识较差时,极易上当受骗,危害人身安全。在某大学生研究会搜集的网络犯罪的案例中,由网络交友引发的大学生被害事件发人深省。

3. 网络游戏迷恋

网络游戏迷恋,是指个体沉迷于网络设计的各种游戏中,或与计算机对打,或通过互联网与网友联机进行游戏对抗。

【心灵启迪】

某高校学生阿项因过分沉迷网络游戏,进入大学后不到半个学期就患上了精神分裂症,其父母不得不为他办理休学手续,带着他四处求医。他性格孤僻,喜欢玩电脑游戏,不喜欢与人沟通,情绪也变化无常……尽管阿项休学已有一年多的时间,但其在校期间的种种怪异言行,不少老师和同学至今仍然印象深刻,对其因过分沉迷网络游戏而导致精神分裂,更是表示可惜。

英国诺丁汉特伦特大学的研究报告显示,在7000名在校大学生的调查中约有12%的人沉迷于网络游戏。

由于缺乏有效的管理和引导,网络游戏这项原本是人们在工作、学习、劳累之余进行休闲娱乐的活动,目前在许多地方已经变为一大社会公害,严重影响着青少年的健康成长。

4. 网络恋情迷恋

网络恋情迷恋,是指个体沉醉在网络所创造的虚幻的罗曼蒂克的爱情中不能自拔。

网络恋情是信息化发展到一定程度的产物,大学生自身的原因也促使了网络恋情的发生。有人曾用概率论的理论分析,网络恋情的成功率仅为0.625%。网络的虚拟性,给大学生提供了一个浪漫空间,一份朦胧的拥有。正如有的人所说,网络恋情的迷雾,撩人心弦,恍若仙境。但仙境终究是梦境,梦醒之后,留下的只有回忆。

5. 网络信息收集成瘾

网络信息收集成瘾,是指个体强迫性从网上收集无关紧要的或者不迫切需要的信息,堆积和传播这些信息。个案下网后经常会担心错过什么重要的"信息",甚至会在夜间起床到网上浏览并下载。在日本筑波城和美国硅谷的一些科技人员,由于对超负荷的信息缺乏适应和承受能力而"消化不良",曾出现一系列不适应症状,如寂寞、心情压抑、沮丧、性情孤僻等,这就是人们所称的"筑波病"或"硅谷病"。

6. 网络制作迷恋

网络制作迷恋,是指个体下载使用各种软件,追求网页制作的完美性和编制多种程序为嗜好。与计算机程序员的工作不同的是,迷恋者对网络制作缺乏目的性、计划性。

在这六种类型中,网络交际迷恋者、网络游戏迷恋者、网络恋情迷恋者占大学生网络迷恋群体中的多数。

(三)网络孤独

网络孤独,是指个体原本希望通过上网获取大量信息、网上娱乐、网上人际交往来提高或改变自己,但上网不仅未能解除孤独,甚至有时加重了原有的孤独。

部分大学生性格内向、自卑,习惯了自己承受心理负荷,不愿意或不善于与他人交往,厌恶社会上的人情来往。他们青睐于采用网上交往的这种匿名、隐匿性别和身份的方式在网上寻找"知音",向网友发泄自己的不良情绪,排解忧虑,讲自己的"心情故事",通过从网友那里得到一定的心理支持,而使自己得到一定的放松,下网后发现自己面对的依然是无人言说的孤独。

还有不少大学生沉溺于各种即时通信工具,好友遍天下,但在现实生活中却不认识本班同学。更有沉迷于网络游戏中的大学生花费大量的时间、精力与网友称兄道弟、驰骋沙场,但对现实中的同学却不闻不问。缺乏现实人际维护的他们一旦离开网络,就会情绪低落,产生强烈的孤独感。

(四)网络自我迷失和自我认同混乱

网络自我迷失和自我认同混乱,是指个体因为过度沉溺于网络,个性发生严重改变,其言行严重违背了许多现实社会中的规范、规则、道德。一般包括以下两种类型。

1. **网络狂暴**

网络狂暴又称计算机狂暴，是指当计算机或网络发生故障后，个体会产生焦躁和不安，并向电脑发泄怒火，甚至会不问缘由地将不满情绪发泄在同学或家人身上。

【心灵启迪】

英国一家调查公司近日对1250名上班族进行了调查，结果表明，“网络狂暴症”已经在英国蔓延起来。80%的被访者表示，曾经见过同事对电脑大动肝火，破口大骂，进而“拳打脚踢”，甚至把鼠标或键盘抛出门外或窗外。被访者承认电脑出现问题的时候，他们会感到口干舌燥，精神紧张。年轻的上班族普遍有对电脑“诉诸武力”的倾向，25岁以下的被访者中，约有15%表示，曾经因电脑坏掉而产生向同事发泄或者破坏公司设备的冲动。

在某高校经常发现一些“网虫级”的大学生，在网络出现故障时不停地用力敲打键盘或鼠标，并已经发现多个键盘或鼠标器遭到人为破坏。作为网络使用生力军的当代大学生，过度沉溺于网络则极易发生网络狂暴。

2. **网络犯罪**

网络犯罪，是指个体运用计算机技术，借助于网络对其系统或信息进行攻击、破坏或利用网络进行其他犯罪的总称。有资料显示：我国网络犯罪以每年平均30%的速度递增。对于涉世未深的大学生来说，面对黄色、黑色、暴力垃圾信息及黑客等，很容易上当受骗，甚至参与其中。大学生网络犯罪主要有以下几种类型。

（1）借用网络实施网络犯罪。这里所讲的借用网络主要是指以网络为载体，以网络信息为参照而进行的和现实世界中相似的犯罪。如网络经济诈骗、制作黄色网页、传播黄色信息等。

（2）网络入侵。网络入侵主要是指“黑客”病毒攻击事件，违法的大学生往往通过入侵他人的计算机系统盗用他人的财产，侵犯他人合法权益。

在虚拟世界中，一些大学生在表现自我时，把社会自我抛得越来越远，甚至企图借助网络在现实社会中凸显自我，将自我凌驾于社会之上，从而给社会和他人造成了危害。

（五）网络成瘾

网络成瘾即网络成瘾综合征（internet addiction disorder，IAD），是指个体在无成瘾物质作用下的上网行为冲动失控，表现为由于过度使用网络而导致的明显的社会、心理功能的损害。在网络心理障碍问题中，最严重的就是网络成瘾。

【心灵启迪】

大二学生小何说：“我喜欢看着我的网络游戏人物逐渐成长，变得更为强大，那种感觉真的好棒。”他沉迷网络，不断游戏，不断PK，不断升级。上课时精力无法集中，满脑子飞舞着游戏里疯狂的场景和动作，右手即使不握鼠标，食指也总是不停地有节奏地点击着。为使他远离网络，父亲禁闭了他两天。之后他病了，医生说他得了“网络成瘾综合征”。

网络成瘾的早期症状表现为，逐步感觉到上网的“无穷乐趣”；上网时间不断延长，记忆力明显下降。中期症状表现为，由精神依赖上网逐步发展为躯体依赖上网；每天起床后情绪低落、思维迟缓、头昏眼花、双手颤抖、疲乏无力和食欲不振，但上网后以上症状可明显减轻或恢复。晚期症状表现为，体重减轻，外表憔悴，每天连续长时间上网。一旦停止上网，自己能明显感觉到情绪不稳、忧虑及沮丧，甚至有可能不择手段地满足上网需要。

网络成瘾患者之所以会出现这样的症状，是因为长时间上网会使大脑中的化学物质多巴胺（dopamine）水平升高，这种化学物质会令患者呈现短时间的高度兴奋，沉溺于网络中的虚拟世界而不能自拔，但之后的颓废感和沮丧感却更为严重。时间一长，就会带来一系列复杂的生理和生物化学变化。尤其是自主神经紊乱、体内激素水平失衡，会使免疫功能降低，诱发种种疾患，如心血管疾病、胃肠神经官能症、紧张性头痛、焦虑、忧郁等。同时由于眼睛长时间注视电脑显示屏，视网膜上的感光物质视紫红质消耗过多、若未能补充其合成物质维生素 A 和相关蛋白质，就会导致视力下降、眼痛、怕光、暗适应能力降低等。患者长时间上网，一旦停止上网，就会出现急性戒断综合征，甚至有可能出现自残或自杀行为。

【心灵启迪】

“网络成瘾”这一概念最早是由纽约的一位精神病学家戈德伯格（Goldberg）提出的。他在 1994 年指出，网络成瘾虽然不具有明确的生物学基础，但与传统的药物成瘾有类似的表现。1995 年，美国心理学家金伯利·杨（Kimberlys Young）创建了“网瘾研究中心”，并提出了诊断网络成瘾的 10 条标准：①上网时全神贯注，下网后仍念念不忘上网之事；②总嫌上网时间太少而不满足；③无法控制上网；④一旦减少上网时间就会烦躁不安；⑤一上网，种种不愉快消失，精神亢奋；⑥为了上网而荒废学业、事业；⑦因上网失去重要的人际交往、工作等；⑧不惜支付巨额上网费用；⑨对亲友掩盖自己频频上网的行为；⑩下网后有孤寂失落感。金伯利·杨认为，如果受试者符合其中 4 条以上的标准，且持续超过 12 个月以上的时间，就可以诊断为“网络成瘾”。

第三节　健康网络心理的构建

一、形成正确的网络认知

正确的认知是健康心理养成的前提，一些不良的认知是导致不健康心理的诱因。正如米歇尔·德·蒙田曾说："人通常是被自己的看法所困扰，而不是被事物本身所困扰。"心理研究也证明，正确认知网络是培养良好网络心理的第一步。因此，要构建健康的网络心理，必须理性地对待网络，树立科学的网络观。

【心灵启迪】

网络在我们生活中无处不在，你是如何看待网络的？我们又应该如何正确认识网络的利与弊呢？以下是对网络的各种看法，你赞同哪一些？

1. 可以开阔视野。上网可以及时了解时事新闻，获取各种最新的知识和信息，对学习和生活都有很好的指导作用。

2. 可以加强对外交流。学生可以克服不敢与他人交流的心理障碍，在网络上与人沟通交流。

3. 可以促进青少年个性化发展。减轻课业带来的一些压力，促进青少年健康发展。

4. 网络是我的知己，可以帮我抹去现实的苦楚，远离"江湖"。

5. 互联网使许多青少年沉迷于网络虚拟世界，脱离现实，荒废了学业。面对网络，我们应该理性对待，树立正确的价值观。

6. 一些不健康的网络内容对青少年的人生观、价值观和世界观的形成构成潜在威胁。所以面对网络，要能够正确判断信息的正确性，不能盲目跟风。

网络作为继报纸、广播、电视之后的第四媒体，宣告着人类互联网时代的到来。它拓展了人类的交往空间，深刻地改变着人与人之间、人与社会之间的关系，给人类带来了一个全新的时代。在家办公、网上授课、电子商务、微信支付等新生事物的出现，使人类的生活方式发生着深刻的变革。网络世界作为一个充满自由、开放、平等的世界，有利于大学生方便快捷地掌握各种各样的现代科学知识和生活经验，提高自身的综合素质；有利于大学生通过多元的互动和交往，有效地和社会融合；有利于大学生借助于网络形成全球化的意识。但是，对网络的恣意破坏与滥用也可能给自己带来苦涩的恶果，如自我迷失、价值观念倾斜、道德水平下降、社会适应不良、思想混乱、网络成瘾等。大学生只有树立正确的认知，才有可能正确地面对网络，合理地使用网络，准确把握自我，处理好现实社会与虚拟社会的关系，避免网络心理问题的产生。

二、积极预防应对网络心理障碍

1. 积极预防网络心理障碍

(1)树立正确的人生观、价值观,提高明辨是非能力

大学阶段是大学生世界观和人生观形成的关键时期。大学生容易接受新事物、新观念,但由于缺乏鉴别能力和社会经验,容易良莠不分。面对开放性的、超国界的、全球性的、多元的虚拟网络,大学生的人生观、价值观都会受到来自不同国家的文化传统、思想观念、宗教信仰及生活方式等的冲击。西方腐朽生活方式和价值观念的影响也无孔不入,造成了大学生价值观念冲突的加剧,甚至导致大学生道德信仰的失范。因此,大学生应认清自己肩负的历史责任和社会义务,树立正确的人生观、价值观,提高自己明辨是非的能力,以民族昌盛、国家复兴为己任,增强分析互联网信息的能力,自觉抵制各种不健康、不文明网络信息的侵袭,合法规范使用网络。

(2)变网控为自控,成为网络的主人

1)选环境。选择健康的网络环境有利于阻止网络心理障碍的侵袭。其一,选择在学校公共场合上网。校园网络环境相对健康清洁,不良信息污染较少,而且学校网络管理系统相对完善,上网时间可以得到有效控制。其二,选择浏览健康网站的信息。对电脑的功能和属性进行设置,过滤掉不良网络游戏系统和不健康网站信息,避免色情迷恋、网游成瘾。

2)定目标。每次上网前,请先认真地想一想自己上网要干什么,然后在纸上列出你的上网目标。比如,了解今天的新闻;查找作业的相关资料;发一封电子邮件等。避免漫无目的地上网。

【心灵启迪】

某大一学生在刚进入大学后,因无人约束,深陷网络游戏无法自拔,导致无心学习,最后期末考试几门挂科。他意识到自己不能再继续下去了,于是决定戒掉网瘾,在参考了相关书籍以及向老师、同学求助以后,他先从控制上网时间开始。他并没有刻意限制上网时间,而是从全面规划,与自己协商。比如,一要认真、高质量完成作业;二要保证足够的睡眠时间;三要上课认真听讲。在此前提下,上网时间不受限制。后来的结果也显示,这样的做法有着良好的效果。虽然看似上网时间并没有被限制,实际上,在完成条件的前提下,上网时间得到了有效的控制。

3)限时间。正如富兰克林所说的"时间是组成生命的材料,浪费时间无异于自杀"。珍惜时间就是在珍惜生命。通过合理设置,理性控制上网时间。其一,设置时间警示框。其二,设置手机闹铃。其三,电脑设置上网时间。设置强制关机时间,准时下网,培养自控力,避免随意浏览不必要网页的心理习惯。

(3)积极投身实践活动,培养健康的心理防御机制

网络世界固然精彩,现实世界则更多精彩。大学生的目光不要仅仅停留在网络上,

更要留给现实。大学生可以参加感兴趣的社团,在活动中发挥自己的优势,体现自身能力,获得成就感,又可在多维社交中,满足交往的需要,而不必去虚拟的世界找寻安慰与理解。大学生还可以努力创造机会,主动联系实践单位,做点事情让自己忙起来,学以致用,学用兼济,同时转移闲暇时间里对网络的关注。

2. 积极应对网络心理障碍

(1)逐渐减量,摆脱网络的俘虏

冰冻三尺,非一日之寒。网络心理障碍是长时间、无节制上网所致,快速克服不太可能。逐渐减量虽然历时较长,但却颇有成效。

【心灵启迪】

小张大学毕业没找到工作,沉迷于网络游戏。一段时间后,看到自己无所事事,而周围的人爱情事业双丰收。他感觉到了自己的无能,于是决定慢慢地改变自己。起初,他努力限制自己玩游戏的时间,每天逐渐减少。三个星期后,他找了一份全天的工作,这份工作禁止在工作期间玩手机,于是他卸载了所有的游戏。慢慢地,他在工作中找到了乐趣,回到家的他倒头就睡,就这样,他慢慢地远离了网络!他也终于明白了:网络只是生活的一部分。

引导网络心理障碍者缓慢地暴露于因不能上网而导致的焦虑情绪中,以放松的心理状态对抗由网络引起的焦虑情绪,按层次逐步消除对网络的依赖。

(2)转移注意力,抵制网络的诱惑

兴趣是最好的老师,它带有明显的倾向性,吸引着我们的目光,引导着我们的行动。寻找新鲜、有趣、快乐的现实体验来取代网络虚拟的刺激,挖掘自我优势,找准自身亮点,打造理想自我,抵制网络的诱惑。

1)寻找已有的兴趣。沉溺于网络的大学生把大量的时间和精力耗费在网络活动中,而遗忘和荒废过去经常从事的一些活动。因此,要积极寻找曾经感兴趣的、现在依然感兴趣的活动。例如阅读专业书籍或感兴趣的书籍等,确保心灵健康;参加跑步、游泳等运动,强身健体,改善心情,淡化网瘾。

2)培养新的乐趣。除了寻找已有的乐趣,还可以进一步发展一些更为有趣的活动来代替网络行为,当然这种活动一定要符合自己的喜好。例如,闲暇时光,约上知己,外出爬爬山等,离开网络,开阔视野,陶冶情操,磨炼意志,增强抵抗力。

(3)寻求他助,脱离网络的泥沼

当网络心理障碍袭击大学生的身心,但自身无法克服时,走出自己的天地,积极求助于他人是十分必要的。其一,求助于老师、家长、同学、朋友等。倘若发现自己在现实生活中显得难以适应,同时存在诸多情绪低落、能力下降等心理问题时,可以向自己亲近、贴心的朋友或家人或老师倾诉。通过倾诉,释放心理压力,缓解内心痛苦,帮助解决思想上的不愉快和想不通的问题。当出现网络沉迷现象时,感觉仅靠自己的能力无法控制时,要求助于老师、家长、同学,请求他们监督自己。其二,进行心理咨询。心理咨询是摆脱网络心理困境的有效方法。心理咨询的方式有多种,既可以向心理咨询员咨询,也可以进行网上心理咨询。其三,寻求专业治疗。如果所患网络心理障碍较为严重(如停止上网后出现不适感),请教心理医生则是更为明智的选择。

【心理测验】

以下问题是想了解同学们对上网行为的看法。这里的“上网行为”是指上网娱乐、资讯等,不包括上网学习。每一组题有两个陈述句,请阅读后选择你倾向于赞同的观点。

1. A. 我有能力排解大学生活中的空虚而不去上网。
   B. 大学生活期间的无所事事驱使我上网。
2. A. 上网的诱惑并非不可抵御。
   B. 许多次都是环境驱使人上网。
3. A. 能处理好学习、生活中的事情,无须上网发泄。
   B. 被学习或生活弄得心烦意乱时,会不由自主地上网。
4. A. 戒网瘾是一项只要自己下决心就能成功的事情。
   B. 上不上网主要取决于你学习、生活中的事情是否顺利。
5. A. 不管面前有没有电脑,我都能够克制自己不上网。
   B. 看见电脑,我就克制不住想上网。
6. A. 如果同学都去上网,我能做到不上网。
   B. 假如其他人都在上网,对我来说做到不上网是不可能的。
7. A. 假如我确实打算这么做,我就能阻止自己的上网行为。
   B. 当我焦虑或不愉快时,我没办法让自己不上网。
8. A. 只要我们给自己制订上网计划,我们就能控制住上网时间。
   B. 就上网问题而言,我们大多数人都是受某种无法控制的力量所控制。
9. A. 我控制得住自己的上网行为。
   B. 每当面临上网的诱惑时,我的意志就变得不够坚定。
10. A. 如果大学生们确实想这么做,他们就能控制自己的上网行为。
    B. 对某些人来说,戒网瘾是不可能的。
11. A. 我有能力拒绝上网。
    B. 如果有人给我提供上网机会,我不可能拒绝。
12. A. 人们付出的努力程度与他们对网络的控制力有直接关系。
    B. 有时我无法理解人们怎么才能控制住不上网。
13. A. 我能克制住我想上网的欲望。
    B. 一旦开始上网,我就停不下来。
14. A. 控制不住上网是因为自己没有努力去克制。
    B. 大部分时候我不理解自己为什么一直上网。
15. A. 假如我再也不能上网,我相信自己也不会怎么样。
    B. 只有上网我才觉得快乐。

选择 A 越多,抵抗网络心理问题的能力就越强;选择 B 越多,则越容易患上网瘾等心理障碍，需立刻引起注意。

【活动天地】

团体心理辅导工作坊：减少网络依赖

人的性格、品德、境界均表现在人的行为中，可以这样说，人有什么样的行为就有什么样的命运！

（一）活动的原理与目的

做中学或体验式学习；帮助网络依赖者找回自我，战胜对网络的依赖。

本训练适合于以下成员：由于沉迷于网络中不能自拔，有减少网络依赖的愿望，曾自愿或主动求助的学生。

（二）活动的内容与程序

正式开始前，在团体指导老师的带领下，集体宣誓，确保培训的质量。

集体宣誓内容：我自愿、真诚参加本次团体训练，在活动过程中，我将敞开心扉，和成员交流感受和体验，对别人的表露，我将给予肯定和积极反馈。在活动过程中，我不会对其他人员进行人身攻击，并为他们所做的一切保密。不进行与本次培训无关的事。

正式团体活动开始时，团体指导者简单介绍互动主题与环节，必要环节进行示范表演。活动分为9个环节，每个环节有1个主题。

环节一：小调查。要求每个组员一张调查表和笔，根据自己上网的实际情况，仔细填写。

调查一：网络成瘾的自我判定（8个题目回答“是”达到5个或以上，可视为成瘾者）。

1. 上网的念头是否经常在你脑海中盘旋？是　否

2. 你是否感觉花更多的上网时间才能满足？是　否

3. 你是否尝试减少上网的时间但未成功？是　否

4. 停止使用网络的时候你是否感觉烦躁不安？是　否

5. 每次上网的时间是否比自己打算的要长？是　否

6. 由于上网的时间比较长，你的人际关系、学习、生活受到影响？是　否

7. 你是否对老师、家人或医生隐瞒上网的实际情况？是　否

8. 你是否把上网当成逃避现实或释放消极情绪的方式？是　否

调查二：网络与我。根据自己的真实情况，认真填写下面内容。

1. 我每天平均上网的时间：________

2. 我上网一般做什么？（时间用得相对多的，选择两项，画“√”）

A. 查资料

B. 看新闻或其他信息

C. 与朋友聊天

D. 网络游戏

E. 看电影

F. 搜集信息

G. 其他

3. 我每月用于上网平均花费________。

4. 每次离开网络空间后，我的心情一般哪种居多？

A. 沮丧

B. 空虚

C. 快乐

D. 充实

5. 网络使我失去了（至少写出3项）：

环节二：分组与互相认识（7～9人一个小组）。通过大家彼此之间的交流，认识对方，并了解彼此之间，平均每天用于上网的时间有多少。

环节三：游戏活动——排队。根据团体中每个人每天上网时间的多少进行排队。在团体指导者的带领下，说出每人上网时的主要内容。

环节四：网络成瘾的阶段，自我对照分析。

1. 网络爱好者。

2. 网络已经代替生活中的人或事简称为“网迷”。

3. 完全依赖网络。

环节五：正视自己所失去的。请每个成员根据环节一所填写的情况，对自己由于对网络产生依赖而失去的东西的重要性给予评定，并相互讨论。

环节六：心理剧表演。通过心理剧的表演，思考网络会带给自己什么，失去了什么？感受迷上网络者的心理冲突，体会上网成瘾的原因和害处，并引导成员之间互相讨论，该如何解决。

第九章

提升魅力展精彩——大学生人格发展与心理健康

名言哲语

播种一种行为就会收获一种习惯，播种一种习惯就会收获一种性格，播种一种性格就会收获一种命运。

——威廉 ·詹姆斯

道德的最大秘密就是爱；或者说，就是逾越我们自己的本性，而溶于旁人的思想、行为或人格中存在的美。

——雪莱

本章导读

在现实生活中，为什么有的人富有激情，有的人孤僻冷淡；有的人聪慧敏捷，有的人反应迟钝；有的人优柔寡断，有的人顽强果断；有的人乐于助人，有的人恃强凌弱？同样是家境困苦，为什么有的人能发愤图强，有的人却一蹶不振？这些都是由人格素质决定的。人格是大学生综合素质的重要组成部分。塑造健全人格、展现精彩人生是大学生心理健康教育的重要目标之一。

第一节　人格概述

一、人格的内涵

人格一词来源于拉丁文“persona”，原意是指古希腊戏剧演员在舞台上戴的面具。它用来表现剧中人物的身份和性格，如同我国京剧中的脸谱。

由于心理学家各自的研究取向不同，因而对人格的看法也有很大的差异。综合各家的看法，人格通常被定义为：个体在遗传的基础上，通过与后天环境的相互作用而形成的、区别于他人的、相对稳定的、具有独特倾向性的心理特征的总和，包括性格、气质、能力、动机、需要、兴趣、爱好、理想、信念等方面的内容。

二、人格的特征

人格是一个具有丰富内涵的概念，它反映了人的多种本质特征。

1. 独特性

所谓“人心不同，各如其面”，正说明了人格是千差万别、千姿百态的，这就是人格的独特性。人格的独特性是指人与人之间的心理与行为是不相同的。由于人格结构组合的多样性，使每个人的人格都具有自己的特点。在日常生活中，我们经常可以看到每个人的行动都不同于其他人，每个人都有自己特殊的需要、爱好、认知方式、情感、意志和价值观。

我们强调人格的独特性，并不排斥人们之间在心理与行为上的共性。同一民族、同一阶层、同一群体的人们具有相似的人格特征。文化人类学家把同一种文化熏陶出的人格特征称为群体人格或众数人格。例如，许多研究表明，由于受传统儒家文化的影响，在世界各地的中国人有许多相同的人格特征。

2. 稳定性

人格的稳定性主要表现在以下两个方面。

(1) 人格的时间持续性。人格持续性首先表现为时间上自我的持续性，正所谓“江山易改，禀性难移”。昨天的我是今天的我，也是明天的我，过去的我透过现在的我，影响着现在和将来的我。虽然现在不能决定未来，但自我对未来的观察能力决定现在的我。这就是自我的持续性。

(2) 人格的情境一致性。由于人格特征是指一个人经常表现出来的稳定的心理与行为特征，那些一时的、偶然出现的行为则不属于人格特征。

3. 统一性

人格是个人心理特征的统一，这些特征决定了人的行为。比如一名大学生，在过去他是如何处理问题的，如果中间没有大的改变，他现在遇到同类问题时，还会用过去一直使用的方法。有经验的心理咨询师，正是根据人格统一性的特点，根据来访者所描述的生活方式和内容，找出其固定的思维方式、行为模式，就可以预测来访者在不同情境中的行为和反应。

人格是一个有机整体，具有内在的统一性，受自我意识调控。当一个人的人格结构彼此和谐统一时，他的人格就是健康的，否则，会出现适应困难，甚至人格分裂。

4. 功能性

人格决定了一个人的生活方式，甚至有时会决定一个人的命运。人们往往使用人格特征，对某人的言行及事件的原因作解释。比如面对挫折与失败，坚强者拼搏奋发，怯懦者一蹶不振。当人格功能发挥正常时，表现为健康有力地支配着人的生活；当人格功能失调时，就会表现为懦弱、无力、失控。

5. 可塑性

虽然人格是稳定的，但也不是不可以改变。每个人的人格都可能随着现实环境的多样性和多变性，或多或少地发生变化。儿童期和青年期的人格，正处于形成阶段，还不稳定，容易受到外界环境影响而发生变化，因而可塑性较大；成年期及之后时期的人格比较稳定，可塑性较小，但也并非不能改变。大学时期是人格形成的最后阶段，因此，大学生在大学期间要有意识地培养自己的健全人格。

三、人格形成的影响因素

人的一生发展中有许多因素会影响到人格的形成和发展，人格的塑造是先天和后天因素共同作用的结果，它是凝聚着文化、社会、家庭、教育与先天遗传的个体风貌。在人格培养的过 程中，既要看到个体生物遗传因素的影响，也要看到社会文化因素的影响。

1. 生物遗传因素

有研究表明：遗传是人格中不可缺少的影响因素，但遗传因素对人格的作用程度因人格特征的不同而不同。通常在智力、气质这些与生物因素相关性较大的特征上，遗传因素较为重要，而在价值观、信念、性格等与社会因素关系紧密的特征上，后天环境因素更为重要。人格发展过程是遗传与环境交互作用的结果，遗传因素影响人格发展方向及形成的难易。

2. 后天环境因素

（1）家庭影响。家庭是社会的细胞，它不仅具有其自然的遗传因素，也有着社会的“遗传”因素。这种社会遗传因素主要表现为家庭对子女的教育。家庭常被视为人类品质的加工厂，它塑造了不同的人格特征，对人格的形成和培育起到了至关重要的作用。这种作用主要体现在家庭教养方式、父母的人格特征、家庭成员之间平等和睦关系等方面。

【心灵启迪】

十八大以来，习近平这样谈“家风”

十八大以来，习近平多次强调家风，说的是“小家”，着眼的是“大家”。

2014年3月，习近平重访兰考时会见了焦裕禄的5个子女。二女儿焦守云对总书记说：“我们一定继承好父亲的精神，把家教家风一代代地保持传承下去。”总书记听后，一边点头一边说：“好家风，好家风。”

十八届六中全会审议通过的《关于新形势下党内政治生活的若干准则》《中国共产党党内监督条例》，均对领导干部的家风问题提出了要求，将家风建设提到制度高度。

2016年12月12日，习近平在会见第一届全国文明家庭代表时，盛赞代表们的事迹“温暖了人心，诠释了文明，传播了正能量，为全社会树立了榜样”，充满感情地“点赞”他们“都是好样的”！

2017年3月5日，习近平参加上海代表团审议时，询问上海奉贤区“奉贤”之含义，肯定家风、村风与民风建设。

家是最小国，国是千万家。家风的“家”，是家庭的“家”，也是国家的“家”。

(2)童年的经验。人格发展也会受到童年经验的影响，幸福的童年有利于儿童发展健康的人格，不幸的童年会使儿童形成不良的人格。但二者不存在一一对应的关系，溺爱也可能使孩子形成不良的人格特点，逆境也可能磨炼出孩子坚强的性格。早期经验不能单独对人格起决定作用，它与其他因素共同决定着人格的形成与发展。

(3)社会文化环境。人从呱呱坠地开始起，就置身于社会文化之中并受社会文化的熏陶与影响，文化对人格的影响伴随着人的一生。社会文化塑造了社会成员的人格特征，使其成员的人格结构朝着相似性的方向发展，而这种相似性具有维系一个社会稳定的功能。

社会文化具有塑造人格的功能，这反映在不同文化的民族有其固有的民族性格，不同的地域有着不同的文化传统，不同的文化发展时期有着不同的文化认同。例如，生活在我国西北地区的人，多具有粗犷、豪放的性格；而生活在东部沿海地区的人，多具有温和、细腻的性格。

(4)学校教育因素。学校是一种有目的、有计划地向学生施加影响的教育场所。教师、班集体、同伴群体、学校人文环境等都是学校教育的元素。

教师对学生人格的发展具有指导和定向作用。教师的人格特征、行为模式与思维方式对学生产生巨大影响。每个教师都有自己独特的风格，这种风格为学生设定了一个“气氛区”，在教师的不同气氛区中，学生表现出不同的行为反应。

班集体是学校的基本组织结构。每个班集体都有自己的氛围，有的活跃融洽，有的冷漠呆板。班集体的特点、要求、舆论和评价对于学生人格的发展影响很大。好的班风有利于培养学生积极的人格品质，而不好的班风会使学生养成一些消极的人格品质。

同伴群体也是一个结构分明的集体，有上下级关系的“统领者”和“服从者”，有平行关系的“合作者”和“互助者”。大家通过相互模仿、相互感染，使个人的人格特征达到进一步强化。通过同伴群体，学生加速了社会化进程。

学校的人文环境，即学校的校风校纪、教风学风、精神风貌以及人际关系等众多因素交织在一起，均会对大学生的人格发展产生影响。

【心灵启迪】

罗森塔尔效应，又称皮格马利翁效应。美国心理学家罗森塔尔和雅各布森曾对这一现象进行了实验研究。他们在奥克学校所做的一个实验中，先对一至六年级的学生进行一次名为“预测未来发展”的测验，实为智力测验。然后，在这些班级中随机抽取约20%的学生，并让教师认识到“这些儿童的能力今后会得到发展的",使教师产生对这一发展可能性的期望。8个月后他们又对这些学生进行了第二次智力测验。结果发现,被期望的学生,特别是一、二年级中被期望的学生,在智商上比其他学生有了明显的提高。这一倾向,在智商为中等的学生身上表现得较为显著。而且,根据所做的行为和性格的鉴定,发现被期望的学生表现出更有适应能力、更有魅力、求知欲更强、智力更活跃等倾向。这一结果表明,教师的期望会传递给被期望的学生,并产生鼓励效应,使其朝着教师所期望的方向变化。

罗森塔尔效应说明学校、家庭等环境中,他人的期望对人的成长和人格的形成有着重要影响。

(5)自然物理因素。生态环境、气候条件、空间拥挤程度等这些自然物理因素都会影响人格的形成和发展。中国南方人和北方人的差异,北欧人的极地生活对其人格的影响等,都证明了自然环境对人们的影响。另外,气温也会提高人的某些人格特征的出现频率。如天热会使人烦躁不安,对他人采取负面的反应,易发生反社会行为。总之,在不同的物理环境中,人可以表现出不同的行为特点。

四、人格的结构

人格是一个多侧面、多层次、多成分构成的开放系统,不同成分从不同侧面反映个体的差异。目前心理学界认为,人格结构主要包括人格倾向性和人格心理特征两个相互联系的方面。人格倾向性包括需要、动机、兴趣、价值观和世界观等,主要在后天社会环境作用下中形成,反映人格可塑性的一面。人格心理特征包括能力、气质、性格,这些心理特征在不同程度上受先天遗传因素的影响,具有相对稳定性。其中,气质与性格是人格最重要的两个方面。

1.气质

(1)气质的含义。气质是指个体表现在心理活动的强度、速度、灵活性与指向性的一种稳定的心理特征。这种特征既赋予了个体心理活动的动力特征,又给每个人的心理活动添上了一层独特的色彩。

(2)气质类型的特点及表现。气质类型最初是由古希腊的医生兼学者希波克拉底提出的,他把气质分为胆汁质、多血质、黏液质和抑郁质四种。

胆汁质:胆汁质的人反应速度快,具有较高的反应性与主动性。这类人情感和行为动作产生的迅速而且强烈,有极明显的外部表现;性情开朗、热情、坦率,但脾气急躁,好争论;情感易于冲动但不持久;精力旺盛,经常以极大的热情从事工作,但有时缺乏耐心;思维具有一定的灵活性,但对问题的理解具有粗枝大叶、不求甚解的倾向;意志坚强、果断勇敢,注意稳定而集中,但难于转移;行动利落而又敏捷,说话速度快且声音洪亮。

多血质:多血质的人行动具有很高的反应性。这类人情感和行为动作发生得快,变化得也快,但较为温和;易于产生情感,但体验不深,善于结交朋友,容易适应新的环境;语言具有表达力和感染力,姿态活泼,表情生动,有明显的外倾性特点;机智灵敏、思维灵活，但常表现出对问题不求甚解；注意与兴趣易于转移，不稳定；在意志力方面缺乏忍耐性，毅力不强。

黏液质：黏液质的人反应性低。情感和行为动作进行得迟缓、稳定、缺乏灵活性；情绪不易发生，也不易外露，很少产生激情，遇到不愉快的事也不动声色；注意稳定、持久，但难于转移；思维灵活性较差，但比较细致，喜欢沉思；在意志力方面具有耐性，对自己的行为有较大的自制力；态度稳重，好沉默寡言；办事谨慎细致，从不鲁莽；但对新的工作较难适应，行为和情绪都表现出内倾性，可塑性差。

抑郁质：抑郁质的人有较高的感受性。这类人情感和行为动作进行的都相当缓慢、柔弱；情感容易产生，而且体验相当深刻、隐晦而不外露，易多愁善感；往往富于想象，聪明且观察力敏锐，善于观察他人观察不到的细微事物，敏感性高，思维深刻；在意志方面常表现出胆小怕事、优柔寡断，受到挫折后常心神不安，但对力所能及的工作表现出坚忍的精神；不善交往，较为孤僻，具有明显的内倾性。

(3)正确看待气质

1)气质的稳定性和可变性。气质是人格中比较稳定的特性，主要表现在以下几个方面。首先是气质的相对稳定性。比如，一个情绪爱激动的学生，上课时可能爱举手发言，考试时可能显得心神不定，参加体育比赛时可能沉不住气等。在这些活动中，尽管活动的内容、目的和动机不一样，可是在其中却有相对稳定的气质特点。其次，气质的稳定性还表现在人生的不同时期，比如在儿童时是内向的，长大以后也基本如此。最后，气质的稳定性并不意味着它完全不变，在生活环境和教育条件的影响下，可以得到一定程度的改变。比如，在集体生活的影响下，有些情绪易激动的人，可能变得能够克制自己。

2)气质无优劣之分。气质本身无优劣之分，任何一种气质都有其积极和消极的方面。比如胆汁质人的精力旺盛、敢想敢干，这个特点使得他们特别富有开拓精神，但又常常导致他们鲁莽冒失；多血质的人机敏灵活，灵活使得他们很容易接受新的观念，善于适应新的环境，但是灵活又使得他们缺乏耐心和坚持；黏液质的人做事稳重持久，这个特点使得他们做事耐心细致，考虑问题非常周到，一旦决定了就能“几十年如一日”地坚持下去，但同时又容易使得他们因循守旧，在面对新的变化时，不擅长把握机遇，常常表现的优柔寡断；抑郁质的人敏感细腻，敏感使得他们对自然和社会中的细微变化都有着深刻而丰富的体验，这使得他们在艺术、文学类的创作中容易获得超乎寻常的成就，但是在人际关系的处理中，敏感细腻又常常导致他们自寻烦恼、情绪低落。

2. 性格

(1)性格的含义。性格是人对现实和周围世界的态度和习惯化了的行为方式中所表现出来的个性心理特征。性格是人格中的核心部分，最能反映一个人的生活经历，体现一个人的本质属性。

(2)性格类型。性格类型是指某一类人身上共有的性格特征的独特结合。

1)理智型、情绪型和意志型。根据理智、情绪、意志三者在心理功能方面的优势情况，可把人的性格分为理智型、情绪型和意志型。理智型的人通常用理智来衡量一切，并支配自己的活动。他们观察事物认真仔细，思维活动占优势，很少受情绪波动影响。情绪型的人，内心体验深刻且外显，情绪不稳定。他们的言行举止易受情绪影响，缺乏理智感,处理问题常感情用事。意志型的人,行为目标明确,积极主动,勇敢、坚定、果断,自制力强,不易为外界因素干扰,但有的人会显得任性或轻率、鲁莽。

2)外向型和内向型。荣格依照心理活动指向于外部世界,还是指向于内部世界,可以把人的性格类型分为外向型和内向型。外向型的人活泼开朗、热情大方、不拘小节、情绪外露、善于交际、反应迅速、易适应环境的变化,不介意别人的评价。但有的人会表现出轻率、散漫、感情用事、缺乏自我分析和自我批评的态度。内向型的人一般表现为以自我为出发点,感情比较深沉、办事小心谨慎、多思但见之于行动的少。有时表现出反应缓慢、不善交往、适应环境的能力较差、很注意别人对自己的评价。典型的外向型或内向型的人并不很多,大多数属于中间型,介于内、外向之间,兼有内向和外向的特点。

3)独立型和顺从型。按照个体活动的独立程度,把人的性格分为独立型和顺从型。独立型的人,具有坚定的个人信念,善于独立思考,能独立地发现、分析和解决问题;自信心强,不容易受他人的暗示及其他因素的干扰;在遇到紧急情况和困难时,显得沉着冷静。但有的人主观武断,喜欢把自己的意志强加于人,常常唯我独尊。顺从型的人,做事缺乏主见,易受他人意见的左右,常常不加分析地接受或屈从他人的观点;遇突发事件,常表现为束手无策或惊慌失措。

(3)大学生的性格特征

1)态度特征。所谓态度特征就是对客观现实的影响如何做出相应的反应。主要包括对社会、集体、他人的态度;对工作、学习、劳动的态度;对自己的态度。

2)情绪特征。情绪特征是指大学生日常对情绪控制方面,即情绪活动方面的特征。主要包括情绪强度、情绪稳定度、主导心境等特征。

3)意志特征。意志特征是指对自己行为的自我调节方式和调节水平方面的性格特征。主要体现在对目标、计划明确程度,对学习等行为的贯彻实施程度和自制力等方面。

4)理智特征。理智特征是指大学生表现在认识过程中的性格特征,包括感知方面的性格特征、记忆方面的性格特征、想象方面的性格特征、思维方面的性格特征等。

第二节 大学生人格发展异常的表现与矫正

大学生的人格结构比较复杂,影响的因素也很多,在人格的形成和发展过程中,不良因素不同程度地影响着人格的健康发展,从而导致人格发展异常,有些严重的甚至形成人格障碍。

一、大学生的人格发展特点

大学生有其自身的社会文化背景和时代发展背景,这使得其人格发展呈现出自身的特点,归纳起来,有以下四个方面。

1. 自我意识完善

大学生强烈关注自我的成长发展，能够客观地评价自己，具有独立意识，注重自尊，在意别人对自己的态度和看法，自我控制能力强。

2. 智能结构健全

大学生具有良好的观察力、思维力、记忆力、学习力和想象力，各种认知能力能够有机结合并发挥其应有效用。

3. 情绪体验丰富

大学生在情绪上，稳定性与波动性、外显性与内隐性并存，情绪体验丰富多彩。在学习、生活中，积极的情绪体验处于主导地位，大多数学生有较高的自信心与生活满意度。此外，大学生的道德感、智慧感等高级情感也得到了充分发挥。

4. 社会适应良好

当代大学生对社会充满好奇和热情，有着广泛的活动空间和兴趣爱好，人际交往范围扩大，积极参与各种社会实践活动，能较好地处理社会、他人和自我的关系，谦让、忍耐、克己、谨慎、理智等人格特征表现突出。

二、大学生常见的人格缺陷及矫正

人格缺陷是一种人格发展的不良倾向，常见的人格缺陷有虚荣、怯懦、急躁、懒散、褊狭，以及一些不良的意志品质。

1. 虚荣

虚荣是指过分看重荣誉、他人的赞美，自以为是。虚荣心往往与自尊心、自卑感紧紧相连。它是扭曲的自尊心与自卑感的混合产物。爱慕虚荣的大学生，常担心被别人瞧不起而有超自我经济能力的消费、摆阔，不合现实条件地追求时髦，说大话，自尊敏感，过分介意别人的评论与批评，与人交往时防御性强，喜欢抬高自己的形象，他们捍卫的是虚假的、脆弱的自我。

克服过强的虚荣心，首先要对虚荣心的危害性有明确的认识；其次要正确看待名利，正视自己的优势与不足，扬长避短；最后要树立健康与积极的荣誉心，正确表现自己，不卑不亢，正确对待个人得失与他人评价。

2. 怯懦

怯懦是指胆怯、怕事、懦弱、拘谨的人格缺陷。主要表现为：缺乏勇气和信心，担心可能面临的困难和挫折，在困难和挫折面前常常知难而退，甚至不战而降。有些大学生由于过去的经历一帆风顺，因而对失败特别恐惧。因此，“只能成功，不能失败”的非理性信念，易造成这些大学生认知因素的怯懦。有些大学生由于胆怯，不敢与人讲话，不敢抛头露面，也不敢表明自己的态度，甚至不敢向老师提问；有些大学生由于怯懦，害怕冒风险，不敢担当，不敢与坏人、坏事做斗争，不敢坚持自己正确的观点。但越是这样回避冲突、避免失败，越是容易体验到强烈的挫折感。

在机遇与风险并存的现代社会，怯懦者会失去很多成功的机会。改变怯懦的最好办法是要勇于挑战，抓住机遇，积极锻炼，不怕失败，不怕重担，多给自己鼓励和加压，在脑海中去掉“不敢”二字。

3. 急躁

急躁是指不冷静、好冲动、没耐心的人格缺陷。主要表现为：碰到不顺心的事情马上情绪激动；做事缺乏足够准备，盲目行动，急功近利；缺乏信心和恒心；说话办事急躁、竞争意识强、容易冲动、常处于紧张状态。这些人常常表现为什么都想学，而且想最短时间内学会，生怕落后别人，急于求成，但实际效果却往往相反。

要克服急躁的缺点，一要思先于行，培养冷静思考的习惯，“遇事三思而后行”；二要改变行为，认真行事。改变凡事匆匆忙忙的习惯，从日常生活中的小事做起。

4. 懒散

懒散是指一种闲散、拖拉、疲沓、松垮的生存状态。主要表现为：生活缺乏目标，没有计划，懒散倦怠；无法将精力集中在学业上，得过且过，做事疲沓，没有进取心。

青年大学生要克服懒散，首先要确定一个坚定而有价值的奋斗目标，对自己负责，振作精神，“起而行之”；其次制订切实可行的近期计划，有了计划就有了行动的动力，可以一步步实现目标；最后加强自我监控，力争今日事今日毕，不给自己找借口，提高自控能力。

5. 褊狭

褊狭就是常说的“小心眼”。主要表现为：凡事斤斤计较，耿耿于怀，好挑剔，好嫉妒。心胸狭隘不仅影响人际关系，伤害他人感情，也常给自己带来苦恼和烦躁，影响自己的情绪和在他人心目中的形象，于人于己有百害而无一利。

克服褊狭人格，一要学会宽容，能够容人容事，正确看待生活中出现的矛盾冲突，对事不对人；二要开阔心胸，正如歌德所言，比海洋更广阔的是天空，比天空更广阔的是心灵。人一旦心胸狭窄，就容易进入管状思维，只见树木，不见森林；三要开阔视野，一个人视野越开阔，就越不会陷入褊狭之中，这就是所谓的“站得高，望得远”。

6. 不良意志品质

不良意志品质是指意志发展的不良倾向。主要表现为：自觉性差，对行动的目的、意义认识差，做事动摇、缺乏信心；果断性差，缺乏遇事采取果断决策的能力，优柔寡断或草率决定；坚韧性差，遇到困难不能克服坚持，行动不能达到目的，而虎头蛇尾；自制力差，不能控制自己的言行和情绪，好感情用事，不能理智约束自己。

克服不良意志品质，一要矫正自我认知中的非理性观念，正确理解意志品质的内涵；二要发展自觉性、果断性、坚韧性和自制力；三要树立远大的理想信念。远大的理想、坚定的信念和正确的世界观是人生奋斗的动力之源。

三、大学生常见的人格障碍及矫正

人格障碍，是指人格发展的内在不协调，指在没有认知障碍或智力障碍的情况下，个体出现的情绪反应、动机和行为活动的异常。

1. 大学生常见的人格障碍

(1)偏执型。这类人格障碍主要表现为猜疑和偏执。具体表现为:时常猜疑,常将他人无意的、善意的甚至友好的行为,误解成为敌意或歧视行为;或无缘无故地怀疑被人利用或伤害,因此过分警惕与防卫;或将周围事物解释为不符合实际情况的“阴谋”;易产生病态嫉妒;过分自负,遇到挫折或失败则归咎于他人,总认为自己正确;脱离实际地争辩与敌对,固执地追求个人不够合理的“权利”或利益;忽视或不相信与他们想法不相符合的客观依据,因而很难用说理或讲事实来改变他们的想法。

(2)依赖型。这是一种以依赖和顺从为主要特点的人格障碍。依赖型人格的主要表现为:缺乏独立能力,经常感到自己无助、无能和缺乏信心;害怕被他人遗弃,过分顺从他人的意志,为取得他人好感而去做自己不愿意或降低自己身份的事;有一种将责任依附于他人来对付逆境的倾向。

(3)反社会型。这是一种以行为不符合社会规范为主要特点的人格障碍。主要表现为:行为无所畏惧,不顾一切,爱挑起或参与争端,时常表现出仇视,恶毒中伤;反复挑起斗殴、反复违反家规或校规、虐待动物或弱小同伴等;不能维持持久的工作或学习,有不符合社会规范的行为;易激惹,并有攻击行为,如反复斗殴或攻击别人;行事鲁莽,无视自己或他人的安全;不诚实,经常撒谎,为了获得个人的利益或快乐而欺诈他人;缺乏羞耻心和罪责感,危害别人时无内疚感,屡受惩罚也不能吸取教训。

(4)冲动型。这是一种以行为和情绪具有明显冲动性为主要特点的人格障碍。冲动型人格的主要表现为:有不可预测和不考虑后果的行为;行为暴发难以自控;不能控制不适当的发怒,易与他人争吵和冲突,尤其是行为受阻或受批评指责时;情绪反复无常,不可预测,易暴发愤怒和暴力行为;做事无计划,缺乏预见性和坚持性;强烈而不稳定的人际关系,几乎没有持久的友人;可能有自伤行为。

(5)表演型。这是一种过分感情用事或以夸张言行来吸引他人注意为主要特点的人格障碍。主要表现为:表情夸张像演戏一样,情感体验肤浅;暗示性高,很容易受他人的影响;自我中心,强求别人符合他的需要和意志,不如意就给别人难堪或强烈不满;经常渴望表扬和同情,感情易波动;十分关心自己是否引人注目,言行方面竭力表现自己,以吸引他人,若没受到关注,会不愉快;说话夸大其词,自吹自擂,掺杂幻想情节。

(6)强迫型。这是一种以要求严格和完美为主要特点的人格障碍。主要表现为:做任何事情都要求完美无缺、按部就班;主观、固执,比较专制,要求别人要严格地按照自己的方式做事;遇事常犹豫不决,推迟或避免做出决定;常有不安全感,反复考虑计划是否得当,反复核对检查,唯恐疏忽和差错;拘泥细节,甚至生活小节也要程序化,不遵照一定的规矩,就感到不安或要重做;完成一件工作之后常缺乏愉快和满足的体验,相反容易悔恨和内疚;对自己要求严格,过分沉溺于职责义务与道德规范,无业余爱好,拘谨吝啬,缺少友谊。

(7)自恋型。这是一种以自我为中心为主要特点的人格障碍。主要表现为:过高评价自我,主观自我高于客观自我,生活中爱听表扬不愿意接受批评,且具有高度幻想性,特别是过高的自我评价带来虚幻的成功体验;过度自信,希望引起别人重视;喜欢指使他人,要他人为自己服务;坚信自己关注的问题很独特,需要特别对象的了解;缺乏同情心,不能体会、谅解他人的感受。

2. 大学生人格障碍的矫正

人格障碍的矫正，虽然难度很大，但并不是“不治之症”。临床实践发现，有相当一部分人格障碍者，在精神科医生和心理咨询师的帮助下，通过自身的努力，在人格障碍的矫正过程中，取得了令人满意的效果。下面简单介绍四种人格障碍自我矫正的方法。

(1)反向观念法。反向观念法是指自己主动与自己原有的性格特征唱反调，原来是以自我为中心，现在则应该逐渐以他人为中心，学会设身处地为他人着想；原来固执极端，现在则学会多角度考察问题；原来喜欢超计划性，现在则应该偶尔放松一下，学习无计划地自由行事。采用反向观念法的要点是：先对自己的原有错误观念进行分析，然后提出反向的改进意见，在学习生活中努力按新观念办事。这种自我调节可以定期进行，一星期一次或几天一次，也可以在心情不好或遭挫折之时进行。

(2)习惯纠正法。许多人格障碍者的不良行为已成为一种习惯，纠正这些习惯有利于人格障碍的矫正。以依赖型人格为例，实施这种方法有三个要点：第一，梳理自己的行为习惯，看哪些事是依赖别人去做的，有哪些事是自己决定做的，可以做一个星期的记录。第二，将独立意识很强的事件归纳在一起，如果自己做了，则当做一件值得庆贺的事，以后再遇到同类的事件应坚持做；如果没做，以后遇到同类事件则应要求自己去做。而对自我意识差、没有按自己意愿实施的事，要提出改进的想法，并在以后的事件中逐步实施。第三，找一个值得信赖的人做监督者，并与监督者达成协议，当表现良好时，予以奖励；当违约时，予以惩罚。

(3)行为禁止法。对于有许多不良行为的人格障碍者，可以采取该法。例如，一个偏执型人格障碍的人，当对一件事忍无可忍即将要发作的时候，要他自己默念如下口令：“我必须克制住自己的反击行为，我要忍至少十分钟。我的反击行为是过分的，在这十分钟内，让我当即分析一下有什么非理性观念在作祟”。当采取这种方法后，不久就会发现，每次认为忍无可忍的事，只要忍上几分钟，用理性观念加以分析，怒气便会随之消减。不少人们认定 极具威胁的事，在忍耐了几分钟后，就会发现灾难并未降临，不过是自己杞人忧天罢了。

(4)情绪调整法。人格障碍者多伴有情绪障碍。例如，表演型人格的情绪表达太激进，他人无法接受。使用这种方法，首先要做到的是向家人和朋友做调查，听听他们对你有什么意见和看法。对他人提出的意见，你应持全盘接受的态度，千万不要反驳，然后你扪心自问，上述的情绪表现哪些是有意识的，哪些是无意识的；哪些是别人讨厌 的，哪些是别人喜欢的。对别人讨厌的坚决予以改进；对别人喜欢的则在表现上力求适中；对无意识的表现，要将其写下来，时刻提醒自己。此外，请你的家人或朋友在关键时刻提醒自己，或在事后对自己的表现进行评价，然后从中体会自己情绪表达的过火 之处。这样坚持下去，你的情绪表达就会越来越得体和自然。

第三节 大学生人格完善的途径和塑造方法

一、大学生人格培养的原则

人格具有一定的稳定性，又具有可塑性。在大学生人格培养的过程中，必须探寻其内在规律，掌握一定的原则，将人格培养纳入科学系统的轨道，才能使人格培养收到最佳效果。大学生人格培养的原则主要包括以下方面。

1. 扬长避短

扬长就是要发扬自身良好品质的长处，并保持它。避短就是要努力克服、纠正自身的缺点。每个人的人格总是多方面、多层次的，都有它的闪光之处，要紧紧抓住自己的闪光点，使之稳定并不断扩展。例如，有的人擅长体育，有的人喜欢音乐，有的人热衷书画，有的人爱好写作，这些都可以增强自信，成为人格完善发展的有利条件。但也有人没有特长，这并不是没有可发挥的方面，如通过勤奋努力地学习，取得优异的学习成绩，同样可增强自信，关键要善于挖掘自身的潜能。同时，也要注意改正不足，使人格品质和人格结构不断优化。

2. 自我塑造

人格转化的根本在于大学生的自我教育和自我培养。人是能动的、自主的，人具有自我选择和自我调整的能力。人的自我意识在自身人格发展中，发挥着组织者、推动者的作用，影响并塑造着人格结构中各成分及其之间的相互关系，制约着个人行为。任何外界的教育影响，都必须通过受教育者内在积极性的发挥，才能起作用。从根本上讲，人格的发展完善是个人主动自觉的过程。因此，自我教育、自我培养的先决条件是自我意识的觉醒。要使自身人格得到真正的塑造，必须通过自我反省、自我斗争、自我转化来实现。每一个大学生都应该充分认识、理解和应用这个原则，加强自我教育，培养自身的理性认识和自我反省意识，促使自己能够战胜自我，塑造自身健康的人格。

3. 个性与共性相统一

人格既有其共性，又有其个性特征。人格的差异性客观存在，因此，完善人格的培养必须结合各自的实际情况。学习别人的长处是必要的，但“东施效颦”则不可取。每一个大学生，既要有自己的个性，发展自己的特长，形成自身独特的完善人格，也要顺应社会和时代的需要，为实现中华民族伟大复兴的中国梦而奋斗。

4. 知行合一

人格的形成是一个从知到行、知行合一 的过程。大学生只有先知晓健全人格的内容，掌握必要的人格知识，并使自己的认识体现于行为实践中，形成良好的行为习惯，才能为塑造完善人格打下坚实的基础。

二、大学生人格完善的培养途径

大学阶段既是学习、掌握知识的黄金时段，也是人格发展的重要阶段。大学生要抓住这一人生关键时期，既要学知识又要学做人。

1. 建立适度的奋斗目标，努力进取

为理想而奋斗、不断进取，会使生活充实而有意义。人有所追求，思想情感有所依附，心胸就会变得豁达，并能坦然面对生活中的坎坷和曲折。大学生应从自身实际出发，对自己的能力做出客观评价，确定适合自己的追求目标，并且在目标实现的过程中，经常为自己取得的进步给予肯定，巩固和增强自己的信心，从而使自己的心理机能处于良好的竞技状态。

2. 树立正确的自我意识，融于集体

好的团队是塑造完善人格的土壤。大学生应积极参加集体活动，在为人处事中不以自我为中心，欣赏、赞美他人的长处，学会倾听不同的意见，培养自己求同存异、宽容博大的胸襟，并能够将坚定不移的原则性和因势利导的灵活性结合起来，必然能形成和谐的人际氛围，产生完善的人格动力源。

3. 养成良好的学习习惯，丰富知识

广博的知识是提高自身修养、完善自我的基础，也是现代人格形成的基础。勤奋学习、增长才学的过程亦是人格完善的过程，荣格有句名言："文化的最后成果是人格。"无知容易使人粗俗、自卑，而丰富的知识则使人明智、自信、坚强、谦和、大度。因此，培根称："读史使人明智，读诗使人灵秀，数学使人周密，哲学使人深刻，伦理学使人庄重，逻辑修辞之学使人善辩，凡有所学，皆成性格。"

4. 参与多样的社会实践活动，开阔眼界

社会是一个大舞台，每个人都必须接受社会生活的锻炼，才能把握自己的角色，形成自己独特的人格，因此，社会实践活动是大学生人格塑造的一个重要途径。大学生社会实践活动的内容丰富，形式多样。积极参加义务劳动，能够促进大学生关心社会，培养其责任感、耐心细致、勤奋、敬业、奉献等优良品质。勤工助学对大学生培养自立自强的精神，增强社会适应能力起着积极作用。实践证明，较多参加社会实践活动的大学生，多具有头脑灵活、思路开阔、独立性强、富于创造、善于交往、自信果断等良好的人格特征。这些学生知识面广，社会经验丰富，毕业后大多能够较快适应新的工作环境。

总之，人格完善的过程就是心理健康的维护和促进过程，是心理不断走向成熟的过程，是一项自我改造、自我发展、自我实现的工程，需要大学生从健康人格塑造的目标着眼，从小事做起，在实践中不断自省，才能达到日臻完善的境界。

三、大学生人格完善的塑造方法

大学生健康人格塑造的过程，也是大学生不断社会化的过程，必须遵循大学生个体身心健康的发展和社会的需要。

1. 做自己气质、性格的主人

做自己气质、性格主人的前提，是了解自己的气质和性格类型，扬长避短。

2. 积极参加集体活动，求同存异

大学生应多参加集体活动，取长补短，求同存异，构建和谐人际关系。

3. 陶冶情操，提高素质

大学生正处于学习的黄金年龄，除了学好基础课、专业课之外，还应培养自己的多种兴趣爱好，提高人文素养，以达到陶冶情操、优化人格的效果。

4. 积极发展独立性和创新能力

独立性和创新能力是现代人格结构中必不可少的品质。当代大学生应善于想象，敢于创新，勇于探索，为建设世界科技强国汇聚磅礴力量，为实现中华民族伟大复兴做出新的更大贡献。

5. 脚踏实地，磨炼意志

大学生要多参加实践活动，从每一件小事做起，在活动中塑造自我人格、完善自我人格。

6. 把好人格塑造的“度”

人格塑造“度”的把握，除了某种人格品质要健康地发展，避免偏向外，还表现为不同性质的人格品质要协调发展，即所塑造出来的人格特征应有韧度，有较强的应变、适应能力。

【心理测验】

气质类型自测

下面60道题可大致确定人的气质类型。在回答下列问题时，若与自己情况很符合的记2分，比较符合的记1分，介于符合与不符合之间的记0分，较不符合的记-1分，很不符合的记-2分。

（一）气质测验题

（1）做事力求稳妥，一般不做无把握的事。

（2）遇到可气的事就怒不可遏，想把心里话全说出来才痛快。

（3）到一个新环境很快就能适应。

（4）宁可一个人干事，不愿很多人在一起。

（5）厌恶那些强烈的刺激，如尖叫、噪声、危险镜头等。

（6）和别人争吵时，总是先发制人，喜欢挑衅。

（7）喜欢和别人交往。

（8）喜欢安静的环境。

（9）羡慕那种善于克制自己感情的人。

(10)生活有规律,很少违反作息制度。

(11)碰到陌生人觉得很拘束。

(12)在多数情况下情绪是乐观的。

(13)遇到令人气愤的事,能很好地自我克制。

(14)遇到问题总是举棋不定,优柔寡断。

(15)做事总是有旺盛的精力。

(16)在人群中从不觉得过分拘束。

(17)情绪高昂时,觉得干什么都有趣,情绪低落时,又觉得干什么都没有意思。

(18)当注意力集中于一事物时,别的事很难分心。

(19)碰到危险情况,常有一种极度恐怖感。

(20)理解问题总比别人快。

(21)能够长时间做枯燥、单调的工作。

(22)对学习、工作怀有很高的热情。

(23)符合兴趣的事情,干起来劲头十足,否则就不想干。

(24)讨厌做那种需要耐心、细致的工作。

(25)一点小事就能引起情绪波动。

(26)喜欢参加气氛热烈的活动。

(27)与人交往不卑不亢。

(28)爱看感情细腻、描写人物内心活动的文艺作品。

(29)不喜欢长时间谈论一个问题,愿意实际动手干。

(30)工作学习时间长了常感到厌倦。

(31)宁愿侃侃而谈,不愿窃窃私语。

(32)理解问题常比别人慢些。

(33)别人总是说我闷闷不乐。

(34)疲倦时,只要短暂的休息,就能精神抖擞重新投入工作。

(35)认准一个目标就希望尽快实现,不达目的誓不罢休。

(36)心里有话宁愿自己想,不愿说出来。

(37)学习、工作一段时间后,常比别人更疲倦。

(38)老师或他人讲授知识时,总希望他讲得慢些,多重复几遍。

(39)做事有些莽撞,常常不考虑后果。

(40)能够很快地忘记那些不愉快的事情。

(41)做作业或完成一件工作总比别人花时间多。

(42)喜欢运动量大的剧烈体育运动,或者参加各种文艺活动。

(43)不愿很快地把注意力从一件事转移到另一件事上去。

(44)接受一个任务后,就希望把它迅速解决。

(45)能够同时注意几件事物。

(46)认为墨守成规比冒风险强。

(47)当我烦闷的时候,别人很难使我高兴起来。
(48)爱看情节起伏跌宕、激动人心的小说。
(49)对工作抱有认真严谨、始终一贯的态度。
(50)和周围的人关系总是不好相处。
(51)喜欢复习学习过的知识,重复做熟练的工作。
(52)希望做变化大、花样多的工作。
(53)别人说我"出语伤人",可我并不觉得这样。
(54)小时候会背的诗歌,我似乎比别人记得清楚。
(55)在体育活动中,常因反应慢而落后。
(56)反应敏捷,头脑机智。
(57)喜欢有条理而不甚麻烦的工作。
(58)兴奋的事常使我失眠。
(59)老师讲新概念,常常听不懂,但是弄懂了以后则很难忘记。
(60)假如工作枯燥无味,马上就会情绪低落。

(二)确定气质类型的方法

1. 将每题得分填入"气质测验得分表"中相应的"得分"栏内

气质测验得分

胆汁质	题号	2	6	9	14	17	21	27	31	36	38	42	48	50	54	58	总分
	得分																
多血质	题号	4	8	11	16	19	23	25	29	34	40	44	46	52	56	60	总分
	得分																
黏液质	题号	1	7	10	13	18	22	26	30	33	39	43	45	49	55	57	总分
	得分																
抑郁质	题号	3	5	12	15	20	24	28	32	35	37	41	47	51	53	59	总分
	得分																
结果	您的气质是:																

2. 计算每种气质类型的总得分数

3. 确定气质类型

(1)如果某一项得分明显高出其他三种,均高出 4 分以上,则可定为该类气质。

如果该类气质得分在 10~20 分,为一般型;如果超过 20 分测为该气质的典型。

例如,胆汁质项得分超过 20 分,则为典型胆汁质。

(2)如果两种气质得分相近(其差异低于 3 分),而且又明显高于其他两种(高出 4 分以上),则可定为这两种气质的混合型。

(3)三种气质得分均高于第四种,而且接近则为三种气质的混合型。例如多血质-胆汁质-黏液质混合型或黏液质-多血质-抑郁质混合型。

【活动天地】

人格的塑造在于日常积累。下面是一个积极人格训练表,每天对照检查一下自己,做得到的打"√",没做到打"×",并写出改进的方法。坚持一段时间,看看自己发生了哪些变化。

	星期一	星期二	星期三	星期四	星期五	星期六	星期日	改进方法
勤奋								
进取								
积极								
认真								
好学								
坚持								
及时								
诚信								
负责								
宽容								
热忱								
谦虚								
适度								
整洁								

第十章

绽放生命心飞扬——大学生生命教育与危机应对

名言哲语

人的一生可能燃烧也可能腐朽，我不能腐朽，我愿意燃烧起来！

——尼古拉·奥斯特洛夫斯基

世上只有一种英雄主义，就是在认清生活真相之后依然热爱生活。

——罗曼·罗兰

人生本来就是一种广义的艺术。每个人的生命史就是他自己的作品。

——朱光潜

本章导读

生命是一种奇迹，无数人为了这个奇迹而赞叹。有时候生命很顽强，有很多人哪怕躯体残缺，哪怕奄奄一息，也能够凭借坚强的意志存活，这样的生命就像是石缝之下的小草，顽强地探出头来迎接阳光；有时候生命很脆弱，大自然的一场灾难，就会让很多人失去生命，失去亲人，失去家园。不仅仅有自然的灾难，生活中也会有各种各样的意外，随时都可能让生命在瞬间毁灭。每个人都无法决定生命的长度，但可以掌握自己生命的宽度，即实现生命的意义，让生命放射出耀眼的光芒。本章让你认识生命、尊重生命和珍惜生命，帮助你识别心理危机的信号，掌握心理危机预防和干预的方法，让生命更加精彩。

第一节　大学生的生命困惑

生命是什么？生命的意义何在？如何认识死亡现象？如何让自己的生命之花绽放，

活出精彩的自我？这是我们每个大学生都必须面对和回答的课题。当认真思考这些问题时，我们往往会陷入更多的困惑。对于死亡，美国存在主义心理大师欧文亚隆说："你不能直视死亡，正如你不能直视骄阳。"

一、认识生命与死亡

生命是个很直观又很神圣的字眼，大家对它并不陌生。但是，到底什么是生命？同时，死亡意味着什么？如何克服死亡恐惧，避免非正常死亡？这是我们需要首先弄清的问题。

1. 生命的定义

生命是什么？古今中外，不同的历史时期，不同的学科，对生命的解释不尽相同。

19 世纪，恩格斯在《反杜林论》中指出："生命是蛋白体的存在方式，这个存在方式的基本因素在于和它周围的外部自然界的不断新陈代谢，而且这种新陈代谢一停止，生命就随之停止，结果便是蛋白质的分解。"在恩格斯看来，生命是自然界中的一种特殊物质——蛋白体"自我更新"过程，是一种自我完成的新陈代谢。生命机体处于与环境的相互作用中。总之，恩格斯关于生命的界定，不仅说明了生命的物质基础，而且也阐明了生命的辩证运动及其方式与原因，从而科学地说明了生命的起源和本质。

《现代汉语词典》这样给生命下定义：生物体所具有的活动能力。生命是蛋白质存在的一种形式。它的最基本特征就是蛋白质能通过新陈代谢作用不断地跟周围环境进行物质交换。

从生物学来说，生命是指自身繁殖、生长 发育、新陈代谢、遗传变异以及对刺激产生反应等生物体所表现出来的复合现象。从生物学的角度上对生命的解释，没有将人的生命和其他生命物种区分开来。马克思认为人的生命活动是有意识的。"有意识的生命活动把人同动物的生命活动直接区别开来"。从哲学来说，人的生命是有意识的更新和发展的过程。因此，无论生物学还是哲学都认同："自我更新与发展"是生命的本质含义。

2. 生命的存在形式

依据存在层次的不同，人的生命可分为自然生命、社会生命和精神生命。

自然生命是指肉体生命，是属于生物学层面的，生命的生长和发育发展，都要遵从生物规律。肉体生命是生命存在的基础，没有它一切都无从谈起。古人认为："身体发肤，受之于父母，不敢毁伤。"把爱惜身体上升到孝道。爱惜生命，应从爱惜身体做起。

社会生命是属于社会学层面的，马克思认为"人是一切社会关系的总和"。人是社会性的生物，要参与融入社会生活中，在与他人的交往、互动中确立自己的社会存在，因此在生命的过程中要扮演好自己的各种生活角色，协调好社会关系，履行好各种社会契约中的权利义务。人只有在社会中才能追求自己生命的意义，实现自己生命的价值。所以才有人为了他人，甘愿牺牲个人利益，甚至生命，实现自己的社会价值。

精神生命是人生的最高层次，是指永恒生命，它承系天地、传感真谛、永世长存。人之所以为人，不仅是为了生物生命的存在，而且还追求超越自身的精神性的存在。它不仅仅是存在于独立的个体生命中，也广泛长久地存在人类群体当中。如中华民族几千年来自强不息、厚德载物、敬畏自然、天人合一等精神追求，逐渐积淀形成民族精神，已经成为全人类共同的精神财富，代代传承。

3. 生命的意义

(1)生命的意义的内涵。所谓生命的意义就是指特定的人生使命或天职。奥地利心理学家弗兰克尔在《活出生命的意义》一书中非常精辟地阐述了生命的意义："无论处境多么悲惨，每个人都有责任为自己的生命找到一个意义来。这个意义不是一般的生命的意义，而是存在某一时刻的特定的生命的意义。""一个人不能去寻找抽象的生命的意义，每个人都有自己的天职或使命，而此使命需要具体的去实现的，他的生命无法重复，无法替代。所以每个人都是独特的，用独特的机遇去完成独特的天赋使命。一个人一旦了解了他的不可替代，自然容易尽最大心力为自己的存在负起最大的责任。他只要知道自己有责任为某件尚未完成的工作或某个殷切期盼他早归的人而善自珍重，必定无法抛弃生命。"

一个人在生活中如果没有找到自己生命的意义，便会被生存的空虚感所笼罩，产生生存挫折感和价值观的矛盾，从而导致心理疾病。所以，每个人必须为自己的生命确定意义。

(2)怎样寻找生命的意义。生命的意义是会改变的，每个人都有不同的想法，不同的生活方式，不同的生命路径。因此，对个体来讲，在每个不同的时间段中，对于生命意义的认识会有所不同，对不同的个体来说，每个人都会有自己对于生命的独特的思考，如同没有两片相同的树 叶一样，这个世界也没有两个相同的人。

有三条途径可以去寻找生命的意义：

第一，通过主动创造性的工作、学习。在这个世界中发挥自己最大的潜力和能力，去接触人类的文化，去接触世界的存在，这样的工作和学习，也会给个体带来自我实现的成就感和价值感。

第二，通过被动的体验，比如对大自然、对艺术的欣赏，这样的欣赏会给予人美的感受和体验，会让生命更富于深刻的体验，增加生命的深度和广度。此外，还有对所爱的人和事的感受。

第三，找寻成就的意义、苦难的意义。从成就和苦难当中体验生命存在的意义。

4. 面对死亡的生命思考

就生命而言，人与万物一样有生有灭。不管我们是否承认，是否愿意，死亡都是人生的最终归宿。所以，我们不应该漠视和回避死亡，而是要"直面死亡"。

怎样面对死亡？探求哲理就是学习死亡。人类的一切智慧和思考都归结为一点——教我们怎样坦然面对死亡。

蒙田说："死神在哪里等待我们，是很难确定的，我们要随时随地地恭候它的光临。对死亡的熟思也就是对自由的熟思。谁学会了死亡，谁就不再有被奴役的心灵，也就能无视一切束缚和强制。谁真正懂得失去生命不是一件坏事，谁就能泰然对待生活中的任何事。"

在经历了"5·12"大地震和新冠疫情之后，人们感受到了生命的脆弱和短暂。正因为有了死亡，才有对生命的思考；因为有了终结，才突显过程的重要；因为死亡的必然性，才显得生命的可贵。从自然生命的角度看，人只能获得一次生命；在人类历史长河中，人的生命是极为短暂的、有限的。人无法决定生命的长度，只能把握好生命的每一天。只有有价值的生，才能无愧地面对死，使人生更加从容有序。

二、大学生生命困惑

人与动物最大的不同就在于人会寻找生命的意义和价值。大学生存在这些困惑：生命目标的缺失，失去生活动力。其次，生命价值感的苍白。一些大学生不能正确认识自我，接纳自我，很自卑。生活上一遇挫折，便极易产生心理问题。

大学生产生生命困惑的原因是多方面的，既有社会的客观因素，也有大学生自身的主观因素。

1. 生命发展过程中外部环境变化的影响

（1）生命教育缺失。在我国传统教育中，缺乏生命教育。孔子说："未知生，焉知死？"长期以来我们对生命教育都缺乏应有的重视，而生命教育的不到位导致了大学生缺乏对生命的思索，许多学生不知道生命对自身、对家人朋友、对社会具有怎样的意义，因此不能树立正确的生死观念，对死亡的态度存在误区。

（2）大学生生存压力增大。在知识经济高速发展的今天，对人才综合能力和素质的要求更加严苛。这种激烈的竞争使大学生的生存压力大大加重。大学生们在为人生做准备的过程中，强烈地感受到了来自学业、就业、个人发展、人际、恋爱等多方面的压力。当众多的压力叠加到难以承受时，就会产生对人生的无奈和无助感。

（3）职业的适应。影响青年人工作或职业选择的主要包括家庭因素、教育和智力水平、性别、人格等。选择职业要考虑自己的能力、兴趣、性格特点，不要单纯考虑经济收入和就业机会。一些大学生受急功近利思想影响，对于专业的选择，不是根据个人的喜爱程度，而是依据是否热门；毕业后找工作，不根据自己是否适合来判断，而是盲目选择待遇高的单位；选择擅长的、感兴趣的、适合自己性格特点的职业或专业，会提高学习工作效率，增加工作满意度，降低职业倦怠感，这对人的一生的发展极其重要。

（4）社会成功价值观的错位。每个人在人生中都追求成功。很多人认为出人头地，认为拥有高学历、高职位、高收入才是成功。在这样的标准下，很多人忽略了自身对快乐和幸福感的体验，忽略了在精神生命层面的发展。

2. 大学生自身的心理特点的影响

大学生处于青年时期，个体思维中逻辑的绝对成分在不断变化，自我意识还不够稳定，人生观价值观受文化影响较大，社会关系也在发生变化，社会赋予青年更多的角色，青年人面临参加工作选择职业的挑战，相对于中年人，青年人缺乏经验，人格发展有待进一步成熟，心理压力增大。因而，也就造成大学生对 生命的困惑。

（1）成年早期的内心冲突。按照心理学家埃里克森对人生阶段的划分，大学生正处在成年早期。这个阶段的特点是容易发生亲密感与孤独感的冲突。青年期的主要任务是建立亲密感。亲密感范围很大，包括朋友关系的友谊，核心的关系是指恋爱和婚姻。

在婴儿期中，婴儿对母亲有亲子依恋，到青春期，这种依恋开始减弱。进入青年期后，如果有了恋爱对象，或者已婚，这种依恋转向自己的人生伴侣，完成了亲子依恋到成人依恋的转变。如果青年初期没有恋爱对象，就容易感到孤独。

青年时期，大学生一方面对现实中的许多事物理解不够深刻；另一方面 对未来抱有幻想，拥有年轻人的朝气、勇敢和信心。既希望改变现实，又感到自身力量不足，内心充满了矛盾冲突。

(2)思维的发展有待成熟。美国心理学家帕瑞(W. Perry)认为，青年期的思维发展可以分为三个阶段。

第一阶段：二元论阶段。青年初期的个体对问题的看法非此即彼，要么对，要么错，没有灰色区，容易将知识视为固定不变的真理。

第二阶段：相对性阶段。处于这个阶段的个体不再毫无区别的把知识视为固定不变的真理，而是通过比较不同的理论、方法，进而找到有效的理论和方法。

第三阶段：约定性阶段。个体在分析问题时已有自己的立场和观点。能结合个人的实际情况具体问题具体分析，认识到两个相反的观点都可能是正确的，因为每个观点的出发点不同。

(3)自我意识不够稳定。进入青年期以后，青年开始将自己的注意力集中到发现自我、关心自我的存在上来。这是青年期自我意识发展的最主要的特点。青年初期形成的自我意识还很不稳定，因而对他人有关自己的评价非常敏感。随着人生经验的积累，个体需要对自我意识不断地进行修正。自我意识的修正主要依据两个方面：一是来自生活中所积累的经验，特别是成功和失败的经验；二是来自他人的评价。

在修正自我意识，即对“我”进行审视和分析的过程中，个体表现为自我接纳和自我否定两种形式。自我接纳是个体对自身以及自身所具有的特征持积极的态度，正确对待自己的长处和短处，以平常心面对自我现实。自我否定是否定自己的各个方面，忽视自己的优点。自我否定与自我接纳一样，是自我意识发展过程中不可或缺的心理过程，也是个体形成良好的心理品质所必要的心理过程。通过多次的自我接纳和自我否定，青年就可能客观地评价和认识自我，稳定的自我得以最终确立。

(4)人生观价值观逐渐走向成熟。人生观是人们对于人生目的和意义的根本看法和态度。价值观是个体以自己的需要为基础对事物重要性进行评价时所持的内在尺度。人们对于人生的看法和认识，归根到底是凝结在一个人的价值观上。个体的人生观的发展过程是在青春期萌芽，高中阶段的青年期迅速发展，大学阶段达到高峰，并逐渐走向成熟。

影响人生观形成和发展的因素有三个方面：

其一，人生观价值观的形成和发展受个体成熟因素的制约，它的形成需要必要的心理条件：①思维发展到抽象逻辑水平，辩证逻辑思维开始发展并逐步提高。②自我意识迅速发展，并逐渐走向成熟。③社会性需要和社会化达到趋于成熟的水平。

其二，人生观价值观的形成是青年时期的社会化过程中发展和形成的，不可避免地受到各种社会因素的影响，受社会背景和文化条件的制约。

其三，属于个人的因素。如与个人命运相关的突发事件等。个人的经历和生活经验也明显影响个体的理想和价值观念。

大学是为国家培养建设人才的重要阵地。大学阶段是确立人生目标和形成健康生活方式的最关键时期;大学生身受高等教育,是国家宝贵的人才资源。引导大学生建立正确的世界观、人生观、价值观在大学里开展生命教育已经刻不容缓。

第二节　认识大学生心理危机

一、什么是心理危机

危机(crisis)有两个含义:一是指出乎人们意料发生的突发事件,如地震、火灾、水灾、空难、瘟疫、恐怖袭击、战争等;二是指人所处的紧急状态。

心理危机(psychological crisis)是指个体在遇到了突发事件或面临重大的挫折和困难,当事人自己既不能回避又无法用自己的资源和应对方式来解决时所出现的心理反应。当个体遭遇突然或重大困难境遇超出了自己的应对能力,就会进入一种失衡状态,正常的生活受到干扰,内心的紧张不断积蓄,继而出现无所适从甚至思维和行为的紊乱。

心理学家布拉默(Brammer)将人生面临的危机分为三种类型:

1. 境遇性危机

当个人面临无法预测和控制的罕见或超常事件时出现的危机。如亲友突然亡故、父母失业、家庭经济来源突然中断、新冠疫情等,或是遇到突然 的侵犯和恐怖事件,如遭到恐吓、抢劫、交通意外、暴力或性侵害、战争等,而引起的心理危机。

2. 发展性危机

是指在正常成长和发展过程中,急剧的变化或转变导致的异常反应。也叫成长危机。如新生适应,身心发育变化、升学就业变化,恋爱困惑等等。大学生在大学阶段中发生的涉及心理和生理上发展变化的心理危机都称为发展性危机。

发展性心理危机的特点是变化急剧。在危机期间,大学生容易出现一些心理、行为的异常,如情绪冲动、厌学逃课等。如果能顺利度过危机,将会给大学生的心理发展带来促进作用,使其增强独立性,向着成熟迈进。

3. 存在性危机

是指伴随着重要的人生问题如关于人生目的、责任、独立性、自由和承诺等出现的内心冲突和焦虑。例如这种危机可能是现实的,也可能是基于个人的主观感受。

二、大学生的心理危机的特点

1. 复杂性

造成心理危机的原因有很多。可能是心理方面的,如心理需要、价值观念、个性特点等；也可能是生理方面的，如生理的变化、疾病的出现等情况；还可能是社会性方面的，如社会的变迁、文化的变革与冲突等；心理危机可以是突发灾难性的，如自然灾害；也可以是一 系列事件长期积累引发的，如人际关系恶化。因此，危机是个体的家庭教养、朋友交往、生活环境等关系相互交织的综合反映，不遵循一般因果关系的规律。

生活事件的强度与心理危机的程度不一 定成正比，而是取决于个体的应对能力、既往经历和个性以及个人对生活事件的认识等。在同样的压力情境下，有的大学生产生了心理危机，有的大学生却适应良好。

2. 普遍性

从一定意义上说，心理危机是每个人成长过程中都会遇到的问题。对于正在成长中的大学生来说，也不能够幸免。心理危机是一种正常的生活经历，是个体的非正常、非均衡状态，并非疾病和病理过程。心理危机表明了个体正在努力抗争，力求保持自身与环境之间的平衡。尽管大学生的心理危机很难避免，但是只要通过确定目标、制定计划、巧妙处理，就可以安全地渡过。

3. 动力性

在心理危机的过程中，总是存在着焦虑和冲突，由这种情绪导致的紧张为心理变化提供了动力。有的人把心理危机看作是成长的机会或催化剂。因为心理危机可以打破个体原有的思维或习惯，唤醒新的反应，从而找寻解决问题的新方法，增强了挫折的耐受性，提高了适应环境的能力。埃里克森曾提出人的一生要经历 8 个重要阶段，每个阶段的更替，就是一次危机，如果能顺利渡过，人格则会得到成长。经过一次次发展性心理危机的成功解决，使得大学生的人格朝着成熟和完善迈进。

4. 时代性

当代大学生的心理危机反映了个人对理想的憧憬，反映了当代社会对大学生的要求以及带来的压力，表现为成为人才、实现理想与现实的冲突和矛盾。大学生的心理危机与时代背景有着密切关系。如当前大学生严峻的就业形势就对现在的大学生带来了很大的压力，一旦某些大学生不能够以正确的心态面对，自然会出现一些心理危机。

三、大学生的心理危机的常见表现

1. 情感危机

由于在感情中遭到突然的打击，无法控制和驱使自己的感情，从而严重地干扰其正常的逻辑思维以及处理事情的判断能力，甚至影响正常的工作学习，诸如此类统称为情感危机。失恋是大学生中最常见的情感危机。

2. 人际关系危机

和谐的人际关系既是大学生获得心理健康的重要途径，也是大学生心理健康不可缺少的条件。大学生人际交往危机主要是指在校大学生在与他人相处和交往的过程中表现出的一些不良心理状态和行为表现，如自恋、自负、自闭、逃避以及难以处理与他人的关系等。从中学到大学，大学生面临着一种全新的人际关系，大学的同学来自全国各个地方，他们的家庭背景、生活方式、处事方法、价值观念、兴趣爱好等都可能会千差万别，这些差异难免会带来一些摩擦和冲突。

3. 就业危机

现代社会竞争加剧，就业压力增大。为了增强自己日后的就业实力，给自己设置一些不切合实际的目标，花费大量的财力和时间来学习热门实用的课程，这样就处于长期的紧张状态和高负荷压力下，如果失败就会感受到严重的挫折感。

4. 学业与经济危机

对大学生来说，学习是首要的任务。大学生们的学习压力有一大部分是来自于所学的专业，这些专业并不是他们喜爱的，从而使大学生长期处于冲突和痛苦 之中；不堪重负的课程、学习问题、心理问题导致长期压力过大。高度紧张的状态很可能导致学生出现强迫、焦虑等心理疾病。目前，中国在校大学生中贫困生大约有20%，其中5% ~7%为特困学生。他们当中很多人承受着巨大的经济压力和精神压力，抗风险能力不够，容易受自卑、孤独、抑郁等情绪困扰。

【心灵启迪】

小凌是一名大三的女生，来自祖辈都是林业工人的东北地区。对于能到省城上大学，小凌感到万分高兴。到校后，学习刻苦、成绩优异，大一时曾被评为三好学生。随着年龄的增长，对异性的倾慕与日俱增，盼望早日有位白马王子出现。当她把自己的感情向本专业另一名男生诉说时，遭到婉言拒绝。寒假时她忍不住又写了一封信给那名男生，但他已在返校途中。他的哥哥便把这封信原封不动地“加快”转寄到学校来了。信到校后，同寝室的同学以为他家里出了什么事，便拆开了信。此事因此被公开。消息一传出，原本内向、忧郁的她，心情更 加沉重了。看见同学们在一起说笑，她就以为同学们在取笑她，经常头痛，胸闷，食欲不振，甚至失眠，无法集中精力学习，甚至产生轻生念头。老师、同学发现了小凌的异常行为，及时和家长以及学校心理中心联系，在家长、学校共同努力帮助下，小凌终于逐步好转。

四、大学生心理危机发生后的反应

通常，当个体面对危机时会产生一系列身心反应，这种反应会维持6~8周。危机反应主要表现在生理、情绪、认知和行为等四个方面。

1. 生理方面

常表现为食欲不振、肠胃不适、腹泻、头痛、疲乏、失眠、噩梦、易受惊吓、感觉呼吸困难、哽塞感、肌肉紧张等。其中较常见的特征是周期性或持续性的颤抖，长期心烦意乱或心不在焉，极端不安和精神恍惚、精神错乱。

2. 情绪方面

出现焦虑、恐惧、怀疑、抑郁、悲伤、易怒、绝望、无助、麻木、否认、孤独、紧张、不安、愤怒、烦躁、自责、过分敏感或警觉、无法放松等情况。

3. 认知方面

消极思维：容易注意力狭窄，注意力不集中，健忘，过分关注负性情绪，不能把思想从危机事件上转移，无法关注周围环境和他人感受，思维陷入狭窄的闭环，钻牛角尖。

4. 行为方面

社交退缩、害怕见人、逃避疏离、容易自责或怪罪他人、不信任他人，还会表现出否认、攻击、放纵等消极行为反应。有些人会有假装适应的反应。假装适应是所有心理危机反应中最敏感的，是指一些人表面上好像 很成功地驾驭了创伤和压力，但事实上他们是故作轻松。假装适应的反应是一种由抑制、自我克制等综合构成的相当脆弱的防御方法。假装适应的人很少主动寻求帮助；还有些人的危机反应是对他人进行攻击。另一些人则是自我毁灭式的，例如疯狂地驾驶，酗酒。

五、心理危机的发展过程

心理危机发生，人们对危机的心理反应一般会经历四个不同的阶段。

冲击期：当一个人感受到生活突然出现重大变化，或者即将发生难以承受的变化时，心理平衡被打破，表现为警觉性提高，体验到紧张，感到震惊、恐慌、不知所措。

防御期：个体试图用以前压力下习惯用的策略做出反应，努力恢复心理上的平衡，控制焦虑和情绪紊乱，恢复受到损害的认识功能，但是习惯的解决问题的方法未能奏效。个体试图寻找新的解决途径，产生了求助动机。但是高度紧张的情绪会影响个体的冷静思考和采取有效的行动。

解决期：经过尝试错误的方法未能有效解决问题，个体的紧张程度持续增加，并想方设法采取各种方法解决问题。常常不顾一切，甚至采取不合常规的方式不断求助，接受现实，寻求各种资源努力设法解决问题。这一阶段，求助动机最强。

成长期：经历了心理危机之后，焦虑减轻，心理平衡恢复，而且获得应对危机的方法技巧，变得更成熟。但是，如果个体经过前三个阶段，仍然没有解决问题，危机没有解决，持续的压力使个体严重受挫产生无力感，失去希望和信心，甚至对生命意义产生动摇。强大的心理压力有可能触发以前没有解决的隐藏在内心的层处的冲突，有些人会产生精神崩溃和人格解体。因为无法摆脱痛苦，有些人在这个阶段自杀。

心理危机经历四个阶段，最终可能出现两种不同的结局，如果未能顺利渡过心理危机，心理留下了创伤，损害了心理健康，影响今后的生活和社会适应；或者出现严重心理障碍，甚至自伤自杀；如果顺利渡过危机，个体学会了应对的新方法和技能，提高自信和能力，心理得到发展，走向成熟。

第三节 大学生心理危机的预警与干预

心理危机虽然有错综复杂的原因而且是个人行为,但它是可以防范和干预的。通过有针对性地采取防范措施,可以减少危机发生的突然性和意外性。还可以通过对处于困境和挫折中的个体予以关怀和救援,帮助其渡过危机,使之找到心理方面的平衡感。

一、心理危机预警

心理危机预警是指对心理危机进行早期的预测,通过评估预警信息和识别潜在的或实际的风险因素,有针对性地采取预防措施,必要时发出危机警告,减少突发意外的机。心理危机预警机制具有预测危机、预防危机的功能,是一种预先的危机管理机制。

1. 大学生心理危机预警系统重点关注对象

心理危机的预警对象通常是危机事件发生概率较高、危机承受能力相对较低以及正在遭遇危机事件的个体或群体。

2. 心理危机干预原则

心理危机干预是指采取紧急应对的方法帮助危机者解除心理危机,使其症状得到逐步缓解和消失,心理功能恢复到危机前的水平,并获得新的应对技能,以预防将来心理危机的发生。心理危机干预原则是:

(1)生命第一原则。发现危机情况,立即采取保护措施,最大限度地保护学生的人身安全。

(2)家长参与原则。实施心理危机干预时,以最快的速度通知学生家长或亲属。

(3)全程监护原则。实施危机干预过程中,安排专人对干预对象全程监护。

(4)分工协作原则。实施危机干预过程中,相关部门要协调配合,履行职责,积极主动地开展工作。

(5)发展性原则。危机是客观现实存在的危险,也是潜在发展变化的机遇。危机干预不仅以解决当事人所面临的问题为 干预目标,而更应该以帮助当事人快速提升应对危机能力为干预目标。危机干预应重视“促进当事人和当事人所在团体的发展”的基本原则。

二、心理危机的自我干预

对处于困境和挫折中的个体予以关怀和支持,使之恢复心理平衡的过程,称为心理危机干预,也称心理危机调停。心理危机干预本身是属于一种心理卫生的救助措施,主要针对心理适应陷入危机的人,给予适时的救援,帮助其渡过危机,并且根据情况的轻重,转介有关机构接受治疗。危机干预可以从个体自己和寻求帮助开始。心理危机干预的关键是“人格塑造”,以帮助危机者在危机中恢复信心,发挥自己的潜能。

心理危机的自我干预实施目的是从自身的角度来解决危机,情绪调节,使自身的功能恢复到危机前。

1. 寻求滋养的环境

积极寻找支持系统,改变危机环境。陷入危机局面的个体,感受到的是恐惧和混乱状态,个体可以从类似的过去经历经验中得到帮助,也可以向处理危机的专家寻找帮助,或者通过阅读书籍找到一个解决方案。

2. 积极调整情绪

危机的出现会让人极度紧张和沮丧,这些情绪反应不仅表现为强烈的不适感、挫折感,而且负面的经验将会使危机雪上加霜。因此,调节情绪的中心环节,是培养忍受 痛苦的能力。通过调节情绪,将使诸如焦虑导致恐慌、沮丧导致失望等情绪的恶性循环 得到控制。当危机超出了个体的控制,了解自己的情绪在这个时候显得尤为重要,将重点放在努力调节自己的情绪,会取得良好的效果。

3. 分散转移

调整是指分散、抑制等回避痛苦的方法。分散是指不断地做事,将所 有注意力集中在当前的工作中,而不去关注那些痛苦感受。分散活动只是为了分散痛苦,而不是解决特定问题。抑制是指控制。抑制在一定程度上是自动的过程,个体还可以有意识地进行控制;分散法和抑制法都能够转移人的消极情绪和思想,为重建 健康的个体的心理赢得时间。对于分散和抑制有明确的使用范围,尤其是在危机的早期 阶段效果比较明显。

4. 找人倾诉

通过向他人诉说痛苦的经历、往事以及思想感情,能使悲伤降低。人是社会中的高级动物。当感到痛苦时,向 同情你的人诉说你的痛苦将大有裨益。作为倾听者,重要的不是给危机受害者提供建议或分担痛苦,而是在他们体验极度恐惧和紧张时和他们在一起。

5. 良性的自我对话

良性的自我对话能够使个体强烈的、痛苦的情感变得可以忍受,这是一条普通而有效的途径。无论在何时何地,人们都可以通过和自己对话的方式,对所发 生的事情、对自己的感受进行诉说。比如,通过有意识地提醒自己要注意事物积极的一面;通过安慰自己或以平静心态的话来调节焦虑。良性的自我对话在帮助人们超越不能忍受的痛苦时非常有效果的,运用它,不会让人感到彻底的崩溃和失控,而且痛苦的感觉越强烈,努力说服自己的自觉性就越高。但是要注意,在对话过程中,不能采用一些消极的想法,应采用诸如“这个问题我一定能解决的,放心吧”“我以前也曾遇到过类似困难的情境,最终我克服了困难”这类想法,才能够调节沮丧的情绪。这类自我对话的目的是去除灾难性的想法,减少人们承受压力时所耗费的心理资源。

6. 建立良好的人际关系

在危机期间和危机过后,人们需要与周围的人保持良好的人际关系,与周围的人保持日常的联系、共同分享经验、共同面对复杂的事物，而不一定要求他们提供强烈的情感支持。这样不仅可以助于帮助遭受危机的个体重新适应社会，还可以将注意力分散，使自己远离消极紧张的情绪困扰。良好的人际关系是最好的心理滋养。

7. 面对现实，正视危机

在危机的前期，人们习惯于采取积极的态度来应付危机，利用一切可以利用的资源来避免危机带来的损害。但到了危机的后期，当个体积极应对危机的策略失败，个体感到绝望时，就会采取逃避现实的态度，采取退缩的策略应对危机，常常歪曲现实情境，或者不愿意承认现实情境，以此来逃避痛苦。但是只有面对现实，正视危机，才能使个体激发出潜在的力量，调动所有资源力量来寻求解决办法。

在各种危机面前，大学生就要接受现实，正视危机，这种方法只要运用得当，对进行积极的心理危机应对是非常有效的。

三、建立大学生心理危机的四级预警干预系统

各个学校要建立“宿舍、班级、系院、学校”四级预警干预系统。

1. 一级预警：宿舍心理信息员

每宿舍设立一名宿舍心理信息员，及时观察了解同学们的心理动态，发现需要心理援助的学生及时上报给班级心理委员；帮助班级心理委员组织开展心理健康教育活动，营造和谐融洽的宿舍心理氛围和良好的人际关系；在宿舍范围内开展朋辈心理辅导，主动帮助同学解决日常学习和生活中出现的心理困扰，遇到解决不了的问题及时转介给班级心理委员、辅导员、二级心理辅导站或心理咨询中心。

2. 二级预警：系院心理工作部和班级心理委员

充分发挥学生干部、学生党团员的骨干作用，每班设立一名心理委员，广泛联系同学，通过多种方式，加强思想和情感上的联系与沟通，了解思想动态和心态，一旦发生异常情况，及时向辅导员和学校心理咨询中心报告。

3. 三级预警：系院领导、辅导员、教师

各系院党政领导、教师要关爱学生，密切关注学生异常心理、行为，辅导员要有针对性的与学生谈话，帮助学生解决心理困惑，对重要情况，要立即向有关领导、有关部门报告，并在专家指导下及时对学生进行快捷、有序的干预。

4. 四级预警：学校心理中心

学校心理中心是开展心理健康教育工作的专门机构，由心理咨询中心专职教师组成，负责全校心理健康教育、日常咨询、危机预防和干预等工作。

第四节 大学生生命教育

明代著名文学家陈继儒在《小窗幽记》中写道:“闭门阅佛书,开门接佳客,出门寻山水,此人生三乐。”这句话说出了生命的本质内涵,那就是人与自我,人与他。人人与自然和谐相处,才会有生命的乐趣和幸福。

大学生生命教育的内容包括三个层次,分别为生命意识的教育、生存能力的教育和生命价值升华的教育。这三者之间密切联系,互相渗透,是一个有机的整体。

一、什么是生命教育

1968 年美国的一位学者唐纳·华特士出版了《生命教育》一书,探讨必须关注人的生长发育与生命健康的教育真谛。日本、英国等国家竭力倡导生命教育,各种学术团体纷纷建立。

什么是生命教育呢?生命教育就是以生命为核心,以教育为手段,倡导认识生命,珍惜生命、尊重生命、爱护生命、享受生命、超越生命的一种提升生命质量,获得生命价值的教育活动。

生命教育的目的就在于让我们感悟到生命的有限性、唯一性,认识生命的意义,尊重与珍惜生命,热爱与发展生命。生命教育可以以以下几种方式进行:第一,了解生命的起源,感知生命的神奇。第二,让每一天过得充实有意义。很多青少年自杀的原因就是觉得活着没有希望,没有意思。大学生要发展出积极健康的兴趣爱好,结交兴趣相投的朋友,多参加公益活动,让自己的每一天过得丰富多彩。第三,掌握生存技能。生存教育是生命教育的重要内容,包括了解安全知识,掌握生存技能。第四,了解死亡。正确认识死亡,认识到生命是唯一的、单项的,懂得要珍惜生命,热爱生命,创造生命价值。

二、敬畏生命

人们对一切生命的关爱、尊重、敬仰和维护称为敬畏生命。被爱因斯坦称为 20 世纪最伟大人物之一的法国人史怀泽,创立了“敬畏生命”的伦理学。他认为:敬畏生命,生命的休戚与共,是世界上的大事。善是保存和促进生命,恶是阻碍和毁灭生命。如果我们摆脱自己的偏见,抛弃对其他生命的疏远性,与周围的生命休戚与共,那么我们就是道德的。只有这样,我们才是真正的人。他在《敬畏生命》一书中写道,“人越是敬畏自然的生命,也就越敬畏精神的生命”。他还说:“人连对动植物的生命都要敬畏,难道能不敬畏人的生命吗?”

1. 传统文化中敬畏生命的理念

在我们的传统文化中,敬畏生命的理念源远流长。

远古时期的图腾崇拜、自然崇拜和神灵崇拜就是自然界万物的神秘性所引起的人们对生命敬畏的表达方式。中国古代神话中，抟土造人的人类始祖——女娲的形象是：人面蛇身。蛇能蜕皮，古人认为，蛇蜕一次皮，就是一次新生，蛇代表着生命，生生不息。中国古代的龙图腾，就是集蛇身、鱼鳞、鹿角等众多生物的特点于一身，代表吉祥统一、繁荣昌盛。我们的祖先用这种方式表达着对生命的敬畏与膜拜。

我国传统的思想中，历来倡导尊重生命，贵生、重生，强调生命的价值和意义。中国道家思想认为，世间万物均应效法自然，而生命的存在是自然而生，因此尊重自然法则，也应尊重生命的存在，庄子为此而作专著《庄子 ·养生主》篇。中国儒家思想则认为："天地之性，人为贵。"(《孝经 ·圣治》)孔子讲君子有"三畏"，即先要畏天命，然后是畏大人、畏圣人之言。唐代药学家孙思邈在《千金方》中指出，"人命至重，有贵千金"。德国著名社会学家马克斯·韦伯在《中国的宗教：儒教和道教》说："中国人对一切事物的评价，都具有一种普遍的倾向，即重视自然生命本身，故而重视长寿。"

2. 爱护所有的生命

爱是人类的永恒话题，是人类最基本的情感，世界是充满生命的世界，而人的行为又与这个世界密切相关。人需要的是对生命的博爱，就像植物离不开阳光雨露。博爱是人类特有的情感，在人的心理上能产生一种巨大的内动力。

敬畏生命就是把生命提高到最有价值的地位。敬畏生命，不只包括敬畏自己的生命，也包括敬畏他人的生命，以及敬畏自然界所有生物的生命。对其他生命的痛苦麻木不仁，就失去了共享其他生命幸福的能力。被誉为"最美女孩"的烟台女孩刁娜，在救助伤者时不幸被撞伤，造成右腿严重骨折，她却说："一条腿换一条命，值！"尊重与敬畏生命，富有爱心、道德高尚、追求真、善、美，这些美好的品德，创造了社会的美好，也创造了生命生存的意义及价值。

一个能够敬畏他人生命的人，就会多一分责任之心，就会多一分感恩的心。同样，一个能够敬畏自然、善待自然的人，就会感受到自然的生命律动，更加尊重自然规律，追求大自然与人类真正意义上的和谐共处。

【心灵启迪】

《五运历年记》记载关于盘古的传说：元气蒙鸿，萌芽兹始，遂分天地，肇立乾坤，启阴感阳，分布元气，乃孕中和，是为人也。首生盘古，垂死化身，气成风云，声为雷霆，左眼为日，右眼为月，四肢五体为四极五岳，血液为江河，筋脉为地理，肌肉为田土，发髭为星辰，皮毛为草木，齿骨为金石，精髓为珠玉，汗流为雨泽，身之诸虫因风所感，化为黎甿。

古人认为，自然也是有生命的。自然孕育了生命，生命最终归于自然，化育其他的生命。生命在自然的大循环中，成为自然的一部分，美妙无比。

二、敬畏死亡

死亡是生命历程中的自然环节。死亡是一切生命活动的必然现象，它是有生命以来就存在的。就人类个体而言,死亡是每一个人的最终归宿。

1.我国古代关于死亡的深邃的思想

在我国古代神话传说中,盘古死后,气化为风云,声音为雷霆,双眼化为日月,四肢五体化为四极和五岳,筋脉为地理,肌肉化为肥沃的田土……反映人和天地万物相通为一体的朴素思想。死亡,不过是回归自然,而且,会继续化育万物,孕育新的生命。

道家学派追求道法自然,对生死态度更加豁达。认为生命是元气变化,元气聚集有了形体,形体变化有了生命。所谓死亡,不过是元气离散,如同四季变化,是自然之道。所以,庄子在妻子死后鼓盆而歌。在自己即将死去时,还劝慰弟子:"我今死,则谁先?更百年生,则谁后?先不得免,何贪于须臾?"

儒家重视生命,更重视舍生取义。屈原的"九死犹未悔"的执着,孟子提倡的浩然正气,司马迁"以究天人之际,通古今之变,成一家之言"的追求,范仲淹"先天下之忧而忧,后天下之乐而乐"的胸怀,文天祥的"人生自古谁无死,留取丹心照汗青"的气节,谭嗣同"我自横刀向天笑,去留肝胆两昆仑"的豪迈:他们舍弃的是肉体的生命,追求的是为国为民为理想的精神生命,肉体死去,精神长存。

2.马克思主义的死亡观

生物学上的死亡指的是肉体死亡,它是机体内同化、异化这一对矛盾运动的终止。马克思主义认为,人之所以为人,除了与其他动物一样有自然属性外,关键还在于,人还有社会属性。人的社会属性表现在人具有理性、精神、劳动和社会关系等特点。正因为人有自然属性和社会属性,因此,人的生命既有肉体生命也有精神生命,两者统一于人的一体。与此相对应,人的死亡同样也有肉体死亡和精神死亡。因此,真正可怕的是身体机能还存在,精神却已经死了,活着而不知道为什么活着,该怎样活着,一切没有根,没有源,只是飘飘浮浮的,像个虚幻的影。显然哲学比生物学所 探讨的死亡的本质更深了一个层次,它所关注的不仅仅是人的纯肉体死亡,而且涉及人的精神层面,触及死与生的关系。黑格尔说:"生命中包含着死亡的种子。在人的生命里,生与死既是对立的两极,又是辩证统一的关系。"

死亡观既是人类对自身认识深化的必然结果,也是世界观和人生观的有机组成部分。概括来说,死亡观是指人们对死亡的内容、本质、价值和意义的根本性的观点。

科学、正确的死亡观的形成不能自发地产生,它是社会文化产生的结果。

马克思主义的死亡观就是科学的死亡观。它把个人看作人类社会的一分子,把人的有死性和不朽性、死亡的必然性与人类社会的自由辩证联结、把小我的有限性与群体的无限性辩证地联结在一起。把人的死亡价值提高到了"为人类牺牲自己"的高度,把个体生命融入人民群众的整体利益和历史运动中,顺应时代潮流,把"为人民利益而死"视为死亡的最高价值和意义所在。

三、强化意志

人们在从事有目的的活动中遇到障碍和阻力,致使个人的需要得不到满足,个人目标不能实现时产生的一种内心体验称为挫折。挫折是每个人都可能会遇到的,对人的心理影响具有正反两重性。如果面对挫折能够认真分析，从中吸取经验教训，调整目标，奋发拼搏，不惧困难，就能一步步迈向目标。失败是成功之母，解释的就是这个道理。如果面对挫折，只是消极地看待，由挫折而深深感到痛苦、沮丧、失望，严重的会产生绝望，从而导致心理疾病，甚至引发自伤或他伤的行为。

引起挫折的原因，常见的有如下几个方面：

个人自身的条件限制。自身条件也称个人因素，包括个人生理水平、心理水平等，如个人的容貌、学历状态、经济 条件。经济条件的限制而生活拮据、自我估计不当而使目标无法实现都属于此类原因。

外界条件的限制和阻碍。外界条件也称客观因素，包括自然条件和社会条件，都是不以人的主观意志为转移的内心冲突而引发挫折。在现实生活中的人需求产生的动机相互排斥时，就会形成动机冲突而产生内心矛盾，这些矛盾不断积累，会导致个人难以适应社会而产生挫折感。

作为当代大学生，在成长的过程中，难免遇到挫折。如有学习方面的挫折、有生活方面的挫折，还有社会方面的挫折等。面对挫折，我们要树立正确的态度。

【心灵启迪】

维克多·弗兰克尔的《活出生命的意义》，作为当代最伟大的著作之一，是一本讲述生存问题的书。二战时期，弗兰克尔被关押到曾被称作“死亡工厂”的奥斯维辛集中营，但幸运的是，他奇迹般地活了下来。在此书中，他很少谈及自己在集中营里忍受的常人无法想象的艰辛、苦难与摧残，而是更多地谈论那些让人坚强地活下去的勇气。“知道为什么而活的人，便能生存。”在集中营中，环境恶劣，每天都有人死去。他心中无时无刻不牵挂着自己的妻子，因而怀着强烈的求生欲望期盼有朝一日能够与爱妻重逢。他还不断梦想战后能够到各地举办心理方面的专题讲座，其内容正与他在奥斯维辛集中营的种种经历相关。正因为这样，使他在这样非人的环境中，顽强活下来。并且，从集中营被解放出来之后，他创造了意义疗法，帮助无数迷茫的人们找到生命的意义。

俗话说，“人生不如意之事，十有八九”。人的生活道路不是一帆风顺的，前进中既有阳光大道，也有羊肠小道，遇到挫折是正常的，能否正确对待挫折，能否容忍挫折，是个人心理健康与否的一个重要标志。大学生要维护和增强心理健康，就要勇于战胜挫折，不断提高对挫折的耐受力。面对同样的挫折情境，每个人的反应却有明显的差异。

影响挫折承受能力的因素很多，如身体健康状况、思想道德修养、性格特征、生活阅历、资源条件等。

大学生应该如何应对挫折呢？

首先，提高个人应对能力。加强理论修养，提高洞察力、鉴别和判断力；总结经验教训，对挫折产生的根源环境等进行探讨，以免一挫再挫；加强思维训练，消除思维过程中的呆滞性、狭隘性、紊乱性、僵化性等，增强思维的科学性、逻辑性和敏捷性等；戒掉恶劣的习惯,形成良好的习惯,预防习惯性挫折;增强意志力,预防畏难性挫折、被诱惑性挫折等。

其次,创建和谐的人际关系。和谐的人际关系是有效应对挫折的人际环境条件。在和谐的人际关系中,大学生求同存异,真诚相待,团结互助。一个篱笆三个桩,一个好汉三个帮,良好和谐的人际关系是抵御挫折的有力支持。

最后,谦虚忍让提高修养。大学生日常生活中的忍让,是预防挫折的因素之一,也是成就大业的特质之一。苏轼说:“君子所取者远,则必有所待;所成大者,必有所忍。”君子忍人所不能忍,容人所不能容,处人所不能处。当然,忍让要有一定的原则,既要合理的让,又要合理的争。

总之,当我们遇到挫折时,千万不要怨天尤人或走极端,把事情的性质和道理想清楚了,一切的痛苦和烦恼便会随之烟消云散。

四、珍爱生命

欣赏是一种境界,是一种心态,更是一种方法。懂得欣赏的人,不仅能帮助自己,也能帮助别人,帮助别人活得更好、更精彩、更有意义。

1. 欣赏别人

对待别人,尝试发现对方身上的优点,并在恰当的时机和地点,真诚的向对方表达,这会让对方 感到心情愉悦。通过自己让对方看到了自身的优势,也是让自己感到快乐的最有效方法。对待别人的态度,往往是一种心理投射。对于苛求完美的人,只对他人的挑剔,实际上是因为对自己的苛刻。

2. 欣赏自己

爱人如爱己,欣赏别人,先要学会爱自己。爱自己是对自己的一种接纳,能够帮助你建立起自信心,确立自我价值感,建构良好的自我认知系统。

3. 提升生命质量

科学家告诉我们,人类发展史已有几万年,人类文明史也有了几千年,由于历经长时期的贫穷、疾病、战争、饥荒,以往人们对物质的关注似乎太多,随着时代的进步,人们更关注生命的质量。生命有了质量,人们才能活得更充实,更美好。

俗话说,时间就是生命,但生命不等于时间。在这个还很不公平的世界上,唯有时间是公平的。然而,每个人对待时间的态度不同,生命的质量无疑大相径庭。有的人活着,消极颓废,胸无大志,不思进取,游戏人生。有的人享乐思想严重,过着醉生梦死的生活,这类人生命的质量轻如鸿毛。有的人积极乐观,始终在为工作为事业打拼,不计个人得失地奉献,身累心充实。

生命依附于形体而存在。生命的质量却不取决于长相的美丑、寿命的长短、体格的轻重,而是奉献的大小。两千多年前,孔子站在江水边,发出一声长叹:“逝者如斯夫,不舍昼夜。”既然岁月无情、时不我待,就应该好好珍惜眼前的光阴,活得有意义,活得有价值,活得有尊严。生命的质量取决于奉献的大小。如果活着既无益于世,死了又无传于后,像寄生虫一样虚度年华,碌碌无为,甚至损人利己,祸害社会,这样的生命毫无质量可言。

达·芬奇说:“度过有意义之一天,则带来香甜之睡眠;度过有意义之一生,则带来幸福之长眠。”生命的价值不在于生命的短长,而是在于给生命留有多少感动。让生如夏花之烂漫,让死如秋叶之静美。这样的生命不但具有自我价值,更具有社会价值,这样认识生命,才能更好地提升生命的自我价值和社会价值。

【心理测验】

挫折心理测验

测试的目的是检验自己面对困难、挫折时的承受能力。测试时间为5分钟。测试题目如下。

(1)在过去的一年中,你自认为遭受挫折的次数(　　)

A. 0~2次　　B. 3~4次　　C. 5次以上

(2)你每次遇到挫折(　　)

A. 大部分都能自己解决　　B. 有一部分能解决　　C. 大部分解决不了

(3)你对自己才华和能力的自信程度是(　　)

A. 十分自信　　B. 比较自信　　C. 不太自信

(4)你对问题经常采用的方法是(　　)

A. 知难而进　　B. 找人帮助　　C. 放弃目标

(5)有非常令人担心的事时,你(　　)

A. 无法工作　　B. 工作照样不误　　C. 介于A、B之间

(6)碰到讨厌的对手时,你(　　)

A. 无法应付　　B. 应付自如　　C. 介于A、B之间

(7)面临失败时,你(　　)

A. 破罐子破摔　　B. 使失败转化为成功　　C. 介于A、B之间

(8)工作进展不快时,你(　　)

A. 焦躁万分　　B. 冷静地想办法　　C. 介于A、B之间

(9)碰到难题时,你(　　)

A. 失去自信　　B. 为解决问题而动脑筋　　C. 介于A、B之间

(10)工作中感到疲劳时,你(　　)

A. 总是想着疲劳,脑子不好使了

B. 休息一段时间,就忘了疲劳

C. 介于A、B之间

(11)工作条件恶劣时,你(　　)

A. 无法工作　　B. 能克服困难干好工作　　C. 介于A、B之间

(12)产生自卑感时,你(　　)

A. 不想再工作　　B. 立即振奋精神去工作　　C. 介于A、B之间

(13)上级给了你很难完成的任务时,你会(　　)

A. 顶回去了事　　B. 千方百计干好　　C. 介于 A、B 之间

(14) 困难落到自己头上时,你(　　)

A. 厌恶之极　　B. 认为是个锻炼　　C. 介于 A、B 之间

测评方法:

(1)1～4 题,选择 A、B、C 分别得 2、1、0 分。

(2)5～14 题,选择 A、B、C 分别得 0、2、1 分。

评价参考:

(1)19 分以上。说明你的抗挫折能力很强。

(2)9～18 分。说明你虽有一定的抗挫折能力,但对某些挫折的抵抗力薄弱。

(3)8 分以下。说明你的抗挫折能力很弱。

【活动天地】

假如我还有一天的生命

目的:对个人的人生价值观作具体的探索并协助成员在生活中做明智的抉择。

时间:45～60 分钟。

准备:白纸、笔。

操作:指导者告诉团体成员,由于种种因素,你的生命还有一天。终期将至,时间只允许你再做最后 10 件事,你会做哪 10 件事,并排出先后次序;然后写下你的最后想法(50 字以内)。请认真思索后写下你的决定和想法。分小组向其他组员讲出,并解释原因,谈一谈你在写的时候有什么感受,这感受对你今后的生活 有什么影响?

第十一章

校园里的心灵港湾——大学生心理咨询

名言哲语

这世界除了心理上的失败，实际上并不存在什么失败。

——亨·奥斯汀

心理咨询就是使人对自我感觉良好，犹如登天的感觉。心理咨询之妙，就在于它帮了一个人，却让那个人感觉到，好像是他自己帮助了自 己似的。

——岳晓东

本章导读

人生活在现实中，会遇到各种矛盾和冲突，因此人们也创造出许多解决矛盾和冲突的方法。心理咨询就是其中一种，如今已被大多数人熟知。心理咨询真的会像电影《心灵捕手》里所描绘的那样很随意，或是像“催眠秀”（一种舞台上表演的催眠演示）那样，只是把人“放倒”就行了吗？在当今的大学校园，虽然早已设有心理咨询室或心理咨询门诊，但依然还有很多同学在需要心理咨询帮助时，徘徊在自己的小天地里不知如何求助，甚至走到咨询室门外还在犹豫彷徨。究竟什么是心理咨询？它可以给我们提供什么帮助？我们应该如何寻求心理咨询的帮助？本章将带你走进心理咨询，在心理咨询的过程中体验自我成长，做自己心灵的主人。

第一节　心理咨询的概念和理论学派

2019 年，联合国与世界卫生组织数据显示：全球 20% 青少年受心理问题困扰。联合国专家预言，从现在到21世纪中叶，没有任何一种灾难能够像心理问题那样给人们带来持续而深刻的痛苦。从疾病发展史来看，人类已经从“传染病时代”“躯体疾病时代”进入了“精神病时代”。生活在这个时代的大学生，在众多的机遇面前承受着成长、成才和就业等诸多竞争，面临着择业与就业、恋爱与婚姻及人际交往等多方面的压力，在这样的大环境下，往往容易产生各种各样的心理健康问题。如果这些问题得不到有效的处理，就会影响大学生正常的学习和生活，甚至导致心理疾病。心理咨询是解决心理矛盾与困惑，提高心理健康水平的重要途径和方法。学校心理咨询在帮助大学生解决心理问题、提高自我认识、挖掘自我潜能等方面起着重要的作用。大学生要充分利用这一资源，在心理咨询的过程中感悟体验，促进自我成长，做自己心灵的主人。

一、心理咨询概述

1. 心理咨询的含义

所谓心理咨询，是指专业咨询人员以语言、文字、动作或其他载体为信息沟通形式，运用心理学知识和技术，给来访者以帮助、启发和疏导，给希望自己心理健康发展的人提供专门服务的过程。心理咨询的对象即求助者不是典型的精神病患者，而是在学习、生活、家庭、职业等方面有心理或行为困扰的人。心理咨询的目的是帮助精神正常但又存在某种心理负担的来访者解决其在学习、工作、生活、人际交往以及疾病和康复等方面的心理不适或障碍，提高其正确对待自己和适应环境的能力，促进其自身发展和完善。

求助心理咨询最关键的是通过专业咨询人员的帮助和鼓励，发现大学生自身成长中的心理困惑，认识自己心理或行为的真正原因，并且尝试某些新的策略和新 的行为，解除心理负担，最大限度地发挥出自己的潜力，或者形成更为适当的应变能力。因此，当大学生出现心理矛盾，无法自我调节时，就应该主动及时地求助于心理咨询。自愿寻求帮助是心理成熟的标志，而不是懦弱的表现。不要等到自己已被心理障碍压倒，甚至不知所措的时候才去寻求帮助，正如我们不能等到病倒在床上后 才去医院看病一样。

2. 心理咨询的特点

(1)心理咨询是助人自助。心理咨询不仅是解决某些具体的心理问题，更多的是通过交谈等方式启发来访者全面地了解自己，找到自己身上的潜在力量，使来访者在咨询师的帮助下，学会自我克服成长中的障碍，自尊自立地均衡发展。

(2)心理咨询是人际互动过程。心理咨询既不依靠药物治疗，也不依靠理论说教，而是启动咨询师与来访者之间平等的交流互动，调动来访者内在智慧达成咨询目标。

(3)心理咨询具有“心理性”。心理咨询是在心理学原理指导下，按照心理规律进行的辅导过程。是在没有指责、评判，完整接纳的氛围中，完成真实呈现、真诚互助的过程。

(4)心理咨询有一个安全的空间。心理咨询按照心理工作的要求，规定了为来访者信息保密的职业道德，再加上咨询师价值中立的态度，这就为心理咨询建立了一个独特的、安全的心理空间，为深层心理问题的解决提供了安全保障。

(5)心理咨询是一个过程。心理咨询要解决的可能不仅仅是某一具体问题，而是因为这样或那样的原因而长期郁积在来访者心里的各种困扰。心理问题通常不是一次咨询就能彻底解决;同时,个体的心理成长、行为改变,也不是一蹴而就的。因此,心理咨询通常是一个或长或短的成长发展过程。少则数次,多则数月,从而协助来访者获得内心的成长。

3. 心理咨询的原则

在心理咨询过程中遵循基本的咨询原则是心理咨询的根本要求,是咨询师与来访者建立良好人际关系的重要条件,也是有效运用咨询方法和技术从而获得良好咨询效果的重要保证。心理咨询的基本原则可以概括为以下几个方面。

(1)自愿原则。心理咨询是建立在咨询师和来访者双方"知情同意"基础上的,来访者必须以完全自愿为前提,咨询师不能以任何形式强迫来访者接受或维持心理咨询,这不仅是对当事人的尊重,也是确立平等信任人际关系的先决条件。

(2)发展性原则。这一原则是在心理咨询过程中,咨询人员要以发展变化的观点来看待来访者的问题,要在问题分析和本质把握时善于运用发展的眼光做动态考察。在大学生心理咨询中,大学生的问题大多只是适应、交往和学习等方面的暂时性困难。因此,咨询师不仅要了解来访者已有的发展历程和结果,还要帮助来访者开发潜能,提示来访者今后良好发展的可能性和发展方向。

(3)保密性原则。保密性原则是心理咨询中最重要的原则,它既是职业道德的要求,又是咨询双方建立和维系信任关系的基础,为维护心理咨询工作的信誉以及心理咨询工作的有效开展提供根本保障。心理咨询中来访者要袒露大量的个人信息,并通过诊断和测量产生许多有关来访者的新信息,咨询师有责任对来访者的有关资料予以保密。来访者的名誉和隐私权应受到道 义上的维护和法律上的保护,在没有征得来访者同意的前提下,不得随意将来访者的隐私泄露出去。

保密例外的情况。咨询师在遵守保密原则的总前提下,对以下特殊情况应根据道德准则认可的方式予以处理:第一种情况,是在公开案例研究、教学、演讲或发表有关文章而必须使用来访者的个人资料时,要确认交流是在纯专业情景下进行的,要隐去来访者真实姓名、身份等特征的内容。第二种情况,是为了来访者的利益,需要与其他咨询师、教师或其父母等交换意见或采取配合措施时,应先确认这样做是为了来访者的最大利益。需先向来访者说明,得到来访者的同意。第三种情况,是咨询师在咨询过程中意识到来访者有强烈的自杀或攻击他人的倾向,或者法庭要提供个案资料时,可以突破保密规定。

(4)时间限定原则。心理咨询必须遵守一定的时间限定。咨询时间一般规定为每次50~60分钟(初次受理时咨询时间可以适当延长),原则上不能随意延长咨询时间。

(5)感情限定原则。咨询师不得与来访者发展在咨询室以外的双重关系,不能对来访者产生爱憎和依恋,更不能在咨询过程中寻找欲望的满足。心理咨询室以外个人之间双重关系,不仅容易使来访者的内心世界产生干扰,阻碍来访者自我表现,而且也会使咨询师失去客观和中立地判断事情的能力。

(6)多样性原则。心理咨询的形式多种多样。除了个别心理咨询,还有团体心理咨询;除了直接咨询,还有间接咨询;除了面谈,还有电话、书信等咨询形式。在高校开展心理咨询,多样化的心理咨询形式可以满足大学生们不同的心理需求。

(7)防重于治原则。这一原则是指咨询师应注意加强对人们常见的心理问题的分析和研究工作,努力掌握各种常见的心理问题发生、发展的一般规律,从而促进这些心理问题的早期发现和诊治。在心理咨询过程中也要重视心理卫生知识的宣传教育,对心理疾病的预防重于治疗。

4. 心理咨询和心理治疗的异同

心理咨询与心理治疗在实际应用中很难将它们加以截然区分。它们都是帮助人的过,之间既有区别又有联系。其区别主要在于以下几点。

(1)工作角度。心理治疗从医学角度来看,关注人的自然属性,通过使用各种医疗器械和治疗方法、应用具备治疗功能的药品,对人的生存和发展起治疗和支持作用。而心理咨询则是从心理学角度出发,注重人的心理卫生,不是主要依靠药物和医疗器械作为主要治疗手段来增进人们的心理健康。

(2)工作任务。心理咨询的工作任务主要在于促进个体的成长。它强调个体的发展模式,帮助个体发挥自身最大潜力,以便能更好正常地发展。因此,心理咨询工作的重 点在于疏导与预防。而心理治疗的主要任务在于对已确诊的心理疾病的矫治,来帮助病人弥补过去对自己身体和精神已经形成的伤害或损害。

(3)对象和情境。心理咨询主要遵循教育、疏导的模式,来访者多为正常人、正在恢复或已复原的人,通常涉及日常生活、咨询过程可以通过非临床和非医疗的情景中进行。而心理治疗的对象主要是心理异常的患者,是在临床和医疗的情景中进行的,更多地强调针对不同患者采取不同的治疗方法以便适应其特殊性,不是一般意义上的心理咨询。

(4)工作方式。心理咨询通过更多的方式介入来访者的生活环境之中,应用更多的日常生活设置等,设计和组织多种自助性活动和教育活动。而心理治疗则更多借助专门的医疗设备与技术,较少介入到来访者的生活环境中。

(5)工作时间。从工作时间看,心理咨询用时较短,咨询次数一般为一次到几次。而心理治疗费时较长,由几次到几十次不等,有时甚至经年累月才可完成。

(6)解决问题的性质。心理咨询涉及更多的行为意识领域里的问题,常采用认知和理性的途径,所面对的是人本身的现实世界,着重处理的是正常人遇到的各种问题,如人际、情感、家庭、环境适应、职业选择和生涯规划等。而心理治疗涉及的是内在的人格问题,更多的是与无意识打交道,所面对的是人虚幻的精神世界,适应范围主要是某些严重的神经症、人格障碍和行为障碍等。

虽然心理咨询和心理治疗之间有区别,但两者同时也是相互联系的。首先,两者所采用的方法与理论是一致的,心理咨询的对象和心理治疗的对象在一定程度上是相似的。其次,两者的工作目的也相同。都是专业人员用心理学的理论、方法和技术,通过咨询(治疗)者与来访者的关系,给来访者以心理上的帮助,促使其心理改变和健康成长。再次,两者都建立咨询(治疗)者与来访者之间相互信任的工作关系。

二、心理咨询理论

心理咨询的理论流派和模式众多,其中对心理咨询过程的性质、目标和方法等方面影响最大的有四大流派的理论：心理分析理论、行为治疗理论、人本主义治疗理论和认知行为治疗理论。除了这四大流派，值得一提的还有中国的精神分析。

1. **心理分析理论**

心理分析理论又称为精神分析理论，是由奥地利著名心理学家弗洛伊德创建的，也是第一个系统解释心理病理学的理论。弗洛伊德的精神分析学说主要包括心理结构、人格结构、心理动力等几个方面。关于心理结构，他认为，人类的心理分为潜意识、前意识和意识三个层次。由于前意识的内容与社会道德准则相悖，无法直接得到满足，只好压抑到潜意识（无意识）领域之中。弗洛伊德把人格结构分为本我、自我和超我。本我追求生物欲望的满足，遵循快乐原则。超我代表良心和道德的力量，遵循道德原则。自我介于本我和超我之间，遵循现实原则。关于心理动力，弗洛伊德认为，人的心理动力是人的性本能，即力比多。人的心理发展动力包括两个内容，一是性本能，一是自我保存的本能——营养本能。个体保存和种族的延续两种本能同时促进心理发展。总之，精神分析理论强调无意识的冲突对行为的主导作用，认为非理性的欲望与外界现实的矛盾在内心引起的冲突是造成精神异常的原因。该理论把注意力集中到来访者过去的经历上，探索他们的内部心理动力过程。在精神分析治疗中，咨询者与来访者的关系是影响治疗的关键因素。该理论多用于对各种神经症的治疗。

精神分析理论的主要贡献是：第一，对人类的无意识心理现象作了系统探讨，无意识概念已被正统心理学所接纳。使心理治疗跨入了一个新的历史时期。第二，研究成果不仅在心理学、精神病学理领域广泛应用，而且对社会学、人类学、哲学、艺术、宗教产生广泛深远的影响。精神分析理论为人所诟病的有以下几个方面：缺乏实验方法，难以验证，很大主观性；"泛性论"，过分强调性本能；忽视环境、社会力量的作用；疗程长、花费大。

2. **行为治疗理论**

行为治疗理论主要来自行为主义的学习原理，其主要代表人物是华生（J. B. Walson）、斯金纳（B. F. Skinner）和班杜拉（Bandura）等。行为主义的先驱是巴甫洛夫和桑代克。巴甫洛夫通过研究狗进食和铃声的关系提出了条件反射理论，桑代克通过观察老鼠走迷宫的方法，提出了著名的"尝试-错误"定律。华生受巴甫洛夫经典条件放射的影响，建立了"刺激（S）-反应模式（R）"。华生认为行为是可以通过学习和训练加以控制的。斯金纳提出了操作条件反射理论，班杜拉提出了社会学习理论。

总之，行为治疗理论认为人的行为决定于外界因素，人的行为 是后天习得的。人之所以产生精神障碍，是人在学习过程中学到了不适应行为的结果。要想纠正不适应行为，也只有通过不断的学习和实践才能真正达到目标。

行为治疗理论的积极意义在于：首先，某些不良行为可以用学习理论解释，这些解释大多数有实验依据。这有助于消除人们对异常行为的偏见。其次，行为主义观点的形成基于严格控制的心理实验所发现的事实，而不只是依据推理。因此，与精神分析理论相比，行为主义理论更客观。最后，行为治疗理论为心理障碍的治疗提供有效方法。它的局限性表现在两个方面：一是对人的行为解释过于简单化，否定遗传的作用；二是环境决定论，对人的主观能动性关注不足。

3. 以人本主义的治疗理论

人本主义治疗理论，也叫以人为中心的治疗理论。主要代表人物是罗杰斯（C. Rogers）和马斯洛。人本主义的人性观认为，人性本善，不良的社会环境逐渐吞噬了人们的善性，环境的约束和限制阻碍了人们自我潜能的发展和个人美好愿望的实现。糟糕的环境并不一定使人出现精神疾病，因为人的本性中有一种积极的、向上的倾向，这种倾向会使人健康地发展。社会和教育的责任就是要为人们创造一个良好的社会环境，促进个人潜能的发展和愿望的实现。以人为中心的治疗理论研究对个人和社会有意义的问题，关心个人的创造性和自我实现。强调咨询者与来访者之间要建立一种和谐的治疗关系，即创造一种良好的环境，形成真诚相待、互相理解、彼此信任的气氛。

人本主义主张研究对人类进步富有意义的问题，关心人的价值和尊严。第一次将人的本性与价值提到心理学研究首位。不足之处是忽视时代条件和社会环境对人的先天潜能的制约和影响。

4. 认知行为治疗理论

认知心理学观点与行为主义心理学观点不同，后者认为外部刺激进入大脑以后的内部加工过程不重要，是不可能探索的“黑箱”；而认知心理学认为，恰恰是“黑箱”中的信息加工过程才是最重要的。

所谓认知，用日常语言来说，是指一个人对某一事件的认识和看法，包括对过去事件的评价，对当前事件的解释，对未来发生事件的预期。认知，原本是人类心理活动的一个组成部分，是与情感、意志、动机和行为相联系的一种功能。从心理学发展史来看，过去，人们对心理的这部分功能曾经十分关注。在经过仔细观察研究以后，人们发现认知作为理性的心理活动，对人的情绪、情感、动机和行为，有较强的调控作用。这一特征被用在心理咨询和心理矫正方面，便产生了形形色色的与认知有关的疗法。

认知可以影响人的心理健康这一事实，并不是在认知心理学实验室中发现的，它很早就是心理学临床实践的产物。早在古代医学文献或其他史料中就有记载。

【心灵启迪】

《战国策》中有一篇《触龙说赵太后》，讲的是战国时期，秦国攻赵，赵国向齐国求救，齐国要求赵国国君的小儿子长安君到齐国做人质。赵太后坚决不同意。她情绪低落，拒绝见任何劝谏的大臣，饮食睡眠受影响。用今天心理学的观点判断，应该属于应激性抑郁反应。有一个老臣叫触龙，见到赵太后，询问饮食起居，谈论儿女家常，赵太后的态度缓和之后，触龙趁机说，小王子去秦国做人质，避免秦国入侵赵国，等于为国家立下了大功。小王子立功，会使他将来在赵国的地位更加稳固。赵太后听了触龙的劝解，豁然开朗，立刻心悦诚服地同意派遣小王子长安君去齐国做人质。

认知行为治疗的代表人物贝克（Beck）指出，每个人的情感和行为在很大程度上是通过其自身认识世界和处世的方式或方法决定的。也就是说，一个人的思想决定了他的内心体验和反应，思想和信念是情绪状态和行为表现的原因。20 世纪 50 年代埃利斯（Ellis）在美国创立合理情绪治疗，指出人的情绪来自人对所遭遇的事情所持的信念、评价、解释或哲学观点，而非来自事情本身。合理情绪治疗理论强调认知的决定性作用，认为心理障碍源于不正确的认知，主张改变错误认知以矫正心理障碍。

5. 中国的精神分析

钟友斌先生在《中国的精神分析》一书中提出的中国的精神分析和他的“认识-领悟疗法”（即中国的精神分析疗法），很有理论和应用价值。他不否认弗洛伊德关于潜意识概念，但更抓住了弗洛伊德在《神经症通论》中多次强调，但被很多读者忽略了的人的认识功能。“认识-领悟疗法”实际是充分利用来访者的认识能力，引导求助者认识个体心理发育某一个阶段所发生的某种停滞，并认识到这类心理发育停滞造成的心理和行为特点，进而引导来访者认识这些停滞的心理和行为特点与现在的年龄阶段是何等的不相容，不合理，最后通过领悟自身心理和行为的不合理性，达到自觉矫正的目标。这种方法看上去与认知疗法很类似，但实际上，完全不同。因为“认识-领悟疗法”的理论基石是精神分析，他认为目前的症状是早年创伤造成的“心理发育停滞”造成的，而不是“错误认知结构”造成的。所以，这是中国的精神分析疗法，也叫作“钟氏疗法”。

“认识-领悟”中的“认识”一词，与认知疗法中的“认知”一词，是完全不同的两种含义。“认”有“觉察”的意思，近似于“自我”、“前意识”的功能，“识”有意识到的意思，近似“超我”“意识”的功能，应该列入精神分析理论的概念体系，与认知心理学无关。弗洛伊德说过，“潜意识一旦进入意识，症状会立刻消失。”所以，钟友斌先生创造性地发展了弗洛伊德“意识化”疗法，是西方精神分析理论和治疗方法与中国本土实际相结合的新成果。

第二节　大学生心理咨询的意义和特点

随着人们对大学生心理健康与人格发展的日益重视，心理咨询与治疗在大学校园迅速发展。大学生心理咨询活动的开展，有利于大学生开发心理潜能，优化心理素质，提高心理健康水平，促进德智体美全面发展。从心理咨询在我国高校的发展可看出，它已在高校显示了一定的生命力，并发挥了独特的作用。

一、对心理咨询的认识误区

心理咨询早在 20 世纪 30 年代就出现在美国的大学校园里，目前已成为高等教育的重要组成部分。我国的大学生心理咨询活动起步于 20 世纪 80 年代中期，经历 30 多年时间，已经初步形成规模，并显示出强劲的发展势头。现在，我国很多高校心理咨询机构都开展了心理咨询活动，有人称大学里的心理咨询中心为“情感的驿站”“心灵的港湾”“心灵美容院”。

心理咨询是解决大学生心理矛盾，提高心理健康水平的重要途径和方法。每个人在生活中都可能因为经验的缺乏，或“思维的临时短路”而产生暂时性的心理矛盾甚至心理障碍，通过心理咨询，可以疏导情绪、减轻压力，以新的经验代替旧的经验，改变原来的非理性认知，形成正确的态度，找到解除心理困惑或障碍的可行方法，使自己重新建立起 与环境的和谐关系，促进个性的全面发展。但是，人们对心理咨询认识上存在许多的误区。

1. 心理问题和“有病”

在人们的观念里，说某人“有病”，通常是指有“精神病”，或指一个人思想极度不正常。因此，许多大学生本来想去寻求心理咨询，但害怕被同学视为“有病”，而不敢前去咨询。有这样一则笑话，一对美国恋人和一对中国恋人分别去约会，男友都迟到了，女方很生气，都责问男友为什么不准时赴约，男友回答去做心理咨询了。美国的女青年听了认为男友有素质，有修养，有一定的经济实力，立刻对男友增加了几分好感。而中国女青年听了则认为男友可能不正常，并猜测会不会有精神病，是不是遗传，结果与男友不欢而散。

2. 心理咨询和道德教育

许多大学生会以为，心理咨询就像道德教育，只是从道德角度给予批判和要求。而按照他们所掌握的道德标准，他们的某些所思所行很难从道德上说明白。例如，某些同学所遇到的单相思或某些欲望冲动问题，虽然自己从道德的角度会有一个判断，但却仍然摆脱不了心理困扰。如果去做咨询，又担心被咨询老师从道德的角度将自己看作“有问题的人”。

3. 心理问题和实际问题

许多同学会因生活中一些具体的生活困难而产生心理困扰，甚至严重影响自己的正常生活。但当有人劝其寻求心理咨询时，他们常常会说“咨询老师解决不了我的实际问题!”当事人简单地认为，自己要走出困扰，别人只要能帮我解决好具体事情就行。如果事情已不可改变，做什么都不能使自己走出困扰。殊不知，心理学早已证明，人在负性情绪的困扰下，负性情绪越大，人的思维水平越低，甚至钻牛角尖而走进死胡同。所以，不论事情是否还能改变，都必须先调整自己的心态，从而以更好的心理状态去争取事情的改变，这样成功的概率就会大得多。如果事情已经不能改变，则需调整心态，打开思维，寻找的新的发展机会。

4. 心理治疗和医院治疗

有不少大学生身体有些疾病，通常会在医院治疗一段时间，但当从医生那里听说某些病治不好，便立即产生心理困扰，甚至背上严重的心理包袱。但当有人劝其做心理咨询时，他们常常会说：“医院都解决不了，咨询老师还能做什么?”这不仅混淆了医学治疗与心理咨询的差异，而且忘记了人的潜力。因为，心理咨询协助来访者调动的正是具有巨大超越性的人的潜力：社会智慧的力量、个体能动性的力量和自由意志的力量。

5. 回避问题

生活中每个人都会遇到或大或小的心理矛盾，有些心理矛盾自己可以调整好，但有些心理矛盾在某个阶段自己没有能力调整好，就会沉积为心理包袱。许多大学生背上这些包袱后，宁肯自己承受着痛苦，也不去寻求心理咨询的帮助。有的甚至采取从主观上否认自己的问题的方式欺骗自己。殊不知这样带来的危害更大。许多校园危机就是这样突然爆发的。

【心灵启迪】

很久以前，有个农夫的驴子不小心掉进一口枯井里，农夫想尽办法要救驴子出来，但很长时间过去了，驴子还在枯井里痛苦地哀号着。最后，农夫决定放弃了，他想这头驴子年纪大，不值得再大费周折去救它出来，但无论怎样，这口井还是得填起来。于是农夫便请来许多朋友帮忙一起将井中的驴子埋了，以免除它的痛苦。

农夫的朋友们人手一把铲子，开始将泥土铲进枯井中。当这头驴子了解到自己的处境时，哭得更加凄惨了。但出乎意料的是，一会儿之后它就安静了下来。农夫好奇地看了一下井底，发现当泥土落在驴子的背部时，驴子的反应令人称奇：它将泥土抖落在一旁，然后站到抖落泥土形成的土堆上面！

就这样，这头驴子逐渐到达井口，然后在众人惊讶的表情中快速地跑开了。

就如同这头驴子的情况，在人生的旅程中，有时候我们难免会陷入“枯井”，会有各种各样的“泥土”倾倒在我们身上，如果想在这些“枯井”中脱困，秘诀就是：将“泥土”抖落掉，然后站到上面去！

二、心理咨询的意义

（1）心理咨询能帮助大学生解决完善自身和适应环境中遇到的心理问题。当前大学生面临着学习任务重、生活单一、人际关系复杂、社会竞争激烈等方面的压力，以及新的价值观念未确定所带来的困惑，大学生在能动适应环境或完善自身时容易出现某些不适应或迷茫现象。开展心理咨询工作，既可以为大学生提供了一个倾诉内心沮丧、焦躁、烦恼、忧虑的场所，又可以借助于心理咨询师的专业性帮助，使大学生能较快地走出困境，朝着正确健康地方向发展。

（2）心理咨询可以有效减少危机事件的发生。一些大学生在心理负担过重时会出现某些心理疾病，甚至出现自杀倾向。心理咨询能够及时发现这些倾向，并且有效地对其进行心理干预，因而可避免危机事件的发生。

（3）心理咨询过程中是了解大学生心理和思想变化的过程。大学生心理咨询与思想政治教育紧密联系，目的都是为了使大学生成为德智体美全面发展的社会主义合格人才。通过心理咨询，可了解大学生的心理变化和思想动态可以为有针对性地开展思想政治教育提供某些信息；心理咨询的某些原则和工作方法也可以为思想政治教育工作方法所借鉴。

三、心理咨询的特点

大学生心理咨询具有不同于一般心理咨询的特点。

(1)大学生面临的大量问题和主要问题大多是成长的问题,包括学习、适应、交际、发展、恋爱、择业等问题。因此,大学生心理咨询应着重帮助与辅导大学生成长与发展,而不是专门治疗心理疾病。

(2)大学生是文化层次较高的群体,一般对心理咨询有所了解,也认识到心理咨询的重要性,因此大学生多是自觉自愿来咨询的。

(3)处于青春期的大学生自我意识还不够稳定,存在亲密与孤独的冲突,出于这样的心理特点,大学生来心理咨询时喜欢一个人来,且希望咨询师单独对其咨询,不希望第三人在场。

第三节　大学生心理咨询的类型和策略

一、心理咨询的类型

心理咨询根据不同的标准可以分为多种类型。

1. 按照咨询的内容划分

(1)健康心理咨询。广义上讲,心理健康是指心理的各个方面及活动过程处于一种良好或正常的状态;从狭义上讲,心理健康是指人的基本心理活动的过程内容完整、协调一致,即认识、情感、意志、行为、人格完整和协调,能适应社会,与社会保持同步。当一个精神正常的人,因各类刺激引起焦虑、紧张、恐惧、抑郁等情绪问题,或者因挫折引起的问题行为,并且影响社会功能的发挥时,所进行的心理咨询,即为健康心理咨询。

(2)发展心理咨询。发展心理咨询指根据个体身心发展的一般规律和特点,帮助不同年龄阶段的个体尽可能圆满地完成各自的心理发展课题,妥善地解决心理矛盾,更好地认识自己和社会,开发潜能,促进个性的发展和人格的完善;发展咨询所涉及的内容十分广泛,凡是在人生各时期出现的各种心理问题都属于咨询的范围,如学习、工作、社交、婚姻、家庭生活和职业选择等。目的在于帮助来访者了解自己心理发展的规律,重视自己在心理发展过程中已经出现或即将要出现的各种发展性心理问题,并提供有效的应对方法,使其更好地认识自我、防患于未然,同时,帮助来访者充分挖掘潜在能力,从而更好地适应环境和促 进自我更健全地发展。

2. 按照咨询对象的数量划分

(1)个体咨询。个体咨询是咨询师与来访者之间的一对一的咨询形式。这是心理咨询中最常见的形式,也是大学心理咨询中最常见的形式。其优点是针对性和保密性好,

咨询 效果显著,但咨询的成本较高,双方需要投入较多的时间和精力。大学生可以到学校设立的心理咨询中心或心理咨询室进行个别咨询。

(2)团体咨询。团体咨询是心理咨询的一种重要形式,是在团体情景下提供心理帮助与指导的一种咨询活动。由咨询师根据来访者问题的集中性组成小组,通过团体内共同讨论、组内培训和指导,促使个体在人际交往中通过观察、学习和体验,解决来访者的共同发展课题或心理问题。团体的规模由少则2至3人,多则十几人甚至几十人。

团体咨询是学校心理咨询中应用最为广泛的一种咨询形式,成员在团体咨询的过程中不断总结、学习和体验,从而达到促进成长与发展的目的。因为大学生中的问题,如人际关系问题、恋爱问题等大多比较集中,并且年龄相仿,非常适宜采用团体咨询。团体咨询的形式非常多,有许多的操作形式,如戏剧法、系统家庭法和坦诚小组法等等。

3. 按照咨询的途径划分

(1)电话咨询。电话咨询作为心理咨询的方式之一,最早是在美国创立的。最早用于防自杀,称为“生命线”。现在,生活中的一般心理问题也同样可以通过电话求助。运用电话进行心理咨询,这种形式安全感强,有单独的语言表达空间,也便于保密。校园热线是很受欢迎的。

(2)网络心理咨询。网络心理咨询是利用网络为咨询对象提供有效帮助的一种形式。网络以其极强的机密性、交互性、隐匿性、快速性、实时性,为心理咨询提供了无限发展的空间。就目前而言,网络咨询服务方式主要包括即时聊天软件(QQ、微信)、电子邮件(E-mail)、个别或团体交谈等。通过网络,咨询对象可以毫无顾忌地倾诉和暴露自己存在的问题,从而使咨询师能在短时期内掌握其基本情况并做出合理分析和判断,做出切合实际的引导和处理。网络心理咨询作为一种新形式,虽然存在其明显的弱点与限制,但是它却有着与传统心理咨询(门诊咨询、信件咨询和电话咨询)所无法替代的优势而得到学生的喜欢。

(3)面谈咨询。面谈咨询是通过心理咨询门诊或专门的心理咨询机构进行的 面对面的咨询。面谈咨询可以使来访者充分详尽的倾诉,咨询师可对来访者进行直接观察,有利于掌握来访者的全面情况,从而深入地为来访者提供有效的帮助。

(4)书信咨询。书信咨询是针对来访者来信描述的情况和提出的问题,咨询师以书信方式解答其咨询的问题,对其进行疏导教育的一种形式。其优点是可以打破地域的限制和在来访者不愿向咨询师当面倾诉的情况下应用。不足之处:一是由于双方不能直接面谈,不利于咨询师深入了解情况,很难进行具体指导;二是受来访者文字表达能力的限制等原因,咨询师可能无法把握来访者问题的关键,从而影响咨询效果。

二、大学生寻求心理咨询的策略

当你遇到自己不能解决的任何问题,同时所产生的情绪等困扰又是自己调整不好的,已经明显影响了你的生活质量或功能,这时就应该立即寻求心理咨询的帮助。对大学生来,遇到下述具体情况都应寻求心理咨询的帮助:学业迷茫;考试屡次失败;人际交往困难;与家人很难沟通;欲求过强,不能自控;恋爱失利;家境困难,自己学习生活艰难;

家人出现意外；上网过度，不能自控；较长时间内受到某种想法或情绪困扰；突然出现某种自己不能调控的状况；身患疾病，心中茫然。

【心灵启迪】

一名大四女学生，已经到了实习找工作的阶段，但她常常感到孤独与茫然，主要源于缺少人际交往能力。她是家里的独生女，又因为是单亲家庭，所以从小妈妈就对她百般呵护，细心照料，不让她受一点委屈。同时，妈妈望女成凤，她的主要任务就是学习，很少主动与人交往。因此，她生活能力和与人交往能力不足，在大学里几乎没什么朋友，也很少参加集体活动。

临近毕业，准备找工作时，她感觉无助、自卑，各种负面情绪难以控 制。因此，她报名参加了学校组织的团体心理辅导。在团体心理辅导中，与大家进行交，共同探讨彼此的问题，彼此启发、相互鼓励，她说："通过团体心理辅导，我变得积极面对生活，发现了自己的优点，心态也变得更好了，性格更加开朗，朋友也渐渐多了起来。"团体辅导让她深入了解了自己的心理 状态，改善了人际关系，增强了社会适应能力。

个体成长中总会遇到因为缺乏某些能力而产生的心理困扰，阻碍自己的发展。特别像这种人际交往方面的困扰，及时主动报名参加团体心理辅导，突破自我，发展自我，完成学校生活和踏入社会等各个人生时期的平稳过渡。

当你决定预约学校心理咨询，你应该了解的有以下这些方面：

1. 心理咨询的时间

咨询一次 50～60 分钟，若时间长、内容多，不便于来访者清晰地理解和接受主要问题。

2. 心理咨询的次数

要想取得较好的咨询效果，必须以一定的咨询次数作保证。一般的心理问题经过 1～2 次的咨询就会有效果，有的问题则需要较长的时间。

3. 心理咨询的内容

从效果出发，一次咨询以面谈一个问题为好。因此在咨询前，求助者可"梳理"一下自己的问题，找出一个问题作为首选咨询目标。通常以最迫切想解决的问题，或最容易解决的问题作为第一次咨询的问题。如果自己不能"梳理"问题，也可以第一次咨询时，和心理咨询师一起探讨，找出咨询要解决的首要问题。

4. 心理咨询的具体目标

即使咨询的问题相同，但不同的人，具体的咨询目标不一样。比如失恋，有人想知道对方离开自己的真正原因；有人则是无法接受这一事实，希望咨询师帮助分析一下有没有可能复合；还有的人希望借咨询宣泄一下失恋的伤痛等。所以在咨询之初，你最好能告诉咨询师，这次咨询的具体目标是什么。这样就可以围绕你想知道的事情展开咨询。

5. **咨询中你的位置**

心理咨询的最终目的是助人自助，即帮助来访者学会依靠自身的力量获得心理上的成长。咨询师主要提供专业性的理解、分析和建议，至于是否接受建议并付诸行动，则由求助者自己决定。也就是说，能否通过咨询获得某种改变，起决定作用的是求助者本人。千万不要有依赖和被动思想，指望咨询师开“妙方”、指“捷径”，轻而易举地解决你的问题。

所有心理咨询老师都将秉承“尊重理解、真诚保密”的原则用心来帮助你，与你共同成长。

【心理测验】

请你仔细阅读每一道题，并根据自己的实际情况，对下列题目做出“是”或“否”的回答。对这些问题不要做过多的考虑，对每个问题立即做出回答比考虑后再回答更为正确。

1. 你认为自己是个弱者吗？
2. 你是否喜欢冒险和刺激？
3. 你生活在快乐和温暖的班级里吗？
4. 如果你现在就去睡，你担心自己会睡不着吗？
5. 生病时你依旧乐观吗？
6. 你是否认为家人需要你？
7. 晚睡两个小时会使你第二天明显的精神不振吗？
8. 看完恐怖片很长一段时间内，你一直觉得心有余悸吗？
9. 你时常感觉得生活很累吗？
10. 你是否有一些无话不谈的朋友？
11. 当考试成绩不理想时，你会感到沮丧吗？
12. 你认为自己很健壮吗？
13. 当你与某个同学闹意见后，你一直无法消除相处时的尴尬吗？
14. 你对未来充满信心吗？
15. 你有一个关心你，爱护你的家吗？
16. 当你在课堂上答不出问题时，你在课后还会久久地感觉到烦恼吗？
17. 每到一个新地方，你是否常常会出些问题，如吃不下饭、睡不着觉、拉肚子、头疼等？
18. 即使在困难时候，你还是相信困难终将过去吗？
19. 你明显偏食吗？
20. 当你与父母发生争吵时，你是否曾想离家出走吗？
21. 你是否每周至少进行一次所喜欢的体育活动，如登山、打球、游戏等？
22. 你觉得自己有些神经衰弱吗？
23. 你认为你的老师喜欢你吗？
24. 心情不愉快时，你的饭量与平时一样吗？

25. 看到苍蝇，蟑螂等讨厌的东西，你感到害怕吗？
26. 你相信自己能够战胜任何挫折吗？
27. 你是否常常与同学们交流意见？
28. 你常常因为想心事而躺在床上久久不能入睡吗？
29. 在人多的场合或陌生人面前说话，你是否感到窘迫？
30. 你是否认为你受到的挫折与其他人相比，根本不算什么？

评分规则：

第2、3、5、6、10、12、14、15、18、21、23、24、26、27、30题回答“是”记1分，回答“否”记0分。其余各题回答“是”记0分，回答“否”记1分。

各题得分相加，统计总分。

结果解释：

0～9分：你的心理承受能力差。你遇到困难易灰心，常有挫折感。

10～20：你的心理承受能力一般。你能轻松地承受一些小的压力，但遇到大的挫折 时，还是容易产生心理危机。

21～30：你的心理承受能力强。你能在各种艰难困苦面前保持旺盛的斗志

【活动天地】

活动名称：信任背摔

活动目的：帮助学生体会信任的建立取决于自己对团体队员的信心，而相互之间的沟通是树立信心的基础。

活动程序：

1. 每组学生(7～8人)围成一个向心圆，直径2.0～2.5米。一名学生站在圆心。

2. 每个学生伸出自己的双手，中间的学生则双手抱在胸前，闭上双眼，并说道：“我是……我准备好了，你们准备好了没有？”全体大学生：“准备好了！”“我倒了。”全体大学生：“倒吧！”

3. 这时圆中的学生整个身体完全倒在团队其他成员的手中，团队成员将其顺时针推动两圈。

4. 小组中每个成员轮流做一次。

5. 要求站在圆心的人倒下时应保持身体直立，注意不要打开双手，以免伤及他人。

讨论：如何克服心理障碍，完全信任背后那些看不到的成员？

参考文献

[1]李小玲,司丽静.大学生心理健康教育教程:健康心理,阳光人生[M].成都:电子科技大学出版社,2020.
[2]姚本先,王道阳.大学生心理健康教育[M].3版.合肥:安徽大学出版社,2019.
[3]黄希庭,郑涌.大学生心理健康教育[M].3版.上海:华东师范大学出版社,2020.
[4]谭昆智,谭靖仪.人际关系学[M].5版.北京:首都经济贸易大学出版社,2021.
[5]弗雷德里克森.积极情绪的力量[M].王珺,译.北京:中国纺织出版社,2021.
[6]刘宣文,赵晶.学校心理健康教育课程设计与教法[M].北京:中国人民大学出版社,2020.
[7]罗四维,蒋光清.心理呵护200招[M].5版.郑州:河南科学技术出版社,2017.
[8]林木明.大学生心理健康[M].武汉:华中师范大学出版社,2017.
[9]俞国良.大学生心理健康[M].北京:北京师范大学出版社,2018.
[10]郭朝辉,邓猛,程虹娟.大学生心理健康教育实践手册[M].北京:科学出版社,2017.
[11]尚亚飞,对大学生社会适应的认知机制探析[J].大众标准化,2020(12):54-56.
[12]张冉冉,黄列玉,陈永,等.大学生人格特质与性别因素和风险决策行为的关系[J].心理卫生评估,2020,34(1):56-60.
[13]吴文君,向小平.大学生同伴交往与心理健康的关系:人际交往能力的中介作用[J].中国健康心理学杂志,2020,28(4):585-591.
[14]王守祥.新媒体视阈下大学生人际交往现状研究:基于交往异化理论视角[J].管理观察,2020(6):105-107.
[15]段媛媛.情绪调节、人际关系对大学生幸福感的影响分析[J].普洱学院学报,2020,36(1):130-133.
[16]邵伊雯.大学新生就学适应研究[D].上海:华东师范大学,2019.